高度

胡适 著

当代世界出版社

图书在版编目（ＣＩＰ）数据

高度 / 胡适著． -- 北京 ：当代世界出版，2013.11
（胡适的世界）
ISBN 978-7-5090-0941-3

Ⅰ．①高… Ⅱ．①胡… Ⅲ．①胡适（1891～1962）—文集 Ⅳ．①C53

中国版本图书馆CIP数据核字（2013）第243522号

书　　名：	高度
出版发行：	当代世界出版社
地　　址：	北京市复兴路4号（100860）
网　　址：	http://www.worldpress.org.cn
编务电话：	（010）83908456
发行电话：	（010）83908409
	（010）83908377
	（010）83908455
	（010）83908423（邮购）
	（010）83908410（传真）
经　　销：	全国新华书店
印　　刷：	北京天正元印务有限公司
开　　本：	635毫米×965毫米　1/16
印　　张：	16.25
字　　数：	194千字
版　　次：	2013年11月第1版
印　　次：	2013年11月第1次
书　　号：	ISBN 978-7-5090-0941-3
定　　价：	28.00元

如发现印装质量问题，请与承印厂联系调换。
版权所有，翻印必究；未经许可，不得转载！

目 录

我们需要怎样的人生

信心与反省　003

再论信心与反省　010

三论信心与反省　016

易卜生主义　022

新生活　038

人生有何意义　040

非个人主义的新生活　041

哲学与人生　051

科学的人生观　055

《科学与人生观》序　059

我们向往怎样的理想国

从思想上看中国问题　077

中国再生时期　088

充分世界化与全盘西化　101

自责知耻才能有救！　104

眼前世界文化的趋向　106

当前中国文化问题　113

学术救国　122

我们的政治主张　126

整理国故与"打鬼"　131

我们应怎样反思中国文化

基督教与中国文化　137

儒教的使命　144

中国古代政治思想史的一个看法　149

中国哲学里的科学精神与方法　166

五十年来中国之文学　190

我们需要怎样的人生

信心与反省

这一期(《独立》一〇三期)里有寿生先生的一篇文章,题为《我们要有信心》,在这文里,他提出一个大问题:中华民族真不行吗?他自己的答案是:我们是还有生存权的。

我很高兴我们的青年在这种恶劣空气里还能保持他们对于国家民族前途的绝大信心。这种信心是一个民族生存的基础,我们当然是完全同情的。

可是我们要补充一点:这种信心本身要建筑在稳固的基础之上,不可站在散沙之上。如果信仰的根据不稳固,一朝根基动摇了,信仰也就完了。

寿生先生不赞成那些旧人"拿什么五千年的古国哟,精神文明哟,地大物博哟,来遮丑"。这是不错的。然而他自己提出的民族信心的根据,依我看来,文字上虽然和他们不同,实质上还是和他们同样地站在散沙之上,同样地挡不住风吹雨打。例如他说:

我们今日之改进不如日本之速者,就是因为我们的固有文化太丰富了。富于创造性的人,个性必强,接受性就较缓。

这种思想在实质上和那五千年古国精神文明的迷梦是同样的无稽的夸大。第一,他的原则"富于创造性的人,个性必强,接受性就较缓",这个大前提就是完全无稽之谈,就是懒惰的中国士大夫捏造出来替自己遮丑的胡说。事实上恰是相反的：凡富于创造性的人必敏于模仿，凡不善模仿的人决不能创造。创造是一个最误人的名词，其实创造只是模仿到十足时的一点点新花样。古人说的最好："太阳之下，没有新的东西。"一切所谓创造都是从模仿出来。我们不要被新名词骗了。新名词的模仿就是旧名词的"学"字；"学之为言效也"是一句不磨的老话。例如学琴，必须先模仿寝室弹琴；学画必须先模仿画师作画；就是画自然界的景物，也是模仿。模仿熟了，就是学会了，工具用得熟了，方法练得细密了，有天才的人自然会"熟能生巧"，这一点工夫到时的奇巧新花样就叫做创造？葛理略（Galileo）听说荷兰有个磨镜匠人做成了一座望远镜，他就依他听说的造法，自己制造了一座望远镜。这就是模仿，也就是创造。从十七世纪初年到如今，望远镜和显微镜都年年有进步，可是这三百年的进步，步步是模仿，也步步是创造。一切进步都是如此：没有一件创造不是先从模仿下手的。孔子说得好：

三人行，必有我师焉：择其善者而从之，其不善者而改之。

这就是一个圣人的模仿。懒人不肯模仿，所以绝不会创造。一个民族也和个人一样，最肯学人的时代就是那个民族最伟大的时代；等到他不肯学人的时候，他的盛世已过去了，他已走上衰老僵化的时期了，我们中国民族最伟大的时代，正是我们最肯模仿四邻的时代：从汉到唐、宋，一切建筑、绘画、雕刻、音乐、宗教、思想、算学、天文、工艺，哪一件里没有模仿外国的重要成分？佛教和它带来的美术建筑，不用说了。从汉朝到今日，我们的历法改革，无一次不是采用外国的新法；最近三百年的历法是完全学西洋的，更不用说了。到了我们不肯学人家的好处的时候，我们的文化也就不进步了。我们到了民族中衰的时代，只有懒劲学印度人的吸食鸦片，却没有精力学满洲人的不缠脚，那就是我们自杀的法门了。

第二，我们不可轻视日本人的模仿。寿生先生也犯了一般人轻视日本的恶习惯，抹杀日本人善于模仿的绝大长处。日本的成功，正可以证明我在上文说的"一切创造都从模仿出来"的原则。寿生说：

从唐以至日本明治维新，千数百年间，日本有一件事足为中国取镜者吗？中国的学术思想在她手里去发展改进过吗？我们实无法说有。

这又是无稽的诬告了。三百年前，朱舜水到日本，他居留久了，能了解那个岛国民族的优点，所以他写信给中国的朋友说，日本的政治虽不能上比唐、虞，可以说比得上三代盛世。这一个中国大学者在长期寄居之后下的考语，是值得我们注意的。日本民族的长处全在他们肯一心一意地学别人的好处。他们学了中国的无数好处，但始终不曾学我们的小脚，八股文，鸦片烟。这不够"为中国取镜"吗？他们学别国的文化，无论在哪一方面，凡是学到家的，都能有创造的贡献。这是必然的道理。浅见的人都说日本的山水人物画是模仿中国的；其实日本画自有它的特点，在人物方面的成绩远胜过中国画，在山水方面也没有走上四王的笨路。在文学方面，他们也有很大的创造。今年已有人赏识日本的小诗了。我且举一个大家不甚留意的例子。文学史家往往说日本的《源氏物语》等作品是模仿中国唐人的小说《游仙窟》等书的。现今《游仙窟》已从日本翻印回中国来了，《源氏物语》也有了英国人卫来先生（Arthur Waley）的五巨册的译本。我们若比较这两部书，就不能不惊叹日本人创造力的伟大。如果《源氏》真是从模仿《游仙窟》出来的，那真是徒弟胜过师傅千万倍了！寿生先生原文里批评日本的工商业，也是中了成见的毒。日本今日工商业的长脚发展，虽然也受了生活程度比人低和货币低落的恩惠，但他的根基实在是全靠科学与工商业的进步。今日大阪与兰肯歇的竞争，骨子里还是新式工业与旧式工业的竞争。日本今日自造的纺织器是世界各国公认为最新最良的。今日英国纺织业也不能不购买日本的新机器了，这是从模仿到创造的最好的例子。不然，我们工人的工资比日本更低，货币平常也比日本更贱，为什么我们不能"与他国资本家抢商场"呢？我们到了今日，若还要抹煞事实，笑人模仿，而自居与"富于创造性者"的不屑模仿，那真是盲目的夸大狂了。

第三，再看看"我们的固有文化"是不是真的"太丰富了"。寿生和其他夸大本国固有文化的人们，如果真肯平心想想，必然也会明白这句话也是无根的乱谈。这个问题太大不是这篇短文里所能详细讨论的，我只能指出这个比较重要之点，使人明白我们的固有文化实在是很贫乏的，谈不到"太丰富"的梦话。近代的科学文化、工业文化，我们可以撇开不谈，因为在那些方面，我们的贫乏未免太丢人了。我们且谈谈老远的过去时代罢。我们的周秦时代当然可以和希腊、罗马相提并论，然而我们如果平心研究希腊、罗马的文学、雕刻、科学、政治，单是这四项就不能不使我们感觉我们的文化贫乏了。尤其是造形美术与算学的两方面，我们真不能不低头愧汗。我们试想想，《几何原本》的作者欧几里得（Euclid）正和孟子先后同时；在那么早的时代，在二千多年前，我们在科学上早已太落后了！（少年爱国的人何不试拿《墨子·经上》篇里的三五条几何学界说来比较《几何原本》？）从此以后，我们所有的，欧洲也都有；我们所没有的，人家所独有的，人家都比我们强。试举一个例子：欧洲有三个一千年的大学，有许多个五百年以上的大学，至今继续存在，继续发展；我们有没有？至于我们所独有的宝贝，骈文，律诗，八股，小脚，太监，姨太太，五世同居的大家庭，贞节牌坊，地狱活现的监狱，廷杖，板子夹棍的法庭，……虽然"丰富"，虽然"在这世界无不足以单独成一系统"，究竟都是使我们抬不起头来的文物制度。即如寿生先生指出的"那更光辉万丈"的宋、明理学，说起来也真正可怜！讲了七八百年的理学，没有一个理学圣贤起来指出裹小脚是不人道的野蛮行为，只见大家崇信"饿死事极小，失节事极大"的吃人礼教：请问那万丈光辉究竟照耀到哪里去了？

以上说的，都只是略略指出寿生先生代表的民族信心是建筑在散沙上面，禁不起风吹草动，就会塌下来的。信心是我们需要的，但无根据的信心是没有力量的。

可靠的民族信心，必须建筑在一个坚固的基础之上，祖宗的光荣自是祖宗之光荣，不能救我们的痛苦羞辱。何况祖宗所建的基业不全是光荣呢？我们要指出：我们的民族信心必须站在"反省"的唯一基础之上。反省就是要闭门思过，要诚心诚意地想，我们祖宗的罪孽深重，我们自己的罪孽深重；要认清了罪孽所在，然后我们可以用全副精力去消灾灭罪。寿生先生引了一句"中国不亡是无天理"的悲叹词句，他也许不知道这句伤心的话是我十三四年前在中央公园后面柏树下对孙伏园先生说的，第二天被他记在《晨报》上，就流传至今。我说出那句话的目的，不是要人消极，是要人反省；不是要人灰心，是要人起信心，发下弘誓来忏悔，来替祖宗忏悔，替我们自己忏悔；要发愿造新因来替代旧日种下的恶因。

今日的大患在于全国人不知耻。所以不知耻者，只是因为不曾反省。一个国家兵力不如人，被人打败了，被人抢夺了一大块土地去，这不算最大的耻辱。一个国家在今日还容许整个的省份遍种鸦片烟，一个政府在今日还要依靠鸦片烟的税收——公卖税、吸户税、烟苗税、过境税——来做政府的收入的一部分，这是最大的耻辱。一个现代民族在今日还容许他们的最高官吏公然提倡什么"时轮金刚法会"、"息灾利民法会",这是最大的耻辱。一个国家有五千年的历史,而没有一个四十年的大学,甚至于没有一个真正完备的大学,这是最大的耻辱。一个国家能养三百万不能捍卫国家的兵,而至今不肯计划任何区域的国民义务教育,这是最大的耻辱。

真诚的反省自然发生与真诚的愧耻。孟子说得好:"不耻不苦人,何若人有?"真诚的愧耻自然引起向上的努力,要发弘愿努力学人家的好处,铲除自家的罪恶。经过这种反省与忏悔之后,然后可以起新的信心:要信仰我们自己正是拨乱反正的人,这个担子必须我们自己来挑起。三四十年的天足运动已经差不多完全铲除了小脚的风气:从前大脚的女人要装小脚,现在小脚的女人要装大脚了。风气转移得这样快,这不够坚定我们的自信心吗?

历史的反省自然使我们明了今日的失败都因为过去的不努力,同时也可以使我们格外明了"种瓜得瓜,种豆得豆"的因果铁律。铲除过去的罪孽只是割断已往种下的果。我们要收新果,必须努力造新因。祖宗生在过去的时代,他们没有我们今日的新工具,也居然能给我们留下了不少的遗产。我们今日有了祖宗不曾梦见的种种新工具,当然应该有比祖宗高明千百倍的成绩,才对得起这个新鲜的世界。日本一个小岛国,那么贫瘠的土地,那么少的人民,只因为伊藤博文、大久保利通、西乡隆盛等几十个人的努力,只因为他们肯拼命地学人家,肯拼命地用这个世界的新工具,居然在半个世纪之内一跃而为世界三五大强国之一。这不够鼓舞我们的信心吗?

反省的结果应该使我们明白那五千年的精神文明,那"光辉万丈"的宋、明理学,那并不太丰富的固有文化,都是无济于事的银样蜡枪头。我们的前途在我们自己的手里。我们的信心应该望在我们的将来。我们的将来全靠我们下什么种，出多少力。"播了种一定会有收获，用了力决不至于白费"：这是翁文灏先生要我们有的信心。

再论信心与反省

在《独立》第一〇三期，我写了一篇《信心与反省》，指出我们对国家民族的信心不能建筑在歌颂过去上，只可以建筑在"反省"的唯一基础之上。在那篇讨论里，我曾指出我们的固有文化是很贫乏的，决不能说是"太丰富了"的。我们的文化，比起欧洲一系的文化来，"我们所有的，人家也都有；我们所没有的，人家所独有的，人家都比我们强。至于我们所独有的宝贝，骈文、律诗、八股、小脚，……又都是使我们抬不起头来的文物制度"。所以我们应该反省：认清了我们的祖宗和我们自己的罪孽深重，然后肯用全力去消灾灭罪，认清了自己百事不如人，然后肯死心塌地地去学人家的长处。

我知道这种论调在今日是很不合时宜的，是触犯忌讳的，是至少要引起严厉的抗议的。可是我心里要说的话，不能因为人不爱听就不说了。正因为人不爱听，所以我更觉得有不能不说的责任。

果然，那篇文章引起了一位读者子固先生的悲愤，害他终夜不能睡眠，害他半夜起来写他的抗议，直写到天明。他的文章，《怎样才能建立起民族的信心》是一篇很诚恳的、很沉痛的反省。我很尊敬他的悲愤，所以我很愿意讨论他提出的论点，很诚恳地指出他那"一半不同"正是全部不同。

子固先生的主要论点是：

我们民族这七八十年以来，与欧美文化接触，许多新奇的现象炫盲了我们的眼睛，在这炫盲当中，我们一方面没出息地丢了我们固有的维系并且引导我们向上的文化，另一方面我们又没有能够抓住外来文化之中那种能够帮助我们民族更为强盛的一部分。结果我们走入迷途，堕落下去！

忠孝仁爱信义和平是维系并且引导我们民族向上的固有文化，科学是外来文化中能够帮助我们民族更为强盛的一部分。

子固先生的论调，其实还是三四十年前的老辈的论调。他们认得了富强的需要，所以不反对西方的科学工业；但他们心里很坚决地相信一切伦纪道德是我们所固有而不须外求的。老辈之中，一位最伟大的孙中山先生，在他的通俗讲演里，也不免要敷衍一般夸大狂的中国人，说："中国先前的忠孝仁爱信义种种的旧道德"都是"驾乎外国人"之上。中山先生这种议论在今日往往被一般人利用来做复古运动的典故，所以有些人就说"中国本来是一个由美德筑成的黄金世界"了！（这是民国十八年叶楚伧先生的名言。）

子固先生也特别提出孙中山先生的伟大，特别颂扬他能"在当时一班知识阶级盲目崇拜欧美文化的狂流中，巍然不动地指示我们救国必须恢复我们固有文化，同时学习欧美科学"。但他如果留心细读中山先生的讲演，就可以看出他当时说那话时是很费力的，很不容易自圆其说的。例如讲"修身"，中山先生很明白地说：

但是从修身一方面来看，我们中国人对于这些功夫是很缺乏的。中国人一举一动都欠检点，只要和中国人来往过一次，便看得很清楚。(《三民主义》六)

他还对我们说：

所以今天讲到修身，诸位新青年，便应该学外国人的新文化。（《三民主义》六）

可是他一会儿又回过去颂扬固有的旧道德了。本来有保守性的读者只记得中山先生颂扬旧道德的话，却不曾细想他所颂扬的旧道德都只是几个人类共有的理想，并不是我们这个民族实行最力的道德。例如他说的"忠孝仁爱信义和平"，哪一件不是东西哲人共同提倡的理想？除了割股治病，卧冰求鲤一类不近人情的行动之外，哪一件不是世界文明人类公有的理想？孙中山先生也曾说过：

照这样实行一方面讲起来，仁爱的好道德，中国人现在似乎远不如外国。……但是仁爱还是中国的旧道德。我们要学外国，只要学他们那样实行，把仁爱恢复起来，再去发扬光大，便是中国固有的精神。（同上书）

在这短短一段话里，我们可以看出中山先生未尝不明白在仁爱的"实行"上，我们实在远不如人。所谓"仁爱还是中国的旧道德"者，只是那个道德的名称罢了。中山先生很明白地教人：修身应该学外国人的新文化，仁爱也"要学外国"。但这些话中的话都是一般人不注意的。

在这些方面，吴稚晖先生比孙中山先生彻底多了。吴先生在他的《一个新信仰的宇宙观及人生观》里，很大胆地说中国民族的"总和道德是低浅的"，同时他又指出西洋民族

什么仁义道德，孝弟忠信，吃饭睡觉，无一不较上三族（亚刺伯、印度、中国）的人较有做法，较有热心。……讲他们的总和道德叫做高明。

这是很公允的评判。忠孝信义仁爱和平，都是有文化的民族共有的理想；在文字理论上，犹太人、印度人、亚刺伯人、希腊人，以至近世各文明民族，都讲得头头是道。所不同者，全在吴

先生说的"有做法,有热心"两点。若没有切实的办法,没有真挚的热心,虽然有整千万册的理学书,终无救于道德的低浅。宋、明的理学圣贤,谈性谈心,谈居敬,谈致良知,终因为没有做法,只能走上"终日端坐,如泥塑人"的死路上去。

我所以要特别提出子固先生的论点,只因为他的悲愤是可敬的,而他的解决方案还是无补于他的悲愤。他的方案,一面学科学,一面恢复我们固有的文化,还只是张之洞一辈人说的"中学为体,西学为用"的方案。老实说,这条路是走不通的。如果过去的文化是值得恢复的,我们今天不至糟到这步田地了。况且没有那科学工业的现代文化基础,是无法发扬什么文化的"伟大精神"的。忠孝仁爱信义和平是永远存在书本子里的;但是因为我们的祖宗只会把这些好听的名词都写作八股文章,画作太极图,编作理学语录,所以那些好听的名词都不能变成有做法有热心的事实。西洋人跳出了经院时代之后,努力做征服自然的事业,征服了海洋,征服了大地,征服了空气电气,征服了不少的原质,征服了不少的微生物,——这都不是什么"保存国粹"、"发扬固有文化"的口号所能包括的工作,然而科学与工业发达的自然结果是提高了人民的生活,提高了人类的幸福,提高了各个参加国家的文化。结果就是吴稚晖先生说的"总和道德叫做高明"。

世间讲"仁爱"的书,莫过于《华严经》的《净行品》,那一篇妙文教人时时刻刻不可忘了人类的痛苦与缺陷,甚至于大便小便时都要发愿不忘众生:

左右便利,当愿众生,蠲除污秽,无淫怒痴。
已而就水,当愿众生,向无上道,得出世法。
以水涤秽,当愿众生,具足净忍,毕竟无垢。
以水盥掌,当愿众生,得上妙手,受持佛法。……

但是一个和尚的弘愿,究竟能做到多少实际的"仁爱"?回头看看那一心想征服自然的科学救世者，他们发现了一种病菌，制成了一种血清，可以激活无量数的人类，其为"仁爱"岂不是千万倍的伟大？

以上的讨论，好像全不曾顾到"民族的信心"的一个原来问题。这是因为子固先生的来论，剥除了一些动了感情的话，实在只说了一个"中学为体，西学为用"的老方案，所以我要指出这个方案的"一半"是行不通的：忠孝仁爱信义和平等等并不是"维系并且引导我们民族向上的固有文化"，他们不过是人类共有的几个理想，如果没有做法，没有热力，只是一些空名词而已。这些好名词的存在并不曾挽救或阻止"八股，小脚，太监，姨太太，贞节牌坊，地狱的监牢，夹棍板子的法庭"的存在。这些八股、小脚等等"固有文化"的崩溃，也全不是程灏、朱熹、顾亭林、戴东原等等圣贤的功绩，乃是"与欧美文化接触"之后，那科学工业造成的新文化叫我们相形之下太难堪了，这些东方文明的罪孽方才逐渐崩溃的。我要指出：我们民族这七八十年来与欧美文化接触的结果，虽然还不曾学到那个整个的科学工业的文明，（可怜丁文江、翁文灏、颜任光诸位先生都还是四十多岁的少年，他们的工作刚开始哩！）究竟已替我们的祖宗消除了无数的罪孽，打倒了"小脚，八股，太监，五世同居的大家庭，贞节牌坊，地狱活现的监狱，夹棍板子的法庭"的一大部分或一小部分，这都是我们的"数不清的圣贤天才"从来不曾指摘讥弹的；这都是"忠孝仁爱信义和平"的固有文化从来不曾"引导向上"的。这些祖宗罪孽的崩溃，固然大部分是欧美文明的恩赐，同时也可以表示我们在这七八十年中至少也还做到了这些消极的进步。子固先生说我们在这七八十年中"走入迷途，堕落下去"，这真是无稽的诬告！中国民族在这七八十年中何尝"堕落"？在几十年之中，废除了三千年的太监，一千年的小脚，六百年的八股，五千年的酷刑，这是"向上"，不是堕落！

不过我们的"向上"还不够，努力还不够。八股废止至今不过三十年，八股的训练还存在大多数老而不死的人的心灵里，还间接直接地传授到我们的无数的青年人的脑筋里。今日还是一个大家做八股的中国，虽然题目换了。小脚逐渐绝迹了，夹棍板子，砍头碎剐废止了，但裹小脚的残酷心理，上夹棍打屁股的野蛮心理，都还存在无数老少人们的心灵里。今日还是一个残忍野蛮的中国，所以始终还不曾走上法治的路，更谈不到仁爱和平了。

所以我十分诚挚地对全国人说：我们今日还要反省，还要闭门思过，还要认清祖宗和我们自己的罪孽深重，决不是这样浅薄的"与欧美文化接触"就可以脱胎换骨的。我们要认清那个容忍拥戴"小脚，八股，太监，姨太太，骈文，律诗，五世同居的大家庭，贞节牌坊，地狱的监牢，夹棍板子的法庭"到几千几百年之久的固有文化，是不足迷恋的，是不能引我们向上的。那里面浮沉着的几个圣贤豪杰，其中当然有值得我们崇敬的人，但那几十颗星儿终究照不亮那满天的黑暗。我们的光荣的文化不在过去，是在将来，是在那扫清了祖宗的罪孽之后重新改造出来的文化。替祖国消除罪孽，替子孙建立文明，这是我们人人的责任。古代哲人曾参说的最好：

士不可以不弘毅，任重而道远。

先明白了"任重而道远"的艰难，自然不轻易灰心失望了。凡是轻易灰心失望的人，都只是不曾认清他挑的是一个百斤的重担，走的是一条万里的长路。今天挑不动，努力磨炼了总有挑得起的一天。今天走不完，走得一里前途就缩短了一里。"播了种一定会有收获，用了力决不至于白费"，这是我们最可靠的信心。

三论信心与反省

自从《独立》第一〇三号发表了那篇《信心与反省》之后。我收到了不少的讨论,其中有几篇已在《独立》(第一〇五,一〇六,及一〇七号)登出了。我们读了这些和还有一些未发表的讨论,忍不住还要提出几个值得反复申明的论点来补充几句话。

第一个论点是:我们对于我们的"固有文化",究竟应该采取什么态度?吴其玉先生(《独立》一〇六)怪我"把中国文化压得太低了";寿生先生也怪我把中国文化"抑"得太过火了。他们都怕我把中国看得太低了,会造成"民族自暴自弃的心理,造成他对于其他民族屈服卑鄙的心理"。吴其玉先生说:我们"应该优劣并提。不可只看人家的长,我们的短;更应当知道我们的长,人家的短。这样我们才能有努力的勇气"。

这些责备的话,含有一种共同的心理,就是不愿意揭穿固有文化的短处,更不愿意接受"祖宗罪孽深重"的控诉。一听见有人指出"骈文,律诗,八股,小脚,太监,姨太太,贞节牌坊,地狱的监牢,板子夹棍的法庭"等等,一般自命为爱国的人们总觉得心里怪不舒服,总要想出法子来证明这些"未必特别羞辱我们",因为这些都是"不可免的现象","无古今中外是一样的"(吴其玉先生的话)。所以吴其玉先生指出日本的"下女,男女同浴，自杀，暗杀，娼妓的风行，贿赂，强盗式的国际行为"；所以寿生先生也指出欧洲中古武士的"初夜权"、"贞操锁"。所以子固先生也要问："欧洲可有一个文化系统过去没有类似小脚，太监，姨太太，骈文，律诗，八股，地狱活现的监狱，廷杖，板子夹棍的法庭一类的丑处呢？"（《独立》一○五号）本期（《独立》一○七号）有周作人先生来信，指出这又是"西洋也有臭虫"的老调。这种心理实在不是健全的心理，只是"遮羞"的一个老法门而已。从前笑话书上说：甲乙两人同坐，甲摸着身上一个虱子，有点难为情，把它抛在地上，说："我道是个虱子，原来不是的。"乙偏不识窍，弯身下去，把虱子拾起来，说："我道不是个虱子，原来是个虱子！"甲的做法，其实不是除虱的好法子。乙的做法，虽然可恼，至少有"实事求是"的长处。虱子终是虱子，臭虫终是臭虫，何必讳呢？何必问别人家有没有呢？

况且我原来举出的"我们所独有的宝贝"：骈文，律诗，八股，小脚，太监，姨太太，五世同居的大家庭，贞节牌坊，地狱的监牢，廷杖，板子夹棍的法庭，这十一项，除姨太太外，差不多全是我们所独有的"，"在这世界无不足以单独成一系统的"。高跟鞋与木屐何足以媲美小脚？"贞操锁"我在巴黎的克吕尼博物院看见过，并且带有照片回来，这不过是几个色情狂的私人的特制，万不配上比那普及全国至一千多年之久，诗人颂为香钩，文人尊为金莲的小脚。我们走遍世界，研究过初民社会，没有看见过一个文明的或野蛮的民族把他们的女人的脚裹小到三四寸，裹到骨节断折残废，而一千年公认为"美"的！也没有看见过一个文明的民族的知识阶级有话不肯老实地说，必须凑成对子，做成骈文律诗律赋八股，历一千几百年之久，公认为"美"的！无论我们如何爱护祖宗，这十项的"国粹"是洋鬼子家里搜不出来的。

况且西洋的"臭虫"是装在玻璃盒里任人研究的，所以我们能在巴黎的克吕尼博物院纵观高跟鞋的古今沿革，纵观"贞操锁"的制法，并且可以在博物院中购买精制的"贞操锁"的照片寄回来让国中人士用作"西洋也有臭虫"的实例。我们呢？我们至今可有一个历史博物馆敢于搜集小脚鞋样，模型，图画，或鸦片烟灯，烟枪，烟膏，或廷杖，板子，闸床，夹棍，等等极重要的文化史料，用历史演变的原理排列展览，供全国人的研究与警醒的吗？因为大家都要以为灭迹就可以遮羞，所以青年一辈人全不明白祖宗造的罪孽如何深重，所以他们不能明白国家民族何以堕落到今日的地步，也不能明白这三四十年的解放与改革的绝大成绩。不明白过去的黑暗，所以他们不认得今日的光明；不懂得祖宗罪孽的深重，所以他们不能知道这三四十年革新运动的努力并非全无效果。我们今日所以还要郑重指出八股，小脚，板子，夹棍，等等罪孽，岂是仅仅要宣扬家丑？我们的用意只是要大家明白我们的脊梁上驮着那二三千年的罪孽重担，所以几十年的不十分自觉的努力还不能够叫我们海底翻身。同时我们也可以从这种历史的知识上得着一种坚强的信心：三四十年的一点点努力已可以废除三千年的太监，一千年的小脚，六百年的八股，四五百年的男娼，五千年的酷刑，这不够使我们更决心向前努力吗！西洋人把高跟鞋，细腰模型，贞操锁都装置在博物院里，任人观看，叫人明白那个"美德造成的黄金世界"原来不在过去，而在那辽远的将来。这正是鼓励人们向前努力的好方法，是我们青年人不可不知道的。

　　固然，博物院里同时也应该陈列先民的优美成绩，谈固有文化的也应该如吴其玉先生说的"优劣并提"。这虽然不是我们现在讨论的本题，（本题是"我们的固有文化真是太丰富了吗？"）我们也可以在此谈谈。我们的固有文化究竟有什么"优""长"之处呢？我是研究历史的人，也是个有血气的中国人，当然也时常想寻出我们这个民族的固有文化的优长之处。但我寻出来的长处实在不多，说出来一定叫许多青年人失望。依我的愚见，我们的固有文化有三点是可以在世界上占数一数二的地位的：第一是我们的语言的"文法"是全世界最容易最合理的。第二是我们的社会组织，因为脱离封建时代最早，所以比较的是很平等的，很平民化的。第三是我们的先民，在印度宗教输入以前，他们的宗教比较的是最简单的，最近人情的；就在印度宗教势力盛行之后，还能勉力从中古宗教之下爬出来，勉强建立一个人世的文化：这样的宗教迷信的比较薄弱，也可算是世界稀有的。然而这三项都夹杂着不少的有害的成分，都不是纯粹的长处。文法是最合理的简易的，可是文字的形体太繁难，太不合理了。社会组织是平民化了，同时也因为没有中坚的主力，所以缺乏领袖，又不容易组织，弄成一个一盘散沙的国家；又因为社会没有重心，所以一切风气都起于最下层而不出于最优秀的分子，所以小脚起于舞女，鸦片起于游民，一切赌博皆出于民间，小说戏曲也皆起于街头弹唱的小民。至于宗教，因为古代的宗教太简单了，所以中间全国投降了印度宗教，造成了一个长期的黑暗迷信的时代，至今还留下了不少的非人生活的遗痕。——然而这三项究竟还是我们在这个世界上最特异的三点：最简易合理的文法，平民化的社会构造，薄弱的宗教心。此外，我想了二十年，实在想不出什么别的优长之点了。如有别位学者能够指出其他的长处来，我当然很愿意考虑的。（这个问题当然不是一段短文所能讨论的，我在这里不过提出一个纲要而已。）

所以，我不能不被逼上"固有文化实在太不丰富"之结论了。我以为我们对于固有的文化，应该采取历史学者的态度，就是"实事求是"的态度。一部文化史平铺放着，我们可以平心细看：如果真是丰富，我们又何苦自讳其丰富？如果真是贫乏，我们也不必自讳其贫乏。如果真是罪孽深重，我们也不必自讳其罪孽深重。

"实事求是",才是最可靠的反省。自认贫乏,方才肯死心塌地地学;自认罪孽深重,方才肯下决心去消除罪愆。如果因为发现了自家不如人,就自暴自弃了,那只是不肖的纨绔子弟的行径,不是我们的有志青年应该有的态度。

话说长了,其他的论点不能详细讨论了,姑且讨论第二个论点,那就是模仿与创造的问题。吴其玉先生说文化进步发展的方式有四种:(一)模仿,(二)改进,(三)发明,(四)创作。这样分法,初看似乎有理,细看是不能成立的。吴先生承认"发明"之中"很多都由模仿来的","但也有许多与旧有的东西毫无关系的"。其实没有一件发明不是由模仿来的。吴先生举了两个例:一是瓦特的蒸汽力,一是印字术。他若翻开任何可靠的历史书,就可以知道这两件也是从模仿旧东西出来的。印字术是模仿抄写,这是最明显的事:从抄写到刻印章,从刻印章到刻印板画,从刻印板画到刻印符咒短文,逐渐进到刻印大部书,又由刻板进到活字排印。历史具在,哪一个阶段不是模仿前一个阶段而添上的一点新花样?瓦特的蒸汽力,也是从模仿来的。瓦特生于1736年,他用的是牛可门(Newcomen)的蒸汽机,不过加上第二个凝冷器及其他修改而已。牛可门生于1663年,他用了同时人萨维里(Savery)的蒸汽机。牛、萨两人又都是根据法国人巴平(Denis Papin)的蒸汽唧筒。巴平又是模仿他的老师荷兰人胡根斯(Huygens)的空气唧筒的(看 Kaempffert: Modern Wonder Workers, pp. 467—503)。吴先生举的两个"发明"的例子,其实都是我所说的"模仿到十足时的一点新花样"。吴先生又说:"创作也须靠模仿为入手,但只模仿是不够的。"这和我的说法有何区别?他把"创作"归到"精神文明"方面,如美术,音乐,哲学等,这几项都是"模仿以外,还须有极高的开辟天才,和独立的精神"。我的说法并不曾否认天才的重要。我说的是:

模仿熟了，就是学会了，工具用得熟了，方法练得细密了，有天才的人自然会"熟能生巧"，这一点功夫到时的奇巧新花样就叫做创造。(《信心与反省》页四八〇)

吴先生说："创造须由模仿入手。"我说："一切所谓创造都从模仿出来。"我看不出有一丝一毫的分别。

如此看来，吴先生列举的四个方式，其实只有一个方式：一切发明创作都从模仿出来。没有天才的人只能死板地模仿；天才高的人，功夫到时，自然会改善一点；改变得稍多一点，新花样添得多了，就好像是一件发明或创作了，其实还只是模仿功夫深时添上的一点新花样。

这样的说法，比较现时一切时髦的创造论似乎要减少一点弊窦。今日青年人的大毛病是误信"天才""灵感"等等最荒谬的观念，而不知天才没有功力只能蹉跎自误，一无所成。世界大发明家爱迪生说得最好："天才（genius）是一分神来，九十九分汗下。"他所谓"神来"（inspiration）即是玄学鬼所谓"灵感"。用血汗苦功到了九十九分时，也许有一分的灵巧新花样出来。那就是创作了。颓废懒惰的人，痴待"灵感"之来，是终无所成的。寿生先生引孔子的话："吾尝终日不食，终夜不寝，以思，无益，不如学也。"这一位最富于常识的圣人的话是值得我们大家想想的。

易卜生主义

一

易卜生最后所作的《我们死人再生时》(When We Dead Awaken)一本戏中里面有一段话,很可表出易卜生所做文学的根本方法。这本戏的主人翁是一个美术家,费了全副精神雕成一副像,名为"复活日"。这位美术家自己说他这副雕像的历史道:

我那时年纪还轻,不懂得世事。我以为这"复活日"应该是一个极精致、极美的少女像,不带着一毫人世的经验,平空地醒来,自然光明庄严,没有什么过恶可除。……但是我后来的几年,懂得些世事了,才知道这"复活日"不是这样简单的,原来是很复杂的。……我眼里所见的人情世故,都到我理想中来,我不能不把这些现状包括进去。我只好把这雕像的座子放大了,放宽了。我在那座子上雕了一片曲折爆裂的地面。从那地的裂缝中,钻出来无数模糊不分明、人身兽面的男男女女。这都是我在世间亲自见过的男男女女。(二幕)

这是"易卜生主义"的根本方法。那不带一毫人世罪恶的少女像,是指那盲目的理想派文学。那无数模糊不分明,人身兽面的男男女女,是指写实派的文学。易卜生早年和晚年的著作虽不能全说是写实主义,但我们看他极盛时期的著作,尽可以说,易卜生的文学，易卜生的人生观，只是一个写实主义。1882年，他有一封信给一个朋友，信中说道：

我做书的目的，要使读者人人心中都觉得他所读的全是实事。（《尺牍》第一五九号）

人生的大病根在于不肯睁开眼睛来看世间的真实现状。明明是男盗女娼的社会，我们偏说是圣贤礼仪之邦；明明是赃官污吏的政治，我们偏要歌功颂德；明明是不可救药的大病，我们偏要说一点病都没有！却不知道：若要病好，须先认有病；若要政治好，须先认现今的政治实在不好；若要改良社会，须先知道现今的社会实是男盗女娼的社会！易卜生的长处，只在他肯说老实话，只在他能把社会种种腐败龌龊的实在情形写出来，叫大家仔细看。他并不是爱说社会的坏处，他只是不得不说。1880年，他对一个朋友说：

我无论作什么诗，编什么戏，我的目的只要我自己精神上的舒服清净。因为我们对于社会的罪恶，都脱不了干系的。（《尺牍》第一四八号）

因为我们对于社会的罪恶都脱不了干系，故不得不说老实话。

二

我们且看易卜生写近世的社会，说的是一些什么样的老实话。第一，先说家庭。

易卜生所写的家庭，是极不堪的。家庭里面，有四种大恶德：一是自私自利；二是倚赖性，奴隶性；三是假道德，装腔作戏；四是懦怯，没有胆子。做丈夫的便是自私自利的代表。他要快乐，要安逸，还要体面，所以他要娶一个妻子。正如《娜拉》戏中的郝尔茂，他觉得同他妻子有爱情是很好玩的。他叫他妻子做"小宝贝"、"小鸟儿"、"小松鼠儿"、"我的最亲爱的"等等肉麻名字。他给他妻子一点钱去买糖吃，买粉搽，买好衣服穿。他要他妻子穿得好看，打扮得标致。做妻子的完全是一个奴隶。她丈夫喜欢什么，她也该喜欢什么，她自己是不许有什么选择的。她的责任在于使丈夫欢喜。她自己不用有思想：她丈夫会替她思想。她自己不过是她丈夫的玩意儿，很像叫化子的猴子专替他变把戏引人开心的（所以《娜拉》又名《玩偶之家》）。丈夫要妻子守节，妻子却不能要丈夫守节，正如《群鬼》（Ghosts）戏中的阿尔文夫人受不过丈夫的气，跑到一个朋友家去；那位朋友是个牧师，很教训了她一顿，说她不守妇道。但是阿尔文夫人的丈夫在外面偷妇人，甚至淫乱他妻子的婢女；人家都毫不介意，那位牧师朋友也觉得这是男人常有的事，不足为奇！妻子对丈夫，什么都可以牺牲；丈夫对妻子，是犯不着牺牲什么的。《娜拉》戏中的娜拉因为要救她丈夫的生命，所以冒她父亲的名字，签了借据去借钱。后来事情闹穿了，她丈夫不但不肯娜拉分担冒名的干系，还要痛骂她带累他自己的名誉。后来和平了结了，没有危险了，她丈夫又装出大度的样子，说不追究她的错处了。他得意扬扬地说道："一个男人赦了他妻子的过犯是很畅快的事！"（《娜拉》三幕）

这种极不堪的情形，何以居然忍耐得住呢？第一，因为人都要顾面子，不得不装腔作势，做假道德遮着面孔。第二，因为大多数的人都是没有胆子的懦夫。因为要顾面子，故不肯闹翻；因为没有胆子，故不敢闹翻。那《娜拉》戏中的娜拉忽然看破家庭是一座做猴子戏的戏文，她自己是台上的猴子。她有胆子，又不肯装假面子，所以告别了掌班的，跳下了戏台，去干她自己的生活，那《群鬼》戏中的阿尔文夫人没有娜拉的胆子，又要顾面子，所以被她的牧师一劝，就劝回头了，还是回家去尽她的"天职"，守她的"妇道"。她丈夫仍然做那淫荡的行为。阿尔文夫人只好牺牲自己的人格，尽力把他羁縻在家。后来生下一个儿子，他母亲恐怕他在家学了他父亲的坏榜样，所以到了七岁便把他送到巴黎去。她一面要哄她丈夫在家，一面要在外边替她丈夫修名誉，一面要骗她儿子说她父亲是怎样一个正人君子。这种情形，过了十九个足年，她丈夫才死。死后，他妻子还要替他装面子，花了许多钱，造了一所孤儿院，作她亡夫的遗爱。孤儿院造成了，把她儿子唤回来参与孤儿院落成的庆典。谁知她儿子从胎中就得了他父亲的花柳病的遗毒，变成一种脑腐症，到家没几天，那孤儿院也被火烧了，她儿子的遗传病发作，脑子坏了，就成了疯人了。这是没有胆子，又要面子的结局。这就是腐败家庭的下场！

三

其次，且看易卜生的社会的三种大势力。那三种大势力：一是法律，二是宗教，三是道德。

第一，法律。法律的效能在于除暴去恶，禁民为非。但是法律有好处也有坏处。好处在于法律是无有偏私的；犯了什么法，就该得什么罪。坏处也在于此。法律是死板板的条文，不通人情世故；不知道 样的罪名却有几等几样的居心，有几等几样的境遇情形；同犯一罪的人却有几等几样的知识程度。法律只说某人犯了某法的某某篇某某章某某节，该得某某罪，全不管犯罪的人的知识不同，境遇不同，居心不同。《娜拉》戏里有两件冒名签字的事：一件是一个律师做的，一件是一个不懂法律的妇人做的。那律师犯这罪全由于自私自利，那妇人犯这罪全因为她要救她丈夫的性命。但是法律不问这些区别。请看两个"罪人"讨论这个问题：

（律师）郝夫人，你好像不知道你犯了什么罪；我老实对你说，我犯的那种使我一生名誉扫地的事，和你所做的事恰恰相同，一毫也不多，一毫也不少。

（娜拉）你！难道你居然也敢冒险去救你的妻子的命吗？

（律师）法律不管人的居心如何。

（娜拉）如此说来，这种法律是笨极了。

（律师）不问他笨不笨，你总要受他的裁判。

（娜拉）我不相信。难道法律不许做女儿的想个法子免得她临死的父亲烦恼吗？难道法律不许做妻子的救她的丈夫的命吗？我不大懂得法律，但是我想总该有这种法律承认这些事的。你是一个律师，你难道不知道有这样的法律吗？柯先生，你真是一个不中用的律师了。（《娜拉》一幕）

最可怜的是世上真没有这种入情入理的法律！

第二，宗教。易卜生眼中的宗教久已失去了那种可以感化人的能力；久已变成毫无生气的仪节信条，只配口头念得烂熟，却不配使人奋发鼓舞了。《娜拉》戏中说：

（郝尔茂）你难道没有宗教吗？

（娜拉）我不是很懂得究竟宗教是什么东西。我只知道我进教时那位牧师告诉我的一些话。他对我说宗教是这个，是那个，是这样，是那样。（三幕）

如今人的宗教，都是如此，你问他信什么教，他就把他的牧师或是他的先生告诉他的话背给你听。他会背耶稣的祈祷文，他会念阿弥陀佛，他会背一部《圣谕广训》。这就是宗教了！

宗教的本意，是为人而作的，正如耶稣说的，"礼拜是为人造的，不是人为礼拜造的"。不料后世的宗教处处与人类的天性相反，处处反乎人情。如《群鬼》戏中的牧师，逼着阿尔文夫人回家去受那荡子丈夫的待遇，去受那十九年极不堪的惨痛。那牧师说，宗教不许人求快乐；求快乐便是受了恶魔的魔力了。他说，宗教不许做妻子的批评丈夫的行为。他说，宗教教人无论如何总要守妇道，总须尽责任。那牧师口口声声所说是"是"的，阿尔文夫人心中总觉得都是"不是"的。后来阿尔文夫人仔细去研究那牧师的宗教，忽然大悟，原来那些教条都是假的，都是"机器造的"！（《群鬼》二幕）

但是这种机器造的宗教何以居然能这样兴旺呢？原来现在的宗教虽没有精神上的价值，却极有物质上的用场。宗教是可以利用的，是可以使人发财得意的。那《群鬼》戏中的木匠，本是一个极下流的酒鬼，卖妻卖女都肯干的。但是他见了那位道学的牧师，立刻就装出宗教家的样子，说宗教家的话，做宗教家的唱歌祈祷，把这位蠢牧师哄得滴溜溜地转（二幕）。那《罗斯马庄》（Rosmersholm）戏里面的主人翁罗斯马本是一个牧师，后来他的思想改变了，遂不信教了。他那时想加入本地的自由党，不料党中的领袖却不许罗斯马宣告他脱离教会的事。为什么呢？因为他们党中很少信教的人，故想借罗斯马的名誉来号召那些信教的人家。可见宗教的兴旺，并不是因为宗教真有兴旺的价值，不过是因为宗教有可以利用的好处吧了。

第三，道德。法律宗教既没有裁制社会的本领，我们且看"道德"可有这种本事。据易卜生看来，社会上所谓"道德"不过是许多陈腐的旧习惯。合于社会习惯的，便是道德；不合于社会习惯的，便是不道德。正如我们中国的老辈人看见少年男女实行自由结婚，便说是"不道德"。为什么呢？因为这事不合于"父母之命，媒妁之言"的社会习惯。但是这班老辈人自己讨过许多小老婆，却以为是很平常的事，没有什么不道德。为什么呢？因为习惯如此。又如中国人死了父母，发出讣书，人人都说"泣血稽颡"，"苫块昏迷"。其实他们何尝泣血？又何尝"寝苫枕块"？这种自欺欺人的事，人人都以为是"道德"，人人都不以为羞耻。为什么呢？

因为社会的习惯如此，所以不道德的也觉得道德了。

这种不道德的道德，在社会上，造出一种诈伪不自然的伪君子。面子上都是仁义道德，骨子中都是男盗女娼。易卜生最恨这种人。他有一本戏，叫做《社会的栋梁》(Pillars of Society)。戏中的主人名叫褒匿，是一个极坏的伪君子；他犯了一桩奸情，却让他兄弟受这恶名，还要诬赖他兄弟偷了钱跑脱了。不但如此，他还雇了一只烂脱底的船送他兄弟出海，指望把他兄弟和一船的人都沉死在海底，可以灭口。

这样一个大奸，面子上却做得十分道德，社会上都尊敬他，称他作"全市第一个公民"，"公民的模范"，"社会的栋梁"！他谋害他兄弟的那一天，本城的公民，聚了几千人，排起队来，打着旗，奏着军乐，上他的门来表示社会的敬意，高声喊道，"褒匿万岁！社会的栋梁褒匿万岁！"

这就是道德！

四

其次，我们且看易卜生写个人与社会的关系。

易卜生的戏剧中，有一条极显而易见的学说，是说社会与个人互相损害；社会最爱专制，往往用强力摧折个人的个性，压制个人自由独立的精神；等到个人的个性都消亡了，等到自由独立的精神都完了，社会自身也没有生气了，也不会进步了。社会中有许多陈腐的习惯，老朽的思想，极不堪的迷信，个人生在社会中，不能不受这些势力的影响。有时有一两个独立的少年，不甘心受这种陈腐规矩的束缚，于是东冲西突想与社会作对。上文所说的褒匿，当少年时，也曾想和社会反抗。但是社会的权力很大，网罗很密；个人的能力有限，如何是社会的敌手？社会对个人道：

"你们顺我者生,逆我者死;顺我者有赏,逆我者有罚。"那些和社会反对的少年,一个一个的都受家庭的责备,遭朋友的怨恨,受社会的侮辱驱逐。再看那些奉承社会意旨的人,一个个的都升官发财,安富尊荣了。当此境地,不是顶天立地的好汉,决不能坚持到底。所以你褒匿那般人,做了几时的维新志士,不久也渐渐地受社会同化,仍然回到旧社会去做"社会的栋梁"了。社会如同一个大火炉,什么金银铜铁锡,进了炉子,都要熔化。易卜生有一个戏叫《雁》(The Wild Duck)写一个人捉到一只雁,把他养在楼上半阁中,每天给它一桶水,让它在水中打滚游戏。那雁本是一个海阔天空逍遥自得的飞鸟,如今在半阁中关久了,也会生活,也会长得胖胖的,后来竟完全忘记了它从前那种海阔天空来去自由的乐处了!个人在社会里,就同这雁在人家半阁上一般,起初未必满意,久而久之,也就惯了,也渐渐地把黑暗世界当作安乐窝了。

社会对于那班服从社会命令,维持陈旧迷信,传播腐败思想的人,一个一个的都有重赏。有的发财了,有的升官了,有的享大名誉了。这些人有了钱,有了势,有了名誉,就像老虎长了翅膀,更可横行不忌了,更可借着"公益"的名义去骗人钱财,害人生命,做种种无法无天的行为。易卜生的《社会的栋梁》和《博曼克》(John Gabriel Borkman)两本戏的主人翁都是这种人物,他们钱赚得够了,然后掏出几个小钱来,开一个学堂,造一所孤儿院,立一个公共游戏场,"捐二十磅金去买面包给贫人吃"(用《社会的栋梁》二幕中语)。于是社会格外恭维他们,打着旗子,奏着军乐,上他们家来,大喊"社会的栋梁万岁!"

那些不懂事又不安本分的理想家,处处和社会的风俗习惯反对,是该受重罚的。持行这种重罚的机关,便是"舆论",便是大多数的"公论"。世间有一种最通行的迷信,叫做"服从多数的迷信"。人都以为多数人的公论总是不错的。易卜生绝对的不承认这种迷信。他说"多数党总在错的一边，少数党总在不错的一边"（《国民公敌》五幕）。一切维新革命，都是少数人发起的，都是大多数人所极力反对的。大多数人总是守旧麻木不仁的；只有极少数人，有时只有一个人，不满意于社会的现状，要想维新，要想革命。这种理想家是社会所最忌的。大多数人都骂他是"捣乱分子"，都恨他"扰乱治安"，都说他"大逆不道"；所以他们用大多数的专制威权去压制那"捣乱"的理想志士，不许他开口，不许他行动自由；把他关在监牢中，把他赶出境去，把他杀了，把他钉在十字架上活活地钉死，把他捆在柴草上活活地烧死。过了几十年几百年，那少数人的主张渐渐变成多数人的主张了，于是社会的多数人又把他们从前杀死钉死烧死的那些"捣乱分子"一个一个地重新推崇起来，替他们修墓，替他们作传，替他们立庙，替他们铸铜像。却不知道从前那种"新"思想，到了这时候，又早已成了"陈腐的"迷信！当他们替从前那些特立独行的人修墓铸铜像的时候，社会中早已发生了几个新派少数人，又要受他们杀死钉死烧死的刑罚了！所以说"多数党总是错的，少数党总是不错的"。

易卜生有一本戏叫做《国民公敌》，里面写的就是这个道理。这本戏的主人翁斯铎曼医生从前发现本地的水可以造成几处卫生浴池。本地的人听了他的话，觉得有利可图，便集了资本造了几处卫生浴池。后来四方的人闻了这浴池的名，纷纷来这里避暑养病。来的人多了，本地的商业市面便渐渐发达兴旺。斯铎曼医生便做了浴池的官医。后来洗浴的人之中，忽然发生一种流行病症；经这位医生仔细考察，知道这病症是从浴池的水中来的，他便装了一瓶水寄与大学的化学师请他化验。化验出来，才知道浴池的水管安得太低了，上流的污秽停积在浴池里，发生一种传染病的微生物，极有害于公众卫生。斯铎曼医生得了这种科学证据，便做了一篇切切实实的报告书，请浴池的董事会把浴池的水管重新改造，以免妨碍卫生。不料改造浴池须要花费许多钱，又要把浴池闭歇一两年；浴池一闭歇，本地的商务便要受许多损失。所以本地的人全体用死力反对斯铎曼医生的提议。他们宁可听任那些来避暑养病的人受毒病死，却不情愿受这种金钱的损失，所以他们用大多数的专制威权压制这位说老实话的医生，不许他开口。他做了报告，本地的报馆都不肯登载。他要自己印刷，印刷局也不肯替他印。他要开会演说，全城的人都不把空屋借他做会场。后来好容易找到了一所会场，开了一个公民会议，会场上的人不但不听他的老实话，还把他赶下去，由全体一致表决，宣告斯铎曼医生从此是国民的公敌。他逃出会场，把裤子都撕破了，还被众人赶到他家，用石头掷他，把窗户都打碎了。到了明天，本地政府革了他的官医；本地商民发了传单不许人请他看病；他的房东请他赶快搬出屋去；他的女儿在学堂教书，也被校长辞退了。这就是"特立独行"的好结果！这就是大多数惩罚少数"捣乱分子"的辣手段！

五

其次，我们且说易卜生的政治主义。易卜生的戏剧不大讨论政治问题，所以我们须要用他的《尺牍》(Letters, ed. by hisson, Sigurd lbsen, English Trans. 1905)作参考的材料。

易卜生起初完全是一个主张无政府主义的人。当普法之战（1870年至1871年）时，他的无政府主义最为激烈。1871年，他有信与一个朋友道：

……个人绝无做国民的需要。不但如此，国家简直是个人的大害。请看普鲁士的国力，不是牺牲了个人的个性去买来的吗？国民都成了酒馆中跑堂的了，自然个个是好兵了。再看犹太民族：岂不是最高贵的人类吗？无论受了何种野蛮的待遇，那犹太民族还能保存本来的面目。这都因为他们没有国家的原故。国家总得毁去。这种毁除国家的革命，我也情愿加入。毁去国家观念，单靠个人的情愿和精神上的团结做人类社会的基本，——若能做到这步田地，这可算得有价值的自由起点。那些国体的变迁，换来换去，都不过是弄把戏，——都不过是全无道理的胡闹。（《尺牍》第七九）

易卜生的纯粹无政府主义，后来渐渐地改变了。他亲自看见巴黎"市民政府"（commune）的完全失败（1871年），便把他主张无政府主义的热心减了许多（《尺牍》第八一）。到了1884年，他写信给他的朋友说，他在本国若有机会，定要把国中无权的人民联合成一个大政党，主张极力推广选举权，提高妇女的地位，改良国家教育，要使脱除一切中古陋习（《尺牍》第一七八）。这就不是无政府的口气了，但是他自己到底不曾加入政党，他以为加入政党是很下流的事（《尺牍》第一五八）。他最恨那班政客，他以为"那班政客所力争的，全是表面上的权利，全是胡闹。最要紧的是人心的大革命。"（《尺牍》第七七）

易卜生从来不主张狭义的国家主义，从来不是狭义的爱国者。1888年，他写信给一个朋友说道：

知识思想略为发达的人，对于旧式的国家观念，总不满意。我们不能以为有了我们所属的政治团体便足够了。据我看来，国家观念不久就要消亡了，将来定有一种观念起来代它。即以我个人而论，我已经有过这种变化，我起初觉得我是那威国人，后来变成斯堪丁纳维亚人，（那威与瑞典统名斯堪丁纳维亚），我现在已成了条顿人了。（《尺牍》第二〇六）

这是1888年的话。我想易卜生晚年临死的时候,(1906年)一定已进到世界主义的地步了。

六

我开篇便说过易卜生的人生观只是一个写实主义。易卜生把家庭社会的实在情形都写了出来,叫人看了动心,叫人看了觉得我们的家庭社会原来是如此黑暗腐败,叫人看了晓得家庭社会真正不得不维新革命:——这就是"易卜生主义"。表面上看去,像是破坏的,其实完全是建设的。譬如医生诊了病,开的一个脉案,把病状详细写出,这难道是消极的破坏的手续吗?但是易卜生虽开了许多脉案,却不肯轻易开药方。他知道人类社会是极复杂的组织,有种种绝不相同的境地,有种种绝不相同的情形。社会的病,种类纷繁,决不是什么"包医百病"的药方所能治得好的。因此他只好开个脉案,说出病情,让病人各人自己去寻医病的药方。

虽然如此,但是易卜生生平却也有一种完全积极的主张。他主张个人须要充分发达自己的天才性;须要充分发展自己的个性。他有一封信给他的朋友兰戴说道:

我所最期望于你的是一种真益纯粹的为我主义。要使你有时觉得天下只有关于我的事最要紧,其余的都算不得什么。……你要想有益于社会,最好的法子莫如把你自己这块材料铸造成器。……有的时候我真觉得全世界都像海上撞沉了船,最要紧的还是救出自己。(《尺牍》第八四)

最可笑的是有些人明知世界"陆沉",却要跟着"陆沉",跟着堕落,不肯"救出自己!"却不知道社会是个人组成的,多救出一个人便是多备下一个再造新社会的分子。所以孟轲说"穷则独善其身",这便是易卜生所说"救出自己"的意思。这种"为我主义"，其实是最有价值的利人主义。所以易卜生说，"你要想有益于社会：最好的法子莫如把你自己这块材料铸造成器。"《娜拉》戏里，写娜拉抛弃了丈夫儿女飘然而去，也只为要"救出自己"。那戏中说：

（郝尔茂）……你就是这样抛弃你的最神圣的责任吗？

（娜拉）你以为我的最神圣的责任是什么？

（郝尔茂）还等我说吗？可不是你对于你的丈夫和你的儿女的责任吗？

（娜）我还有别的责任同这些一样的神圣。

（郝）没有的。你且说，那些责任是什么？

（娜）是我对于我自己的责任。

（郝）最要紧的，你是一个妻子，又是一个母亲。

（娜）这种话我现在不相信了。我相信第一我是一个人，正同你一样。——无论如何，我务必努力做一个人。（三幕）

1882年，易卜生有信给朋友道：

这样生活，须使各人自己充分发展：——这是人类功业顶高的一层；这是我们大家都应该做的事。（《尺牍》第一六四）

社会最大的罪恶莫过于摧折个人的个性，不使他自由发展。那本《雁》戏所写的只是一件摧残个人才性的惨剧。那戏写一个人少年时本极有高尚的志气，后来被一个恶人害得破家荡产，不能度日；那恶人又把他自己通奸有孕的下等女子配给他做妻子，从此家累日重一日，他的志气便日低一日。到了后来，他堕落深了，竟变成了一个懒人懦夫，天天受那下贱妇人和两个无赖的恭维，他洋洋得意地觉得这种生活很可以终身的。所以那本戏借一个雁作比喻：那雁在半阁上关得久了，它从前那种高飞远举的志气全消亡了。居然把人家的半阁做它的极乐国了！

发展个人的个性须要有两个条件。第一，须使个人有自由意志。第二，须使个人担干系，负责任。《娜拉》戏中写郝尔茂的最大错处只在他把娜拉当作"玩意儿"看待，既不许她有自由意志，又不许她担负家庭的责任，所以娜拉竟没有发展她自己个性的机会。所以娜拉一旦觉悟，恨极她的丈夫，决意弃家远去，也正为这个原故。易卜生又有一本戏，叫做《海上夫人》（The Lady From The Sea），里面写一个女子哀梨妲少年时嫁给人家做后母，她丈夫和前妻的两个女儿看她年轻，不让她管家务，只叫她过安闲日子。哀梨妲在家觉得这种不自由的妻子，不负责任的后母，是极没趣的事。因此她天天想跟人到海外去过那海阔天空的生活。她丈夫越不许她自由，她偏越想自由。后来她丈夫知道留她不住，只得许她自由出去，她丈夫说道：

（丈夫）……我现在立刻和你毁约，现在你可以有完全自由拣定你自己的路子。……现在你可以自己决定，你有完全的自由，你自己担干系。

（哀梨妲）完全自由！还要自己担干系！还担干系咧！有这么一来，样样事都不同了。

哀梨妲有了自由又自己负责任了，忽然大变了，也不想那海上的生活了，决意不跟人走了（《海上夫人》第五幕）。这是为什么呢？因为世间只有奴隶的生活是不能自由选择的，是不用担干系的。个人若没有自由权，又不负责任，便和做奴隶一样，所以无论怎样好玩，无论怎样高兴，到底没有真正乐趣，到底不能发展个人的人格。所以哀梨妲说，有了完全自由，还要自己担干系，有这么一来，样样事都不同了。

家庭是如此，社会国家也是如此。自治的社会，共和的国家，只是要个人有自由选择之权，还要个人对于自己所行所为都负责任。若不如此，决不能造出自己独立的人格。社会国家没有自由独立的人格如同酒里少了酒曲，面包中少了酵，人身上少了脑筋：

那种社会国家决没有改良进步的希望。

所以易卜生的一生目的只是要社会极力容忍，极力鼓励斯铎曼医生一流的人物（斯铎曼事见上文四节）；要想社会上生出无数永不知足，永不满意，敢说老实话攻击社会腐败情形的"国民公敌"；要想社会上有许多人都能像斯铎曼医生那样宣言道："世上最强有力的人就是那个孤立的人！"

社会国家是时刻变迁的，所以不能指定哪一种方法是救世的良药：十年前用补药，十年后或者须用泻药了；十年前用凉药，十年后或者须用热药了。况且各地的社会国家都不相同，适用于日本的药，未必完全适用于中国；适用于德国的药，未必适用于美国。只有康有为那种"圣人"，还想用他们的"戊戌政策"来救戊午的中国；只有辜鸿铭那班怪物，还想用二千年前的"尊王大义"来施行于二十世纪的中国。易卜生是聪明人，他知道世上没有"包医百病"的仙方，也没有"施诸四海而皆准，推之百世而不悖"的真理。因此他对于社会的种种罪恶污秽，只开脉案，只说病状，却不肯下药。但他虽不肯下药，却到处告诉我们一个保卫社会健康的卫生良法。他仿佛说道："人的身体全靠血里面有无量数的白血轮时时刻刻与人身的病菌开战，把一切病菌扑灭干净，方才可使身体健全，精神充足。社会国家的健康也全靠社会中有许多永不知足，永不满意，时刻与罪恶分子龌龊分子宣战的白血轮，方才有改良进步的希望。我们若要保卫社会的健康，须要使社会中时时刻刻有斯铎曼医生一般的白血轮分子。但使社会常有这种白血轮精神，社会决没有不改良进步的道理。"1883年，易卜生写信给朋友道：

十年之后，社会的多数人大概也会到了斯铎曼医生开公民大会时的见地了。

但是这十年之中，斯铎曼自己也刻刻向前进；所以到了十之后,他的见地仍然比社会的多数人还高十年。即以我个人而论,我觉得时时刻刻总有进境。我从前每作一本戏时的主张,召集都已渐渐变成了很多数人的主张。但是等到他们赶到那里时,我久已不在那里了。我又到别处去了。我希望我总是向前去了。(《尺牍》第一七二)

新生活

——为《新生活》杂志第一期做的

哪样的生活可以叫做新生活呢？

我想来想去，只有一句话。新生活就是有意思的生活。

你听了，必定要问我，有意思的生活又是什么样子的生活呢？

我且先说一两件实在的事情做个样子，你就明白我的意思了。

前天你没有事做，闲的不耐烦了，你跑到街上的一个酒店中，打了四两白干，喝完了，又要四两，再添上四两。喝得大醉了，同张大哥吵了一回嘴，几乎打起架来。后来李四哥来把你拉开，你气忿忿地又要了四两白干，喝得人事不知，幸亏李四哥把你扶回去睡了。昨儿早上，你酒醒了，大嫂子把前天的事告诉你，你懊悔得很，自己埋怨自己："昨儿为什么要喝那么多酒呢？可不是糊涂吗？"

你赶上张大哥家去，作了许多揖，赔了许多不是，自己怪自己糊涂，请张大哥大量包涵。正说时，李四哥也来了，王三哥也来了。他们三缺一，要你陪他们打牌。你坐下来，打了十二圈牌，输了一百多吊钱。你回得家来，大嫂子怪你不该赌博，你又懊悔得很，自己怪自己道："是呵，我为什么要陪他们打牌呢？可不是糊涂吗？"

诸位，像这样子的生活，叫做糊涂生活，糊涂生活便是没有意思的生活。你做完了这种生活，回头一想，"我为什么要这样干呢？"你自己也回答不出究竟为什么。

诸位，凡是自己说不出"为什么这样做"的事，都是没有意思的生活。

反过来说，凡是自己说得出"为什么这样做"的事，都可以说是有意思的生活。

生活的"为什么"，就是生活的意思。

人同畜牲的分别，就在这个"为什么"上。你到万牲园里去看那白熊一天到晚摆来摆去不肯歇，那就是没有意思的生活。我们做了人，应该不要学那些畜牲的生活。畜牲的生活只是糊涂，只是胡混，只是不晓得自己为什么如此做。一个人做的事应该件件回得出一个"为什么"。

我为什么要干这个？为什么不干那个？回答得出，方才可算是一个人的生活。

我们希望中国人都能做这种有意思的新生活。其实这种新生活并不十分难，只消时时刻刻问自己为什么这样做，为什么不那样做，就可以渐渐的做到我们所说的新生活了。

诸位，千万不要说"为什么"这三个字是很容易的小事。你打今天起，每做一件事，便问一个为什么——为什么不把辫子剪了？为什么不把大姑娘的小脚放了？为什么大嫂子脸上搽那么多的脂粉？为什么出棺材要用那么多叫化子？为什么娶媳妇也要用那么多叫化子？为什么骂人要骂他的爹妈？为什么这个？为什么那个？你试办一两天，你就会觉得这三个字的趣味真是无穷无尽，这三个字的功用也无穷无尽。

诸位，我们恭恭敬敬地请你们来试试这种新生活。

人生有何意义

答某君书

……我细读来书,终觉得你不免作茧自缚。你自己去寻出一个本不成问题的问题,"人生有何意义?"其实这个问题是容易解答的。人生的意义全是各人自己寻出来,造出来的:高尚、卑劣、清贵、污浊、有用、无用,……全靠自己的作为。生命本身不过是一件生物学的事实,有什么意义可说?一个人与一只猪,一只狗,有什么分别?人生的意义不在于何以有生,而在自己怎样生活。你若情愿把这六尺之躯葬送在白昼做梦之上,那就是你这一生的意义。你若发愤振作起来,决心去寻求生命的意义,去创造自己的生命的意义,那么,你活一日便有一日的意义,做一事便添一事的意义,生命无穷,生命的意义也无穷了。

总之,生命本没有意义,你要能给他什么意义,他就有什么意义。与其终日冥想人生有何意义,不如试用此生做点有意义的事……

非个人主义的新生活

这个题目是我在山东道上想着的,后来曾在天津学生联合会的学术讲演会讲过一次,又在唐山的学术讲演会讲过一次。唐山的演稿由一位刘赞清君记出,登在1月15日《时事新报》上。我这一篇的大意是对于新村的运动贡献一点批评。这种批评是否合理,我也不敢说。但是我自信这一篇文字是研究考虑的结果,并不是根据于先有的成见的。

九,一,二二

本篇有两层意思。一是表示我不赞成现在一般有志青年所提倡,我所认为"个人主义的"新生活。一是提出我所主张的"非个人主义的"新生活。就是"社会的"新生活。

先说什么叫做"个人主义"(individualism)。1月2日夜(就是我在天津讲演前一晚),杜威博士在天津青年会讲演《真的与假的个人主义》,他说:个人主义有两种:

(一)假的个人主义——就是为我主义(egoism)。他的性质是自私自利:只顾自己的利益,不管群众的利益。

(二)真的个人主义——就是个性主义(individuality)。他的特性有两种:一是独立思想,不肯把别人的耳朵当耳朵,不肯把别人的眼睛当眼睛,不肯把别人的脑力当自己的脑力;二是个人对于自己思想信仰的结果要负完全责任,不怕权威,不怕监禁杀身，只认得真理，不认得个人的利害。

杜威先生极力反对前一种假的个人主义，主张后一种真的个人主义。这是我们都赞成的。但是他反对的那种自私自利的个人主义的害处，是大家都明白的。因为人多明白这种主义的害处，故它的危险究竟不很大。例如东方现在实行这种极端为我主义的"财主督军"，无论他们眼前怎样横行，究竟逃不了公论的怨恨，究竟不会受多数有志青年的崇拜。所以我们可以说这种主义的危险是很有限的。但是我觉得"个人主义"还有第三派，是很受人崇敬的，是格外危险的。这一派是：

（三）独善的个人主义。他的共同性质是：不满意于现社会，却又无可如何，只想跳出这个社会去寻一种超出现社会的理想生活。

这个定义含有两部分：1. 承认这个现社会是没有法子挽救的了；2. 要想在现社会之外另寻一种独善的理想生活。自有人类以来，这种个人主义的表现也不知有多少次了。简括说来，共有四种：

（1）宗教家的极乐国。如佛家的净土，犹太人的伊丁园，别种宗教的天堂、天国，都属于这一派。这种理想的缘起，都由于对现社会不满意。因为厌恶现社会，故悬想那些无量寿、无量光的净土；不识不知，完全天趣的伊丁园；只有快乐，毫无痛苦的天国。这种极乐国里所没有的，都是他们所厌恨的；所有的，都是他们所梦想而不能得到的。

（2）神仙生活。神仙的生活也是一种悬想的超出现社会的生活。人世有疾病痛苦，神仙无病长生；人世愚昧无知，神仙能知过去未来；人生不自由，神仙乘云遨游，来去自由。

（3）山林隐逸的生活。前两种是完全出世的；他们的理想生活是悬想的渺茫的出世生活。山林隐逸的生活虽然不是完全出世的，也是不满意于现社会的表示。他们不满意于当时的社会政治，却又无能为力，只得隐姓埋名，逃出这个恶浊社会去做他们自己理想中的生活。他们不能"得君行道"，故对于功名利禄，表示藐视的态度；他们痛恨富贵的人骄奢淫逸，故说富贵如同天上的浮云，如同脚下的破草鞋。他们痛恨社会上有许多不耕而食、不劳而得的"吃白阶级"，故自己耕田锄地，自食其力。他们厌恶这污浊的社会，故实行他们理想中梅妻鹤子，渔蓑钓艇的洁净生活。

（4）近代的新村生活。近代的新村运动，如十九世纪法国、美国的理想农村，如现在日本日向的新村，照我的见解看起来，实在同山林隐逸的生活是根本相同的。那不同的地方，自然也有。山林隐逸是没有组织的，新村是有组织的；这是一种不同。隐遁的生活是同世事完全隔绝的，故有"不知有汉，遑论魏晋"的理想；现在的新村的人能有赏玩 Rodin 同 Cézanne 的幸福，还能在村外著书出报：这又是一种不同。但是这两种不同都是时代造成的，是偶然的，不是根本的区别。从根本性质上看来，新村的运动都是对于现社会不满意的表示。即如日向的新村，他们对于现在"少数人在多数人的不幸上，筑起自己的幸福"的社会制度，表示不满意，自然是公认的事实。周作人先生说日向新村里有人把中国看作"最自然，最自在的国"（《新潮》二，页七五）。这是他们对于日本政制极不满意的一种牢骚话，很可玩味的。武者小路实笃先生一般人虽然极不满意于现社会，却又不赞成用"暴力"的改革。他们都是"真心仰慕着平和"的人。他们于无可如何之中，想出这个新村的计划来。周作人先生说："新村的理想，要将历来非暴力不能做到的事，用和平方法得来。"（《新青年》七，二，一三四）这个和平方法就是离开现社会，去做一种模范的生活。"只要万人真希望这种的世界，这世界便能实现。"（《新青年》同上）这句话不但是独善主义的精义，简直全是净土宗的口气了！

所以我把新村来比山林隐逸，不算冤枉他；就是把他来比求净土天国的宗教运动，也不算玷辱他。不过他们的"净土"是在日向，不在西天罢了。

我这篇文章要批评的"个人主义的新生活"，就是指这一种跳出现社会的新村生活。这种生活，我认为是"独善的个人主义"的一种。"独善"两个字是从孟轲"穷则独善其身"一句话上来的。有人说：新村的根本主张是要人人"尽了对于人类的义务，却又完全发展自己个性"；如此看来，他们既承认"对于人类的义务"，如何还是独善的个人主义呢。我说：这正是个人主义的证据。试看古今来主张个人主义的思想家，从希腊的"狗派"（cynic）以至十八九世纪的个人主义，哪一个不是一方面崇拜个人，一方面崇拜那广漠的"人类"的？主张个人主义的人，只是否认那些切近的伦谊，——或是家族，或是"社会"，或是国家，——但是因为要推翻这些比较狭小逼人的伦谊，不得不捧出那广漠不逼人的"人类"。所以凡是个人主义的思想家，没有一个不承认这个双重关系的。

新村的人主张"完全发展自己个性"，故是一种个人主义。他们要想跳出现社会去发展自己个性，故是一种独善的个人主义。

这种新村的运动，因为恰合现在青年不满意于现社会的心理，故近来中国也有许多人欢迎、赞叹、崇拜。我也是敬仰武者先生一班人的，故也曾仔细考究这个问题。我考究的结果是不赞成这种运动。我以为中国的有志青年不应该仿行这种个人主义的新生活。

这种新村的运动有什么可以反对的地方呢？

第一，因为这种生活是避世的，是避开现社会的。这就是让步。这便不是奋斗。我们自然不应该提倡"暴力"，但是非暴力的奋斗是不可少的。我并不是说武者先生一班人没有奋斗的精神。他们在日本能提倡反对暴力的论调，——如《一个青年的梦》——自然是有奋斗精神的。但是他们的新村计划想避开现社会里"奋斗的生活"，去寻那现社会外"生活的奋斗"，这便是一大让步。武者先生的《一个青年的梦》里的主人翁最后有几句话，很可玩味。他说：

……请宽恕我的无力。——宽恕我的话的无力。但我心里所有的对于美丽的国的仰慕，却要请诸君体察的。(《新青年》七，二，一〇二)

我们对于日向的新村应该作如此观察。

第二，在古代，这种独善主义还有存在的理由；在现代，我们就不该崇拜他了。古代的人不知道个人有多大的势力，故孟轲说："穷则独善其身，达则兼善天下。"古人总想，改良社会是"达"了以后的事业，——是得君行道以后的事业；故承认个人——穷的个人——只能做独善的事业，不配做兼善的事业。古人错了。现在我们承认个人有许多事业可做。人人都是一个无冠的帝王，人人都可以做一些改良社会的事。去年的"五四"运动和"六三"运动，何尝是"得君行道"的人做出来的？知道个人可以做事，知道有组织的个人更可以做事，便可以知道这种个人主义的独善生活是不值得模仿的了。

第三，他们所信仰的"泛劳动主义"是很不经济的。他们主张："一个人生存上必要的衣食住，论理应该用自己的力去得来，不该要别人代负这责任。"这话从消极一方面看，——从反对那"游民贵族"的方面看，——自然是有理的。但是从他们的积极实行方面看，他们要"人人尽劳动的义务，制造这生活的资料"，——就是衣食住的资料，——这便是"矫枉过正"了。人人要尽制造衣食住的资料的义务，就是人人要加入这生活的奋斗（周作人先生再三说新村里平和幸福的空气，也许不承认"生活的奋斗"

的话；但是我说的，并不是人同人争面包米饭的奋斗，乃是人在自然界谋生存的奋斗；周先生说新村的农作物至今还不够自用，便是一证）。现在文化进步的趋势，是要使人类渐渐减轻生活的奋斗至最低度，使人类能多分一些精力出来，做增加生活意味的事业。新村的生活使人人都要尽"制造衣食住的资料"的义务，根本上否认分功进化的道理，增加生活的奋斗，是很不经济的。

第四，这种独善的个人主义的根本观念就是周先生说的"改造社会，还要从改造个人做起"。我对于这个观念，根本上不能承认。这个观念的根本错误在于把"改造个人"与"改造社会"分作两截；在于把个人看作一个可以提到社会外去改造的东西。要知道个人是社会上种种势力的结果。我们吃的饭，穿的衣服，说的话，呼吸的空气，写的字，有的思想，……没有一件不是社会的。我曾有几句诗，说："……此身非吾有：一半属父母，一半属朋友。"当时我以为把一半的我归功社会，总算很慷慨了。后来我才知道这点算学做错了！父母给我的真是极少的一部分。其余各种极重要的部分，如思想、信仰、知识、技术、习惯，等等，大都是社会给我的。我穿线袜的法子是一个徽州同乡教我的；我穿皮鞋打的结能不散开，是一个美国女朋友教我的。这两件极细碎的例，很可以说明这个"我"是社会上无数势力所造成的。社会上的"良好分子"并不是生成的，也不是个人修炼成的，——都是因为造成他们的种种势力里面，良好的势力比不良的势力多些。反过来，不良的势力比良好的势力多，结果便是"恶劣分子"了。古代的社会哲学和政治哲学只为要妄想凭空改造个人，故主张正心、诚意、独善其身的办法，这种办法其实是没有办法，因为没有下手的地方。近代的人生哲学渐渐变了，渐渐打破了这种迷梦，渐渐觉悟：改造社会的下手方法在于改良那些造成社会的种种势力，——制度、习惯、思想、教育，等等。那些势力改良了，人也改良了。所以我觉得"改造社会要从改造个人做起"还是脱不了旧思想的影响。我们的根本观念是：

个人是社会上无数势力造成的。

改造社会须从改造这些造成社会、造成个人的种种势力做起。

改造社会即是改造个人。

新村的运动如果真是建筑在"改造社会要从改造个人做起"一个观念上，我觉得那是根本错误了。改造个人也是要一点一滴地改造那些造成个人的种种社会势力。不站在这个社会里来做这种一点一滴的社会改造，却跳出这个社会去"完全发展自己个性"，这便是放弃现社会，认为不能改造；这便是独善的个人主义。

以上说的是本篇的第一层意思。现在我且简单说明我所主张的"非个人主义的"新生活是什么。这种生活是一种"社会的新生活"；是站在这个现社会里奋斗的生活；是霸占住这个社会来改造这个社会的新生活。他的根本观念有三条：

（1）社会是种种势力造成的，改造社会须要改造社会的种种势力。这种改造一定是零碎的改造，——一点一滴的改造，一尺一步的改造。无论你的志愿如何宏大，理想如何彻底，计划如何伟大，你总不能笼统地改造，你总不能不做这种"得寸进寸，得尺进尺"的功夫。所以我说：社会的改造是这种制度那种制度的改造，是这种思想那种思想的改造，是这个家庭那个家庭的改造，是这个学堂那个学堂的改造。

（附注）有人说："社会的种种势力是互相牵掣的，互相影响的。这种零碎的改造，是不中用的。因为你才动手改这一种制度，其余和种种势力便围拢来牵掣你了。如此看来，改造还是该做笼统的改造。"我说不然。正因为社会的势力是互相影响牵掣的，故一部分的改造自然会影响到别种势力上去。这种影响是最切实的，最有力的。近年来的文字改革，自然是局部的改革，但是它所影响的别种势力，竟有意想不到的多。这不是一个很明显的例吗？

（2）因为要做一点一滴地改造，故有志做改造事业的人必须要时时刻刻存研究的态度，做切实的调查，下精细的考虑，提出大胆的假设，寻出实验的证明。这种新生活是研究的生活，是随时随地解决具体问题的生活。具体的问题多解决了一个，便是社会的改造进了那么多一步。做这种生活的人要睁开眼睛，公开心胸；要手足灵敏，耳目聪明，心思活泼；要欢迎事实，要不怕事实；要爱问题，要不怕问题的逼人！

（3）这种生活是要奋斗的。那避世的独善主义是与人无忤，与世无争的，故不必奋斗。这种"淑世"的新生活，到处翻出不中听的事实，到处提出不中听的问题，自然是很讨人厌的，是一定要招起反对的。反对就是兴趣的表示，就是注意的表示。我们对于反对的旧势力，应该作正当的奋斗，不可退缩。我们的方针是：奋斗的结果，要使社会的旧势力不能不让我们；切不可先就偃旗息鼓退出现社会去，把这个社会双手让给旧势力。换句话说，应该使旧社会变成新社会，使旧村变为新村，使旧生活变为新生活。

我且举一个实际的例。英美近二三十年来，有一种运动，叫做"贫民区域居留地"的运动（social settlements）。这种运动的大意是：一班青年的男女，——大都是大学的毕业生，——在本城拣定一块极龌龊、极不堪的贫民区域，买一块地，造一所房屋。这班人便终日在这里面做事。这屋里，凡是物质文明所赐的生活需要品，——电灯、电话、热气、浴室、游水池、钢琴、话匣，等等，——无一不有。他们把附近的小孩子，——垢面的孩子，顽皮的孩子，——都招拢来，教他们游水，教他们读书，教他们打球，教他们演说辩论，组成音乐队，组成演剧团，教他们演戏奏艺。还有女医生和看护妇，天天出去访问贫家，替他们医病，帮他们接生和看护产妇。病重的，由"居留地"的人送入公家医院。因为天下贫民都是最安本分的,他们眼见那高楼大屋的大医院,心里以为这定是为有钱人家造的,决不是替贫民诊病的;所以必须有人打破他们这种见解,教他们知道医院不是专为富贵人家的。还有许多贫家的妇女每日早晨出门做工,家里小孩子无人看管,所以"居留地"的人教他们把小孩子每天寄在"居留地"里,有人替他洗浴,换洗衣服,喂他们饮食,领他们游戏。到了晚上,他们的母亲回来了,各人把小孩领回去。这种小孩子从小就在洁净慈爱的环境里长大,渐渐养成了良好习惯,回到家中,自然会把从前的种种污秽的环境改了。家中的大人也因时时同这种新生活接触,渐渐地改良了。我在纽约时,曾常常去看亨利街上的一所居留地,是华德女士(Lilian Wald)办的。有一晚我去看那条街上的贫家子弟演戏,演的是贝里(Barry)的名剧。我至今回想起来,他们演戏的程度比我们大学的新戏高得多咧!

这种生活是我所说的"非个人主义的新生活"!是我所说的"变旧社会为新社会,变旧村为新村"的生活!这也不是用"暴力"去得来的!我希望中国的青年要做这一类的新生活,不要去模仿那跳出现社会的独善生活,我们的新村就在我们自己的旧村里!我们所要的新村是要我们自己的旧村变成的新村!

可爱的男女少年!我们的旧村里我们可做的事业多得很咧!村上的鸦片烟灯还有多少?村上的吗啡针害死了多少人?村上缠脚的女子还有多少?村上的学堂成个什么样子?村上的绅士今年卖选票得了多少钱?村上的神庙香火还是怎么兴旺?村上的医生断送了几百条人命?村上的煤矿工人每日只拿到五个铜子,你知道吗?村上多少女工被贫穷逼去卖淫,你知道吗?村上的工厂没有避火的铁梯,昨天火起,烧死了一百多人,你知道吗?村上的童养媳妇被婆婆打断了一条腿,村上的绅士逼他的女儿饿死做烈女,你知道吗?

有志求新生活的男女少年！我们有什么权利，丢开这许多的事业去做那避世的新村生活！我们放着这个恶浊的旧村，有什么面孔，有什么良心，去寻那"和平幸福"的新村生活！

哲学与人生

前次承贵会邀我演讲关于佛学的问题,我因为对于佛学没有充分的研究,拿浅薄的学识来演讲这一类的问题,未免不配;所以现在讲"哲学与人生",希望对于佛学也许可以贡献点参考。不过我所讲的有许多地方和佛家意见不合,佛学会的诸君态度很公开,大约能够容纳我的意见的!讲到"哲学与人生",我们必先研究它的定义:什么叫哲学?什么叫人生?然后才知道它们的关系。

我们先说人生。这六月来,国内思想界,不是有玄学与科学的笔战么?国内思想界的老将吴稚晖先生,就在《太平洋杂志》上发表一篇《一个新信仰的宇宙观及人生观》。其中下了一个人生定义。他说:"人是哺乳动物中的有二手二足用脑的动物。"人生即是这种动物所演的戏剧,这种动物在演时,就有人生;停演时就没人生。所谓人生观,就是演时对于所演之态度,譬如:有的喜唱花面,有的喜唱老生,有的喜唱小生,有的喜摇旗呐喊;凡此种种两脚两手在演戏的态度,就是人生观。不过单是登台演剧,红进绿出,有何意义?想到这层,就发生哲学问题。哲学的定义,我们常会在各种哲学书籍上见到;不过我们尚有再找一个定义的必要。我在《中国哲学史大纲》上卷上所下的哲学的定义说:"哲学是研究人生切要的问题,从根本上着想,去找根本的解决。"

但是根本两字意义欠明，现在略加修改，重新下了一个定义说："哲学是研究人生切要的问题，从意义上着想，去找一个比较可普遍适用的意义。"现在举两个例来说明它：要晓得哲学的起点是由于人生切要的问题，哲学的结果，是对于人生的适用。人生离了哲学，是无意义的人生；哲学离了人生，是想入非非的哲学。现在哲学家多凭空臆说，离得人生问题太远，真是上穷碧落，愈闹愈糟！

现在且说第一个例：二千五百年前在喜马拉雅山南部有一个小国——迦叶里，街上倒卧着一个病势垂危的老丐，当时有一个王太子经过，在别人看到，将这老丐赶走，或是毫不经意地走过去了；但是那王太子是赋有哲学的天才的人，他就想人为什么逃不出老、病、死，这三个大关头，因此他就弃了他的太子爵位、妻孥、便嬖、皇宫、财货、遁迹入山，去静想人生的意义。后来忽然在树下想到一个解决，就是将人生一切问题拿主观去看，假定一切多是空的，那么，老、病、死，就不成问题了。这种哲学的合理与否，姑不具论，但是那太子的确是研究人生切要的问题，从意义上着想去找他以为比较普遍适用的意义。

我们再举一个例：譬如我们睡到夜半醒来，听见贼来偷东西，我那就将他捉住，送县究办。假如我们没有哲性，就这么了事，再想不到"人为什么要作贼"等等的问题；或者那贼竟苦苦哀求起来，说他所以作贼的原故，因为母老，妻病，子女伺哺，无处谋生，迫于不得已而为之，假如没哲性的人，对于这种吁求，也不见有甚良心上的反动。至于富于哲性的人就要问了，为什么不得已而为之？天下不得已而为之的事有多少？为什么社会没得给他做工？为什么子女这么多？为什么老病死？这种偷窃的行为，是由于社会的驱策，还是由于个人的堕落？为什么不给穷人偷？为什么他没有我有？他没有我有是否应该？拿这种问题，逐一推思下去，就成为哲学。由此看来，哲学是由小事放大，从意义着想而得来的，并非空说高谈能够了解的。推论到宗教哲学、政治哲学、社会哲学等，也无非从活的人生问题推衍阐明出来的。

我们既晓得什么叫人生，什么叫哲学，而且略会看到两者的关系，现在再去看意义在人生上占的什么地位。现在一般的人饱食终日，无所用心。思想差不多是社会的奢侈品。他们看人生种种事实，和乡下人到城里未看见五光十色的电灯一样，只看到事实的表面，而不了解事实的意义。因为不能了解意义的原故，所以连事实也不能了解了。这样说来，人生对于意义，极有需要，不知道意义，人生是不能了解的。宋朝朱子这班人，终日对物格物，终于找不到着落，就是不从意义上着想的原故。又如平常人看见病人种种病象，他单看见那些事实而不知道那些事实的意义，所以莫名其妙。至于这些病象一到医生眼里，就能对症下药；因为医生不单看病象，还要晓得病象的意义的原故。因此，了解人生不单靠事实，还要知道意义！

那么，意义又从何来呢？有人说：意义有两种来源：一种是从积累得来，是愚人取得意义的方法；一种是由直觉得来，是大智取得意义的方法。积累的方法，是走笨路；用直觉的方法是走捷径。据我看来，欲求意义唯一的方法，只有走笨路，就是日积月累最后的境界，而不是豁然贯通的。大发明家爱迪生有一次演说，他说，天才百分之九十九是汗，百分之一是神，可见得天才是下了番苦功才能得来，不出汗决不会出神的。所以有人应付环境觉得难，有人觉得易，就是日积月累的意义多寡而已。哲学家并不是什么，只是对于人生所得的意义多点罢了。

欲得人生的意义，自然要研究哲学史，去参考已往的死的哲理。不过还有比较更重要的，要注意现在的活的人生问题，这就是做人应有的态度。现在我举两个可模范的大哲学家来做我的结论，这两大哲学家一个是古代的苏格拉底，一个是现在的笛卡尔。

苏格拉底是希腊的穷人，他觉得人生醉生梦死，毫无意义，因此到公共市场，见人就盘问，想借此得到人生的解决。有一次，他碰到一个人去打官司，他就问他，为什么要打官司？那人答道，为公理。他复问道，什么叫公理？那人便瞠目结舌不能作答。苏氏笑道："我知道我不知你，却不知道你不知呵！"后来又有一个人告诉他的父亲不信国教，他又去盘问，那人又被问住了。因此希腊人多恨他，告他两大罪，说他不信国教，带坏少年，政府就判他的死刑。他走出来的时候，对告他的人说："未经考察过的生活，是不值得活的。你们走你们的路，我走我的路罢！"后来他就从容就刑，为找寻人生的意义而牺牲他的生命！

笛卡尔旅行的结果，觉到在此国以为神圣的事，在他国却视为下贱；在此国以为大逆不道的事，在别国却奉为天经地义，因此他觉悟到贵贱善恶是因时因地而不同的。他以为从前积下来的许多观念知识是不可靠的，因为它们多是趁他思想幼稚的时候侵入来的。如若欲过理性生活，必得将从前积得的知识，一件一件用怀疑的态度去评估它们的价值，重新建设一个理性的是非。这怀疑的态度，就是他对于人生与哲学的贡献。

现在诸君研究佛学，也应当用怀疑的态度去找出它的意义，是否真正比较得普遍适用？诸君不要怕，真有价值的东西，决不为怀疑所毁；而能被怀疑所毁的东西，决不会真有价值。我希望诸君实行笛卡尔的怀疑态度，牢记苏格拉底所说的"未经考察过的生活，是不值得活的"这句话。那么，诸君对于明阐哲学，了解人生，不觉其难了。

科学的人生观

今天讲的题目,就是"科学的人生观",研究人是什么东西?在宇宙中占据什么地位?人生究竟有何意味?因为少年人近来觉得很烦闷,自杀、颓废的都有,我比较至少多吃了几斤盐、几担米,所以来计划计划,研究自身人的问题。至于人生观,各人不同,都随环境而改变,不可以一个人的人生观去统理一切;因为公有公理,婆有婆理,我们至少要以科学的立场,去研究它,解决它。"科学的人生观"有两个意思:第一拿科学做人生观的基础;第二拿科学的态度、精神、方法,做我们生活的态度、生活的方法。

现在先讲第一点,就是人生是什么?人生是啥物事?拿科学的研究结果来讲,我在民国十二年发表的十条,这十条就是武昌有一个主教,称为新的十诫,说我是中华基督教的危险物的。十条内容如下:

(一)要知道空间的大。拿天文、物理考察,得着宇宙之大;从前孙行者翻筋斗,一翻翻到南天门,一翻翻到下界,天的观念,何等的小?现在从地球到银河中间的最近的一个星,中间距离,照孙行者一秒钟翻十万八千里的速率计算,恐怕翻一万万年也翻不到,宇宙是何等的大?地球是宇宙间的沧海之一粟,九牛之一毛;我们人类,更是小,真是不成东西的东西!以前看得人的地位太重了,以为是万物之灵,同大地并行,凡是政治不良,就有彗星、地震的征象，这是错的。从前王充很能见得到，说："一个虱子不能改变那裤子里的空气，和那人类不能改变皇天一样。"所以我们眼光要大。

（二）时间是无穷的长。从地质学、生物学的研究，晓得时间是无穷的长，以前开口五千年，闭口五千年，以为目空一切；不料世界太阳系的存在，有几万万年的历史，地球也有几万万年，生物至少有几千万年，人类也有二三百万年，所以五千年占很小的地位。明白了时间之长，就可以看见各种进步的演变，不是上帝一刻可以造成的。

（三）宇宙间自然的行动。根据了一切科学，知道宇宙、万物都有一定不变的自然行动。"自然自己，也是如此"，就是自己自然如此，各物自己如此的行动，并没有一种背后的指示，或是一个主宰去规范他们。明白了这点，对于月蚀是月亮被天狗所吞的种种迷信，可以打破了。

（四）物竞天择的原理。从生物学的知识，可以看到物竞天择的原理，鲫鱼下卵有几百万个，但是变鱼的只有几个；否则就要变成"鱼世界"了！大的吃小的，小的又吃更小的，人类都是如此。从此晓得人生不受安排，是自己如此的行动；否则要安排起来，为什么不安排一个完善的世界呢？

（五）人是什么东西。从社会学、生理学、心理学方面去看，人是什么东西？吴稚晖先生说："人是两手一个大脑的动物，与其他的不同在程度上的区别罢了。"人类的手，与鸡、鸭的掌差不多，实是它们的弟兄辈。

（六）人类是演进的。根据了人种学来看，人类是演进的；因为要应付环境，所以要慢慢地变；不变不能生存，要灭亡了。所以从下等的动物，慢慢演进到高等的动物，现在还是演进。

（七）心理受因果律的支配。根据了心理学、生物学来讲，心理现状是有因果律的。思想、做梦,都受因果律的支配,是心理、生理的现象,和头痛一般;所以人的心理说是超过一切,是不对的。

(八)道德、礼教的变迁。照生理学、社会学来讲,人类道德、礼教也变迁的。以前以为脚小是美观,但是现在脚小要装大了。所以道德、礼教的观念,正在改进。以二十年、二百年或二千年以前的标准,来判断二十年、二百年、二千年后的状况,是格格不相入的。

(九)各物都有反应。照物理、化学来讲,物质是活的,原子分为电子,是动的,石头倘然加了化学品,就有反应,像人打了一记,就有反动一样。不同的,只在程度不同罢了。

(十)人的不朽。根据一切科学知识,人是要死的,物质上的腐败,和猫死狗死一般。但是个人不朽的工作,是功德:在立德,立功,立言。善恶都是不朽。一块痰中,有微生物,这菌能散布到空间,使空气都恶化了;人的言语,也是一样。凡是功业、思想,都能传之无穷;匹夫匹妇,都有其不朽的存在。

我们要看破人世间、时间之伟大,历史的无穷,人是最小的动物,处处都在演进,要去掉那小我的主张,但是那小小的人类,居然现在对于制度、政治各种都有进步。

以前都是拿科学去答复一切,现在要用什么方法去解决人生,就是哪样生活?各人有各人的方法,但是,至少要有那科学的方法、精神、态度去做。分四点来讲:

(一)怀疑。三个弗相信的态度,人生问题就很多。有了怀疑的态度,就不会上当。以前我们幼时的知识,都从阿金、阿狗、阿毛等黄包车夫、娘姨处学来;但是现在自己要反省,问问以前的知识是否靠得住?有此态度,对于什么马克斯,牛克思主义都不致盲从了。

(二)事实。我们要实事求是:现在像贴贴标语,什么打倒田中义一等，都仅务虚名，像豆腐店里生意不好，看看"对我生财"泄闷一样。又像是以前的画符，一画符病就好的思想。贴了打倒帝国主义，帝国主义就真个打倒了么？这不对，我们应做切实的工作，奋力地做去。

（三）证据。怀疑以后，相信总要相信，但是相信的条件，就是拿凭据来，有了这一句，论理学诸书，都可以不读，赫胥黎的儿子死了以后，宗教家去劝他信教，但是他很坚决地说，"拿有上帝的证据来！"有了这种态度，就不会上当。

（四）真理。朝夕地去求真理，不一定要成功，因为真理无穷，宇宙无穷；我们去寻求，是尽一点责任，希望在总分上，加上万万分之一。胜固是可喜，败也不足忧。明知赛跑，只有一个人第一，我们还要跑去，不是为我为私，是为大家。发明不是为发财，是为人类。英国有一个医生，发明了一种治肺的药。但是因为自秘，就被医学会开除了。

所以科学家是为求真理。庄子虽有"吾生也有涯，而知也无涯，以有涯逐无涯，殆已"的话头，但是我们还要向上做去，得一分就是一分，一寸就是一寸，可以有亚基米特氏发现浮力时叫 eureka 的快活。有了这种精神，做人就不会失望。所以人生的意味，全靠你自己的工作；你要它圆就圆，方就方，是有意味；因为真理无穷，趣味无穷，进步快活也无穷尽。

《科学与人生观》序

亚东图书馆主人汪孟邹先生近来把散见国内各种杂志上的讨论科学与人生观的文章搜集印行，总名为《科学与人生观》。我从烟霞洞回到上海时，这部书已印了一大半了。孟邹要我做一篇序。我觉得，在这回空前的思想界大笔战的战场上，我要算一个逃兵了。我在本年三四月间，因为病体未复原，曾想把《努力周报》停刊；当时丁在君先生极不赞成停刊之议，他自己做了几篇长文，使我好往南方休息一会儿。我看了他的《玄学与科学》，心里很高兴，曾对他说，假使《努力》以后向这个新方向去谋发展，——假使我们以后为科学作战，——努力便有了新生命，我们也有了新兴趣，我从南方回来，一定也要加入战斗的。然而我来南方以后，病就费去了六个多月的时间，在病中我只做了一篇很不庄重的《孙行者与张君劢》，此外竟不曾加入一拳一脚，岂不成了一个逃兵了？我如何敢以逃兵的资格来议论战场上各位武士的成绩呢？

但我下山以后，得遍读这次论战的各方面的文章，究竟忍不住心痒手痒，究竟不能不说几句话。一来呢，因为论战的材料太多，看这部大书的人不免有"目迷五色"的感觉，多作一篇综合的序论也许可以帮助读者对于论点的了解。二来呢，有几个重点的争点，或者不曾充分发挥，或者被埋没在这二十五万字的大海里，不容易引起读者的注意，似乎都有特别点出的需要。因此，我就大胆地作这篇序了。

一

这三十年来，有一个名词在国内几乎做到了无上尊严的地位；无论懂与不懂的人，无论守旧和维新的人，都不敢公然对它表示轻视或戏侮的态度。那个名词就是"科学"。这样几乎全国一致地崇信，究竟有无价值，那是另一问题。我们至少可以说，自从中国讲变法维新以来，没有一个自命为新人物的人敢公然毁谤"科学"的，直到民国八九年间梁任公先生发表他的《欧游心影录》，科学方才在中国文字里正式受了"破产"的宣告。梁先生说：

……要而言之，近代人因科学发达，生出工业革命，外部生活变迁急剧，内部生活随而动摇，这是很容易看得出的。……依着科学家的新心理学，所谓人类心灵这件东西，就不过物质运动现象之一种。……这些唯物派的哲学家，托庇科学宇下建立一种纯物质的纯机械的人生观。把一切内部生活外部生活都归到物质运动的"必然法则"之下。……不惟如此，他们把心理和精神看成一物，根据实验心理学，硬说人类精神也不过一种物质，一样受"必然法则"所支配，于是人类的自由意志不得不否认了。意志既不能自由，还有什么善恶的责任？……现今思想界最大的危机就在这一点。宗教和旧哲学既已被科学打得个旗靡帜乱，这位"科学先生"便自当仁不让起来，要凭他的试验发明个宇宙新大原理。却是那大原理且不消说，敢是各科的小原理也是日新月异，今日认为真理，明日已成谬见。新权威到底树立不来，旧权威却是不可恢复了。所以全社会人心，都陷入怀疑沉闷畏惧之中，好像失了罗针的海船遇着风雾，不知前途怎生是好。既然如此，所以那些什么乐利主义强权主义越发得势。死后既没有天堂，只好尽这几十年尽情地快活。善恶既没有责任，何妨尽我的手段来充满我个人欲望。然而享用的物质增加速率，总不能和欲望的升腾同一比例，而且没有法子令它均衡。怎么好呢？只有凭自己的力量自由竞争起来，质而言之，就是弱肉强食。近年来什么军阀，什么财阀，都是从这条路产生出来。这回大战争，便是一个报应。……总之，在这种人生观底下，那么千千万万人前脚接后脚地来这世界走一躺住几十年，干什么呢？独一无二的目的就是抢面包吃。不然就是怕那宇宙间物质运动的大轮子缺了发动力，特自来供给它燃料。果真这样，人生还有一毫意味，人类还有一毫价值吗？无奈当科学全盛时代，那主要的思潮，却是偏在这方面，当时讴歌科学万能的人，满望着科学成功，黄金世界便指日出现。如今功总算成了，一百年物质的进步，比从前三千年所得还加几倍。我们人类不惟没有得着幸福，倒反带来许多灾难。好像沙漠中失路的旅人，远远望见个大黑影，拼命往前赶，以为可以靠他向导，哪知赶上几程，影子却不见了，因此无限凄惶失望。影子是谁，就是这位"科学先生"。欧洲人做了一场科学万能的大梦，到如今却叫起科学破产来。（《梁任公近著》第一辑上卷，页一九——二三）

梁先生在这段文章里很动情感地指出科学家的人生观的流毒：他很明显地控告那"纯物质的纯机械的人生观"把欧洲全社会"都陷入怀疑沉闷畏惧之中"，养成"弱肉强食"的现状，——"这回大战争，便是一个报应"。他很明白地控告这种科学家的人生观造成"抢面包吃"的社会，使人生没有一毫意味，使人类没有一毫价值，没有给人类带来幸福，"倒反带来许多灾难"，叫人类"无限凄惶失望"。梁先生要说的是欧洲"科学破产"的喊声，而他举出的却是科学家的人生观的罪状；梁先生摭拾了一些玄学家污蔑科学人生观的话来，却便加上了"科学破产"的恶名。

梁先生后来在这一段之后，加上两行自注道：

读者切勿误会，因此菲薄科学，我绝不承认科学破产，不过也不承认科学万能罢了。

然而谣言这件东西，就同野火一样，是易放而难收的。自从《欧游心影录》发表之后，科学在中国的尊严就远不如前了。一般不曾出国门的老先生很高兴地喊着，"欧洲科学破产了！梁任公这样说的"。我们不能说梁先生的话和近年同善社、悟善社的风行有什么直接的关系；但我们不能不说梁先生的话在国内确曾替反科学的势力助长不少的威风。梁先生的声望，梁先生那支"笔锋常带情感"的健笔，都能使他的读者容易感受他的言论的影响。何况国中还有张君劢先生一流人，打着柏格森、倭铿、欧立克……的旗号，继续起来替梁先生推波助澜呢？

我们要知道，欧洲的科学已到了根深蒂固的地位，不怕玄学鬼来攻击。几个反动的哲学家，平素饱餍了科学的滋味，偶尔对科学发几句牢骚话，就像富贵人家吃厌了鱼肉，常想尝尝咸菜豆腐的风味：这种反动并没有什么大危险。那光焰万丈的科学，决不是这几个玄学鬼摇撼得动的。一到中国，便不同了。中国此时还不曾享着科学的赐福，更谈不到科学带来的"灾难"。我们试睁开眼看看：这遍地的乱坛道院，这遍地的仙方鬼照相，这样不发达的交通，这样不发达的实业，——我们哪里配排斥科学？至于"人生观"，我们只有做官发财的人生观，只有靠天吃饭的人生观，只有求神问卜的人生观，只有《安士全书》的人生观，只有《太上感应篇》的人生观，——中国人的人生观还不曾和科学行见面礼呢！我们当这个时候，正苦科学的提倡不够，正苦科学的教育不发达，正苦科学的势力还不能扫除那迷漫全国的乌烟瘴气，——不料还有名流学者出来高唱"欧洲科学破产"的喊声，出来把欧洲文化破产的罪名归到科学身上,出来菲薄科学,历数科学家的人生观的罪状,不要科学在人生观上发生影响!信仰科学的人看了这种现状,能不发愁吗?能不大声疾呼出来替科学辩护吗?

这便是这一次"科学与人生观"的大论战所以发生的动机。明白了这个动机,我们方才可以明白这次大论战在中国思想史上占的地位。

二

张君劢的《人生观》原文的大旨是:

人生观之特点所在,曰主观的,曰直觉的,曰综合的,曰自由意志的,曰单一性的。惟其有此五点,故科学无论如何发达,而人生观问题之解决,决非科学所能为力,惟赖诸人类之自身而已。

君劢叙述那五个特点时,处处排斥科学,处处用一种不可捉摸的语言——"是非各执,绝不能施以一种试验","无所谓定义,无所谓方法,皆其身良心之所命起而主张之","若强为分析,则必失其真义","皆出于良心之自动,而决非有使之然者"。这样一个大论战,却用一篇处处不可捉摸的论文作起点,这是一件大不幸的事。因为原文处处不可捉摸,故驳论与反驳都容易跳出本题。战线延长之后,战争的本意反不很明白了(我常想,假如当日我们用了梁任公先生的"科学万能之梦"一篇作讨论的基础,我们定可以使这次论争的旗帜格外鲜明,——至少可以免去许多无谓的纷争)。我们为读者计,不能不把这回论战的主要问题重说一遍。

君劢的要点是"人生观问题之解决,决非科学所能为力"。我们要答复他,似乎应该先说明科学应用到人生观问题上去,曾产生什么样子的人生观;这就是说,我们应该先叙述"科学的人生观"是什么,然后讨论这种人生观是否可以成立,是否可以解决人生观的问题,是否像梁先生说的那样贻祸欧洲,流毒人类。我总观这二十五万字的讨论,终觉得这一次为科学作战的人——除了吴稚晖先生——都有一个共同的错误,就是不曾具体地说明科学的人生观是什么,却去抽象地力争科学可以解决人生观的问题。这个共同错误的原因,约有两种:第一,张君劢的导火线的文章内并不曾像梁任公那样明白指斥科学家的人生观,只是笼统地说科学对于人生观问题不能为力。因此,驳论与反驳论的文章也都走上那"可能与不可能"的笼统讨论上去了。例如丁在君的《玄学与科学》的主要部分只是要证明

> 凡是心理的内容,真的概念推论,无一不是科学的材料。

然而他却始终没有说出什么是"科学的人生观"。从此以后,许多参战的学者都错在这一点上。如张君劢《再论人生观与科学》只主张

> "人生观超于科学以上","科学决不能支配人生"。

如梁任公的《人生观与科学》只说

> 人生关涉理智方面的事项,绝对要用科学方法来解决;关于情感方面的事项,绝对的超科学。

如林宰平的《读丁在君先生的〈玄学与科学〉》只是一面承认"科学的方法有益于人生观",一面又反对科学包办或管理"这个最古怪的东西"——人类。如丁在君《答张君劢》也只是说明

> 这种(科学)方法,无论用在知识界的哪一部分,都有相当的成绩,所以我们对于知识的信用,比对于没有方法的情感要好;凡有情感的冲动都要想用知识来指导它,使它发展的程度提高,发展的方向得当。

如唐擘黄《心理现象与因果律》只证明

> 一切心理现象都是有因的。

他的《一个痴人的说梦》只证明

> 关于情感的事项，要就我们的知识所及，尽量用科学方法来解决的。

王抚五的《科学与人生观》也只是说：

> 科学是凭借"因果"和"齐一"两个原理而构造起来的；人生问题无论为生命之观念，或生活之态度，都不能逃出这两个原理的金刚圈，所以科学可以解决人生问题。

直到最后范寿康的《评所谓科学与玄学之争》，也只是说：

> 伦理规范——人生观——一部分是先天的，一部分是后天的。先天的形式是由主观的直觉而得，决不是科学所能干涉。后天的内容应由科学的方法探讨而定，决不是主观所应妄定。

综观以上各位的讨论，人人都在那里笼统地讨论科学能不能解决人生问题或人生观问题。几乎没有一个人明白指出，假使我们把科学适用到人生观上去，应该产生什么样子的人生观。然而这个共同的错误大都是因为君劢的原文不曾明白攻击科学家的人生观，却只悬空武断科学决不能解决人生观问题。殊不知，我们若不先明白科学应用到人生观上去时发生的结果，我们如何能悬空评判科学能不能解决人生观呢？

这个共同的错误——大家规避"科学的人生观是什么"的问题——怕还有第二个原因，就是一班拥护科学的人虽然抽象地承认科学可以解决人生问题，却终不愿公然承认那具体的"纯物质，纯机械的人生观"为科学的人生观。我说他们"不愿"，并不是说他们怯懦不敢，只是说他们对于那科学家的人生观还不能像吴稚晖先生那样明显坚决的信仰，所以还不能公然出来主张。这一点确是这一次大论争的一个绝大的弱点。若没有吴老师把他的"漆黑一团"的宇宙观和"人欲横流"的人生观提出来做个押阵大将，这一场大战争真成了一场混战,只闹得个一哄散场!

关于这一点,陈独秀先生的序里也有一段话,对于作战的先锋大将丁在君先生表示不满意。独秀说:

> 他(丁先生)自号存疑的唯心论,这是沿袭赫胥黎、斯宾塞诸人的谬误;你既承认宇宙间有不可知的部分而存疑,科学家站开,且让玄学家来解疑。此所以张君劢说,"既已存疑,则研究形而上界之玄学,不应有丑诋之词"。其实我们对于未发现的物质固然可以存疑,而对于超物质而独立存在并且可以支配物质的什么心(心即是物之一种表现),什么神灵与上帝,我们已无疑可存了。说我们武断也好,说我们专制也好,若无证据给我们看,我们断然不能抛弃我们的信仰。

关于存疑主义的积极的精神,在君自己也曾有明白的声明(《答张君劢》,页二一——二三)。"拿证据来!"一句话确然是有积极精神的。但赫胥黎等在当用这种武器时,究竟还只是消极的防御居多。在十九世纪的英国,在那宗教的权威下不曾打破的时代,明明是无神论者也不得不挂一个"存疑"的招牌。但在今日的中国,在宗教信仰向来比较自由的中国,我们如果深信现有的科学证据只能叫我们否认上帝的存在和灵魂的不灭,那么,我们正不妨老实自居为"无神论者"。这样的自称并不算是武断;因为我们的信仰是根据于证据的:等到有神论的证据充足时,我们再改信有神论,也还不迟。我们在这个时候,既不能相信那没有充分证据的有神论,心灵不灭论,天人感应论,……又不肯积极地主张那自然主义的宇宙观,唯物的人生观,……怪不得独秀要说"科学家站开!且让玄学家来解疑"了。吴稚晖先生便不然。他老先生宁可冒"玄学鬼"的恶名,偏要冲到那"不可知的区域"里去打一阵,他希望"那不可知区域里的假设,责成玄学鬼也带着论理色彩去假设着"(《宇宙观及人生观》,页九)。这个态度是对的。

我们信仰科学的人，正不妨做一番大规模的假设。只要我们的假设处处建筑在已知的事实之上，只要我们认我们的建筑不过是一种最满意的假设，可以跟着新证据修正的，——我们带着这种科学的态度，不妨冲进那不可知的区域里，正如姜子牙展开了杏黄旗，也不妨冲进十绝阵里去试试。

三

我在上文说的，并不是有意挑剔这一次论战场上的各位武士。我的意思只是要说，这一篇论战的文章只做了一个"破题"，还不曾做到"起讲"。至于"余兴"与"尾声"，更谈不到了。破题的功夫，自然是很重要的。丁在君先生的发难，唐擘黄先生等的响应，六个月的时间，二十五万字的煌煌大文，大吹大擂地把这个大问题捧了出来，叫乌烟瘴气的中国知道这个大问题的重要，——这件功劳真不在小处！

可是现在真有做"起讲"的必要了。吴稚晖先生的"一个新信仰的宇宙观及人生观"已给我们做下一个好榜样。在这篇《科学与人生观》的"起讲"里，我们应该积极地提出什么叫做"科学的人生观"，应该提出我们所谓"科学的人生观"，好教将来的讨论有个具体的争点。否则你单说科学能解决人生观，他单说不能，势必至于吴稚晖先生说的"张丁之战，便延长了一百年，也不会得到究竟"。因为若不先有一种具体的科学人生观作讨论的底子，今日泛泛地承认科学有解决人生观的可能，是没有用的。等到那"科学的人生观"的具体内容拿出来时，战线上的组合也许要起一个大大的变化。我的朋友朱经农先生是信仰科学"前程不可限量"的，然而他定不能承认无神论是科学的人生观。我的朋友林宰平先生是反对科学包办人生观的，然而我想他一定可以很明白地否认上帝的存在。到了那个具体讨论的时期,我们才可以说是真正开战。那时的反对,才是真反对。那时的赞成,才是真赞成。那时的胜利,才是真胜利。

我还要再进一步说:拥护科学的先生们,你们虽要想规避那"科学的人生观是什么"的讨论,你们终于免不了的。因为他们早已正式对科学的人生观宣战了。梁任公先生的"科学万能之梦",早已明白攻击那"纯物质的,纯机械的人生观"了。他早已把欧洲大战祸的责任加到那"科学家的新心理学"上去了。张君劢先生在《再论人生观与科学》里,也很笼统地攻击"机械主义"了。他早已说"关于人生之解释与内心之修养,当然以唯心派之言为长"了。科学家究竟何去何从?这时候正是科学家表明态度的时候了。

因此,我们十分诚恳地对吴稚晖先生表示敬意,因为他老先生在这个时候很大胆地把他信仰的宇宙观和人生观提出来,很老实地宣布他的"漆黑一团"的宇宙观和"人欲横流"的人生观。他在那篇大文章里,很明白地宣言

那种骇得煞人得显赫的名词,上帝呀,神呀,还是取消了好。(页十二)

很明白地

开除了上帝的名额,放逐了精神元素的灵魂。(页二九)

很大胆地宣言:

我以为动植物且本无感觉,皆止有其质力交推,有其辐射反应,如是而已。譬之于人,其质构而为如是之神经系,即其力生如是之反应。所谓情感、思想、意志等等,就种种反应而强为之名,美其名曰心理,神其事曰灵魂,质直言之曰感觉,其实统不过质力之相应。(页二二——二三)

他在《人生观》里,很"恭敬地又好像滑稽地"说:

人便是外面只剩两只脚，却得到了两只手，内面有三斤二两脑髓，五千零四十八根脑筋，比较占有多额神经系质的动物。（页三九）

生者，演之谓也，如是云尔。（页四十）

所谓人生，便是用手用脑的一种动物，轮到"宇宙大剧场"的第亿垓八京六兆五万七千幕，正在那里出台演唱。（页四七）他老先生五年的思想和讨论的结果，给我们这样一个"新信仰的宇宙观及人生观"。他老先生很谦逊地避去"科学的"尊号，只叫他做"柴积上，日黄中的老头儿"的新信仰。他这个新信仰正是张君劢先生所谓"机械主义"，正是梁任公先生所谓"纯物质的纯机械的人生观"。他一笔勾销了上帝，抹煞了灵魂，戳穿了"人为万物之灵"的玄秘。这才是真正的挑战。我们要看那些信仰上帝的人们出来替上帝向吴老先生作战。我们要看那些信仰灵魂的人们出来替灵魂向吴老先生作战。我们要看那么信仰人生的神秘的人们出来向这"两手动物演戏"的人生观作战。我们要看那些认爱情为玄秘的人们出来向这"全是生理作用，并无丝毫微妙"爱情观作战。这样的讨论，才是切题的，具体的讨论。这才是真正开火。这样战争的结果，不是科学能不能解决人生的问题了，乃是上帝的有无，鬼神的有无，灵魂的有无，等等人生切要问题的解答。

只有这种具体的人生切要问题的讨论才可以发生我们所希望的效果，——才可以促进思想上的刷新。

反对科学的先生们！你们以后的作战，请向吴稚晖的"新信仰的宇宙观及人生观"作战。

拥护科学的先生们！你们以后的作战，请先研究吴稚晖的"新信仰的宇宙观及人生观"：完全赞成他的，请准备替他辩护，像赫胥黎替达尔文辩护一样；不能完全赞成他的，请提出修正案，像后来的生物学者修正达尔文主义一样。

从此以后，科学与人生观的战线上的押阵老将吴老先生要倒转来做先锋了！

四

说到这里，我可以回到张、丁之战的第一个"回合"了。张君劢说：

天下古今之最不统一者，莫若人生观。(《人生观》页一)

丁在君说：

人生观现在没有统一是一件事，永久不能统一又是一件事，除非你能提出事实理由来证明他是永远不能统一的，我们总有求他统一的义务。(《玄学与科学》页三)

玄学家先存了一个成见，说科学方法不适用于人生观；世界上的玄学家一天没有死完，自然一天人生观不能统一。(页四)"统一"一个字，后来很引起一些人的抗议。例如林宰平先生就控告丁在君，说他"要把科学来统一一切"，说他"想用科学的武器来包办宇宙"。这种控诉，未免过于张大其词了。在君用的"统一"一个字，不过是沿用君劢文章里的话；他们两位的意思大概都不过是大同小异的一致，罢了。依我个人想起来，人类的人生观总应该有一个最低限度的一致的可能。唐擘黄先生说得最好：

人生观不过是一个人对于世界万物同人类的态度，这种态度是随着一个人的神经构造、经验、知识等而变的。神经构造等就是人生观之因。我举一二例来看。

无因论者以为叔本华(Schopenhauer)、哈德门(Hartmann)的人生观是直觉的，其实他们自己并不承认这事。他们都说根据经验阅历而来的。叔本华是引许多经验作证的，哈德门还要说他的哲学是从归纳法得来的。

人生观是因知识而变的。例如，柯白尼太阳居中说，同后来的达尔文的人猿同祖说发明以后，世界人类的人生观起绝大变动；这是无可疑的历史事实。若人生观是直觉的、无因的，何以随自然界的知识而变更呢？
我们因为深信人生观是因知识经验而变换的，所以深信宣传与教育的效果可以使人类的人生观得着一个最低限度的一致。

最重要的问题是：拿什么东西来做人生观的"最低限度的一致"呢？

我的答案是：拿今日科学家平心静气的、破除成见的、共同承认的"科学的人生观"来做人类人生观的最低限度的一致。

宗教的功效已曾使有神论和灵魂不灭论统一欧洲（其实何止欧洲？）的人生观至千余年之久。假使我们信仰的"科学的人生观"将来靠教育与宣传的功效，也能有"神有论"和"灵魂不灭论"在中世欧洲那样的风行，那样的普遍，那也可算是我所谓"大同小异的一致"了。

我们若要希望人类的人生观逐渐做到大同小异的一致，我们应该准备替这个新人生观作长期的奋斗。我们所谓"奋斗"，并不是像林宰平先生形容的"摩哈默得式"的武力统一；只是用光明磊落的态度，诚恳的言论，宣传我们的"新信仰"，继续不断地宣扬，要使今日少数人的信仰逐渐变成将来大多数人的信仰。我们也可以说这是"作战"，因为新信仰总免不了和旧信仰冲突的事；但我们总希望作战的人都能尊重对方的人格，都能承受那些和我们信仰不同的人不一定都是笨人与坏人，都能在作战之中保持一种"容忍"（toleration）的态度；我们总希望那些反对我们的新信仰的人，也能用"容忍"的态度来对我们，用研究的态度来考察我们的信仰。我们要认清：我们的真正敌人不是对方；我们的真正敌人是"成见",是"不思想"。我们向旧思想和旧信仰作战,其实只是很诚恳地请求旧思想和旧信仰势力之下的朋友们起来向"成见"和"不思想"作战。凡是肯用思想来考察他的成见的人,都是我们的同盟!

五

总而言之,我们以后的作战计划是宣传我们的新信仰,是宣扬我们信仰的新人生观(我所谓"人生观",依唐擘黄先生的界说,包括吴稚晖先生所谓"宇宙观")。这个新人生观的大旨,吴稚晖先生已宣布过了。我们总括他的大意,加上一点扩充和补充,在这里再提出这个新人生观的轮廓:

(1)根据于天文学和物理学的知识,叫人知道空间的无穷之大。

(2)根据于地质学及古生物学的知识,叫人知道时间的无穷之长。

(3)根据于一切科学,叫人知道宇宙及其中万物的运行变迁皆是自然的,——自己如此的,——正用不着什么超自然的主宰或造物者。

(4)根据于生物的科学的知识,叫人知道生物界的生存竞争的浪费与残酷,——因此,叫人更可以明白那"有好生之德"的主宰的假设是不能成立的。

(5)根据于生物学、生理学、心理学的知识,叫人知道人不过是动物的一种,他和别种动物只有程度的差异,并无种类的区别。

(6)根据于生物的科学及人类学、人种学、社会学的知识,叫人知道生物及人类社会演进的历史和演进的原因。

（7）根据于生物的及心理的科学，叫人知道一切心理的现象都是有因的。

（8）根据于生物学及社会学的知识，叫人知道道德礼教是变迁的，而变迁的原因都是可以用科学方法寻求出来的。

（9）根据于新的物理化学的知识，叫人知道物质不是死的，是活的；不是静的，是动的。

（10）根据于生物学及社会学的知识，叫人知道个人——"小我"——是要死灭的，而人类——"大我"——是不死的，不朽的；叫人知道"为全种万世而生活"就是宗教，就是最高的宗教，而那些替个人谋死后的"天堂"、"净土"的宗教，乃是自私自利的宗教。

这种新人生观是建筑在二三百年的科学常识之上的一个大假设，我们也许可以给它加上"科学的人生观"的尊号。但为避免无谓的争论起见，我主张叫它做"自然主义的人生观"。

在那个自然主义的宇宙里，在那无穷之大的空间里，在那无穷之长的时间里，这个平均高五尺六寸，上寿不过百年的两手动物——人——真是一个渺乎其小的微生物了。在那个自然主义的宇宙里，天行是有常度的，我变是有自然法则的，因果的大法支配着他——人——的一切生活，生存竞争的惨剧鞭策着他的一切行为，——这个两手动物的自由真是很有限的了。然而那个自然主义的宇宙里的这个渺小的两手动物却也有他的相当的地位和相当的价值。他用的两手和一个大脑，居然能做出许多器具，想出许多方法，造成一点文化。他不但驯服了许多禽兽，他还能考究宇宙间的自然法则，利用这些法则来驾驭天行，到现在他居然能叫电气给他赶车，以太给他送信了。他的智慧的长进就是他的能力的增加；然而智慧的长进却又使他的胸襟扩大，想象力提高。他也曾拜物拜畜生，也曾怕神怕鬼，但他现在渐渐脱离了这种种幼稚的时期，他现在渐渐明白：空间之大只增加他对于宇宙的美感；时间之长只使他格外明了祖宗创业之艰难；天行之有常只增加他制裁自然界的能力。甚至于因果律的笼罩一切，也并不见得束缚他的自由，因为因果律的作用一方面使他可以由因求果，由果推因，解释过去，预测未来；一方面又使他可以运用他的智慧，创造新因以求新果。甚至于生存竞争的观念也并不见得就使他成为一个冷酷无情的畜生，也许还可以格外增加他对于同类的同情心，格外使他深信互助的重要，格外使他注重人为的努力以减免天然竞争的残酷与浪费。——总而言之，这个自然主义的人生观里，未尝没有美，未尝没有诗意，未尝没有道德的责任，未尝没有充分运用"创造的智慧"的机会。

我这样粗枝大叶的叙述，定然不能使信仰的读者满意，或使不信仰的读者心服。这个新人生观的满意的叙述与发挥，那正是这本书和这篇序所期望能引起的。

我们向往怎样的理想国

从思想上看中国问题

究竟从思想上看,中国的问题在什么地方?

问题是"不适宜于现代的环境"。

种族上,问题是"不能适于生存而有被淘汰的危险"。

社会的制度与心理习惯上,问题是"不能适于生存而有堕落的危险"。

经济上,问题是"不适宜于现代世界的经济生活而脱不了落伍的危险"。

思想上,问题也是如此。

思想上的不适宜有两个方面:

(1) 思想中根本大不适宜的地方。

(2) 思想的方法的不适宜。

(上)不适宜的思想

吴稚晖先生曾说:

中国在古代,最特色处,实是一老实农民,……安分守己,茹苦耐劳。惟出了几个孔丘、孟轲等,始放大了胆,想要做都邑人,所以强成功了一个邦国局面。若照他们多数[乡下]大老官的意思,还是要剖斗折衡,相与目逆,把他们的多收十斛麦,含哺鼓腹,算为最好,于是孔二官人也不能蔑视父老昆季,也用乐天知命等委蛇。晋康以前,乃是一个乡老(老庄等)局董(尧舜周孔)配合成功的社会。晋康以来，唐僧同孙悟空带来了红头阿三的空气，徽州朱朝奉就暗采他们的空话，改造了局董的规条。

稚晖先生这个见解大致不错。中国古来的思想只有两大系，我姑且叫他们做：

> 积极的，有为的一系（局董系）。
>
> 消极的，无为的一系（乡老系）。

后来又加上了印度的和尚思想，乡下老的无为思想便得了一个有力的大同盟。乡下老、道士、和尚成了大同盟，其势力便无敌于天下；局董受到了他们的包围与熏染，便也渐渐变懒了，同化了。他们虽摆起了局董面孔，其实都不肯积极有为。故中国思想的"正宗"实在已完全到了"无为派"的手里。我们试着看最有势力的俗语：

> 多事不如少事，
>
> 少事不如无事。
>
> 不求有功，但求无过。
>
> 靠天吃饭。
>
> 万事皆是命，半点不由人。
>
> 多做，多错；
>
> 少做，少错；
>
> 不做，不错。

所以我们今日研究中国思想是否适宜于现代的环境，其实就是研究这个正宗思想系统是否适宜。

这个正宗思想系统，简单说来，有这么一些方面：

一、宇宙观。主张自然变化，不信上帝造化，在思想史与宗教史上有解放的大功用。

但普通人并不懂这种自然主义的宇宙观，故魏晋以后，堕落成道教。宋以后的道学也从这里出来，但中古宗教的势力太深，道学运动对于自然主义已不能像王充、王弼诸人那样的彻底，故徘徊于太极阴阳之间，成一种不分明的、调和的宇宙论。

在这个现代世界，自然主义的宇宙论有昌明的可能，但须站在自然科学的新基础之上，扫除阴阳太极的种种陋说。

二、人生观。因为太偏重自然，故忽略人为。"胡为乎，胡不为乎？夫固将自化。"（《庄子》），误认"自然的"为"最好的"，故有适性之论，主张自由，而自由的意义不明白，遂流为放浪旷达，人人以不守礼法为高。上层阶级自命颓废，而下层社会便更堕落。

自然主义主张命定论，命定论自有破除迷信的功用，而因为这种命定论缺乏自觉性，故信命反成一种迷信。

学者以"不齐"为物之情，故不讲平等。平常人也承认命定的本分，故以"安分守己"为常德，不努力进取提高生活与地位。

自然科学的旨趣在于征服自然以为人用。中国单有命定论，而没有自然科学，故把天然看作无所逃于天地之间的绝大势力，故造成一种"听天由命"、"靠天吃饭"的人生观，造成一种懒惰怕事不进取的民族性。

崇拜自然变化为合理的（the natural=the rationel）。故淡于是非之见。老子倡不争，而庄子倡"不谴是非"："辩也者，有不见也。"（《庄子》）

> 物固有所然，物固有所可。
> 无物不然，无物不可。（《齐物论》）

什么东西都是好的，都有它相当的地位，故我们最不讲究辨证是非真伪的风气，以"和光同尘"为美德，以"议论人之长短"为大戒。什么事总是"差不多"。七百年"格物"、"考证"的学风不能改革这根深蒂固的乡愿风气。

"自然"是对于"人为"而言的。崇拜自然，必流入于轻视一切人为的事业。老、庄本来反对文化，反对制度，反对知识，反对语言文字。这种过激的虚无主义虽然不能实现，然而中国一切文化事业（建筑、美术、技艺、学术）的苟且简陋，未尝不由于这种浅薄的自然崇拜。知足便是苟简。

三、政治思想。崇拜自然而轻视人事，在政治上便是无为主义。无为之治只是听其自然。

  所谓无为者，不先物为也，

  所谓无治者，不易自然也。（《淮南子》）

一切只是跟着自然变化跑，不可自作聪明，勉强有为。

无为政治的造成，确有历史的原因。秦始皇、李斯一般人的确想大有为，但不久都失败了。汉帝国的安定全靠惠帝到文景五六十年的无为之治。盖公、曹参、窦太后等都是有意的实行无为之治。统治一个绝大的帝国，没有方便的交通器具，势不能不放任，但求相安无事，已为万幸了。况且一班无知识的纨绔子弟、老太婆、太监，若放胆有为，也有危险，不如劝他们无为之治为妙。

二千年"天高皇帝远"的大帝国的长期的训练，遂使无为而治的观念深入人心，牢不可破，成为中国政治的唯一法门。

无为的观念最不适宜于现代政治生活。现代政治的根本观念是充分利用政府机关作积极的事业。十八九世纪的放任主义已不适用，何况无为？

现代政治重在有意识的计划、指挥、管理（conscious control），而无为之治重在"不易自然"。这是根本相反的态度。

况且无为的政治养成了人民不干预政治的心理习惯，以入公门为可耻，以隐遁为清高；更不适宜于民权的政治。

自然无为养成的懒惰怕事的习惯，也是最不适宜于这个多事的局面的。

不争不辨的道德，也是不适宜于民主政治的。道家的人生观名义上看重"自由"，但一面要自由，一面又不争不辩，故他们只好寻他们所谓"内心的自由",消极的自由,而不希望实际的、政治的自由。结果只是一种出世的人生观,至多只成一种自了汉,终日自以为"众人皆醉而我独醒",其实也不过是白昼做梦而已。他们做的梦也许是政治的理想,但他们的政治理想必不是根据事实的具体计划,只是一些白昼做梦式的乌托邦理想而已,或者,一些一知半解的道听途说而已,最近的例子如康有为的《大同书》,便是乌托邦理想;如四十年中的新政计划,——人说废科举,我也说废科举,人说兴学校,我也说兴学校——便是道听途说。

以上说正宗思想系统的种种方面,除了宇宙论会有相当现代性之外,可以说是完全不适宜于应付现代需要。约而言之,我们可以说:

(1) 现代社会需要积极作为,而正统思想崇拜自然无为。

(2) 现代社会需要法律纪律,而旧思想以无治为治,以不守礼法为高尚。

(3) 现代文化需要用人力征服天行,而旧思想主张服从自然,听天由命。

(4) 现代社会需要正直的舆论作耳目,而传统思想以不争不辩为最高。

(5) 现代科学文明全靠一点一滴地搜寻真理,发现知识,而传统思想要人不争不辩,更甚者要人不识不知,顺帝之则。

(6) 现代社会需要精益求精地不断努力,而传统思想要人处处知足,随遇苟安。

(7) 现代社会需要充分运用聪明智慧作自觉的计划设施,而传统思想一切委任自然,不肯用思想,不肯用气力。

(8) 现代社会需要具体的知识与条理的思想,而传统思想习惯只能教人梦想,教人背书,教人作鹦鹉式的学舌。

四五十年的新文化接触,新教育的设施,新思想的输入,新运动的澎湃，到如今有什么结果呢？思想上可有什么变化改善的倾向吗？

说也可怜，如果有变化，都只是皮毛的改换颜色，我就看不出什么脱胎换骨的思想。

今日的思想，从极左到极右，都看不见一点自己想过的思想，也看不见一点根据现实状况的思想，做尧、舜、禹、汤、周公、孔子的梦，固然不曾思想；囫囵吞下马克思、考茨基、列宁、孙中山的，也算不得曾经思想。

根本的毛病还在思想的方法。

我们的传统思想习惯是不肯用心思去想，这叫做无为的思想方法。说得玄妙一点，叫做寂然不动，感而遂通，又叫做廓然而大公，物来而顺应。说得粗浅一点，叫做懒如死蛇。二千五百年前，老子教人"不出户，知天下；不窥牖，知天道"。现在的人也还说："秀才不出门，能知天下事！"这都是懒人的思想方法。

需要证据吗？梁任公先生自己说：

自从和日本打了一个败仗下来，国内有心人真像睡梦中着了一个霹雳，所以拿"变法维新"做一面大旗，在社会上开始运动。那急先锋就是康有为、梁启超一班人。这班人中国学问是有底子的，外国文却一字不懂。他们不能告诉人"外国学问是什么，应该怎么学法"，只会日日大声疾呼，说"中国旧东西是不够的，外国人许多好处是要学的。"（《近著》下，页二三八）

梁先生是个老实人，能说这样老实的话，叫我们知道三十年前的维新党人的思想方法。这种方法其实是没有方法，这种思想其实是不思想。不思想的结果是什么呢？自然是瞎眼的维新。梁先生在同篇（《五十年中国进化概论》）里估量五十年中国学问和思想方面的进步，指出：

这里头最大关键就是科举制度之扑灭。……到戊戌维新前后，当时所谓新党如康有为、梁启超一派，可以说是用全副精力对于科举制度施行总攻击。前后约十年间，经了好几次波折，到底算把这件文化障碍物打破了。……用历史家眼光看来，不能不算是五十年间一件大事。（同书，页二三六）

科举的废止是维新党人的第一件大罪案，而他们却引为大功劳。科举制度的弊病在两点：（1）是考试内容的无用；（2）是有了捐官的捷径，科举出身的人才不能不受其影响。今不革其流弊，而遽废一个世界最有特色的制度，岂非因噎而废食？

他们以为有了学堂，便可以不用科举了。殊不知道学堂是造人才的地方，科举是国家选用人才来办公家职事的方法。新式的学校可以替代老式的学堂，而不能替代国家考试用人的方法。他们不知道，只有新的考试制度，可以替代旧的科举制度。他们废了科举，却不曾造出一个新式的考试制度。于是这样大的一个国家，二十五年来全没有一个公道的，公开的，用客观标准的文官考试制度。二十五年来，政府机关用人还是靠八行书，靠荐信，靠贿赂，靠亲戚朋友，遂造成廿五年的政治腐化的现象！

思想不精确，为害如此之大！

康有为死了，梁启超也死了，戊戌（1898年）距今有三十年了。三十年的不同，只是康、梁盲日地大声疾呼嘉富尔（加富尔）、俾士麦（俾斯麦）、大彼得，而三十年后的青年却是大声疾呼马克斯、列宁、布鲁东而已！

十三四年前，我同一位美国朋友谈天，我说，"我们中国人有一点特别长处，就是不抵抗新思想。譬如'进化论'，在西洋出现之后，打了五六十年的官司，至今美国的大学还有禁止教授的。然而1898年有个严复译了一部赫胥黎的《天演论》，出版以后，真是不翼而飞，有许多人自己出书刻版送人。一二十年中'天演'、'物竞'、'天择'、'优胜劣败'都成了文人常用的话头。有些人竟用这些话做自己的名字，陈炯明号竞存；有一家朋友，哥哥叫天择，弟弟叫竞存。我自己的名字也起于'适者生存'的话。从没有人出来反对《天演论》的。反对之声乃出于徐家汇的天主教教士"。

我们朋友想了一会儿，答道："胡先生，贵国人不抵抗新思想，不一定是长处。欧美人抵抗新思想，不一定是坏处。不抵抗也许是看不起思想的重要，也许是不曾了解新思想的涵义。抵抗之烈也许是顽固，也许是不轻易相信，须心服了然后相信。"

我听了这句话，心里很惭愧。我就问自己，"我相信生物进化论，究竟有多少科学的根据？"我当时真回不出来！只好费了许多工夫，抱了不少佛脚，方才明白一点生物学上、比较解剖学上、胚胎学上、地质学上、古生物学上的种种证据。

有一天，我在哥伦比亚大学的 Furnald hall，碰见张口口先生，我问他，"你相信进化论吗？"他说，"自然哪"。我又问，"你有什么证据？"他支吾了一会儿，指着窗外的 Broad way，说道："你瞧，这些电线、电灯、电车，哪一件不是进化的凭据？"我说，"这样容易证明的一个学说，为什么要等到达尔文才能发现？"他回不出了。

我又去问别人，从 Furnald hall 直问到了 Hartley hall，几十个中国学生，现在大都成了名人名教授了，当时都不能给我一个满意的答案。

这个故事值得我们想想。

人家的思想是实际状况的产儿，是多年研究实验的结果，——例如达尔文、马克斯。——到了我们的眼里，只不过是一个抽象名词，一句口头禅，一个标语。我们不肯思想，更不肯调查实验来证实或否证一个思想。我们的思想方式完全只在纸上变把戏。眼光不出纸上，心思不透过纸背。合我的脾胃的，便是对的思想；不合我的脾胃的，便是不对的。这叫寂然不动，物来而顺应。

分开来说，有种种毛病可指，如笼统，如轻易相信（盲从），如同个人成见的武断，如浅薄，……但其实只有一个根本病，只是懒惰，只是不肯用气力，不肯动手脚，不肯用自己的耳朵眼睛而轻易相信别人的耳朵眼睛。话归到根，还只是无为的思想方法。

试举"笼统"作例吧！

笼统是用几个抽象名词来概括许多性质不同、历史不同的事实。如"资本主义"、"帝国主义"、"封建势力"、"文化侵略"等等都是一些范围广漠的名词，所包含的意义有地域上的不同，有历史上的不同，然而这些名词一到了我们的手里和嘴里，一个个都成了法宝。你要诅咒谁，只消口中念念有词，唱一声"资本主义"，画一道符，写上"封建势力"，那人就打倒了，那制度也就永永被咒诅了！

这些名词所包含的制度和事实，有利有弊，有历史的原因，有民族的特性，而我们一概不问，只想画几道符，念几句咒，贴在他们身上，遂算完了事。例如"资本主义"，有十七八世纪的资本主义，有十九世纪上半的资本主义，有十九世纪下半的资本主义，有二十世纪的资本主义，有社会主义思想未发生以前的资本主义，有社会主义思想已发生影响以后的资本主义。即如 Henry Ford 的资本主义，已不是马克思所指摘的资本主义了。资本主义的性质早已变了，而我们还用这一个老名词，来包括无数新制度，这便是笼统。

在去年 11 月出版的一部《社会科学大纲》里，有这么一句话：

资本家欲在世界上占势力，互相竞争，便不得不设法产生贫乏。欲产生贫乏，便不得不压迫劳动者，增加工作时间，减少工银。（第五章，页四二）

这种话给现代的资本家听见了，真要笑掉牙齿，现代的资本家的第一要义是"设法产生富裕",人民越富裕,越有剩余资本可以买股票,买债券,做储蓄;人民越富裕,购买力越大,才能多买资本家所造出的商品。故设资本家不得不设法产生贫乏,净是梦话。

至于"增加工作时间,减少工银"的方法,也是一种已渐渐成为过去的方法。现在的资本主义,早已明白工作时间的减少和工银的增加都是增加效率的法子,效率愈增加,得利更大。Henry Ford 便是一个绝好的例:他的工厂里,工作时间比人家少,工银比人多,货价比人低廉,而得利比谁都大。苏俄政府近年极力宣传 Ford 的传记和著作,也正是因为这种绝大的效率,虽名为私有资本主义,而最可以作国家社会主义的模范。

再同书里(页二六)我们又读了这一段话:

一方面资本一天比一天集中于少数人手里,别方面小资本家渐变成贫穷的,贫穷的一天一天变成无产者。……

这是所谓的"资本集中"的现象,但是这又是马克思的梦想,和五六十年来的事实完全不对。马克思只看见资本集中,而不看见资本的管理权虽集中,而资本的所有权仍可以分散普及,如一个一万万元的公司,不妨分作一万股,也可分作十万股,也可分作一百万股。其中的股东,可以是一个人,但平常的公司往往是几千人以至几万人。马克思主义说:

我们看一看美国金融资本的独裁者吧!一百多个王侯和他们的董事,管理了五百亿金元,掌握了一切经济生活上最最重要的部门。(页三二)

但他们忘了告诉我们,这五百亿金元的所有者至少有几千万人,其中七分之一是保寿险费,所有者便是几千万的保户!

马克思主义者又对我们说:

资本主义社会的第一个特征是不单是为了满足人类的必要而

生产物品，特别是为了商品而生产的。（《中国资本主义史》，页四）但我们不要忘了"人类的必要"是时时变迁的，不是固定的。商业制度在文化史上的最大贡献正在于用最低的成本、多量的物品，使多数人能购买，又用广告的功能，引起人的欲望，使人感觉某物品的需要。文化的抬高全靠人类欲望的抬高，需要的增加。从前我们认为少数人的奢侈品的，现在都渐渐变成人人的必需品了。我们现在认电灯为必要了，不久将来应该认厨房电炉为家家必需之物，应该认无线电收音器为家家必需之物。"人类的必要"的增加，大都是广告宣传之功。资本主义为商品而生产，然而间接直接地抬高了无数人的欲望，增加了无数人的需要，所以有人说商业是文明的传播者。所以为商品而生产并不是资本主义的罪状，也可以说是它的一大功绩呵！

我举这几个例来说明思想笼统的危险。"资本主义"有种种的意义，在资本集中的方面说，是一种生产方法；从私有财产的方面说，是一种分配方法。从生产的方面说，资本集中而未尝不可以同时所有权分散在无数人，生产力增加而未必减少工人，增加工作时间，更未必增加物价。故凡种种劳工保障法，如八时工作，如最低工资保障，皆是资本主义的国家里的现行制度。从分配的方面说，私有财产的国家里，未尝没有级进的所得税，级进的遗产税，未尝不根本推翻"财产权神圣"的观念。故在资本主义国家之中，所得税有超过百分之五十的，遗产税有超过百分之五十五的。故我们不可用一个抽象名词来抹杀一切复杂的情形，须知共产集权的国家之中也往往采用资本集中的方法，而资本主义之下也往往有社会主义的分配原则存在也。

中国再生时期

几年以前，广西大学校长马君武——我的师长，曾经函邀南来讲学，抱歉得很，当时因为个人在北方事务纷繁，一时未易分离，现在得一个机会到此，并且承马先生命讲题，就是《中国再生时期》，在今天得和诸位谈谈。

什么叫做"再生时期"呢？我们知道，人类的个体生命历程，是从少壮而衰老而死亡，人类的个体生命到了"衰老"的时期，必然遇到"死亡"，决没有"返老还童"，所谓"再生"时期的到临。那走江湖的人和报纸上的广告，竟有什么"返老还童药"，那是欺人之谈，没有科学根据的谣言。但是人类集团的生活和国家民族的文化之演进，虽也是由少壮而衰老而死亡；但是在衰老时期如何注射"返老还童"针，使变得了新的血脉，那么一朝焕发新的精神，从老态龙钟转变而振作有为，于是，国家的各方面都表现了新的活动，这个时期，历史家称为"再生时期"。

我们一读西欧的近代史，就知道西欧在中古时代曾经有过八百年到一千年的黑暗时代（Dark Age）。那时，欧洲一切的文物俱已荒废，民族达于"衰老"的程度；但是到了黑暗时代的末期，因为获得了新的刺激，灌输了新的血液，于是老大颓衰的欧洲民族，到了十四十五世纪便发生新的运动。返老还童，死里复活，成为欧西近几百年一切文物发扬光大的基础，这便是"文艺复兴"

(Renaissance)时代。我国向来翻译为"文艺复兴",实在有些欠当,应该是叫做复苏或再生时期,十四十五世纪是欧洲的再生时期,那么何时是中国的再生时期?试观近三四十年来——尤其是最近的二十年来,我国的一切文物无论是社会制度,政治体系,经济组织,学术思想……皆掀起了极大的变革,所以我相信,将来的历史家就要目这个时代为中国的"再生时期"。因为我国具有几千年的文化,然而,历史演进到了现在,已经表现中华民族的老大衰颓。过去中国的历史上,发生了多次的再生运动,交织起伏,希望促老大的中国返老还童;但是新的刺激奄弱,新的血液贫乏,终于未能成功。可是从历史的观点,我们知道现在中国"再生时期"的到临。

我国在中古时代,为宗教的迷信势力和社会遗留的法制所蒙蔽,但知尊重个人的生命,不理解做人的意义。《孝经》中云:"身体发肤,受诸父母,不可毁伤",当时一般的人们,不但是尊重自己的身体,并且求所以扬名显亲,光宗耀祖,最低限度也要做到"无辱"的地步,使自身和父母在社会上有尊荣的地位,要不是,生不如死!到战国的时候,社会上表现了武士道的精神,许多人不但尊重人生的名誉,并且形成社会的侠义风尚和爱国牺牲的精神!民族渐渐有了复活的趋向。

但是不多久,受佛教和道教的影响,侠义牺牲的精神,潜藏于无形,民族日渐衰老,怕死,念佛,求仙,遍寻返老还童药丹以期长生不死,为着将来自身得入浮图,不惜以指甲或手臂紫布浸油,在佛前燃烧作佛灯,表示信佛的虔诚,于是群起仿行,甚至竟以身殉,有的将整个身体缚布涂油,并且张贴布告:"在于某月某日在某某地方某某大和尚献身佛前"云云,使得万人空巷,争往观看;大和尚一面焚身,一面念佛,一面行礼,于是大家异口同声赞美。因为大和尚从此已经成佛升天,达到人生最高的目的。这种个体的牺牲，为想达到个人入浮图的梦想，与民族，国家和人群没有丝毫的关系，和墨子"摩顶放踵利天下为之"的人生观大相违背，到了这个时候，民族复回到了衰老时期。一直中国给这种黑暗的潮流荡漾了好几百年！

到了唐代，渐渐地萌发了一点生机，爬出了这个黑暗的圈子，一般不再幻想升天成佛。首先在文学上，我们看到有了良好的改革，许多诗人如杜甫、白居易等不再从事去赞美自然，吟风弄月，开始描写社会的疾苦，出现了新的文学，达到了一个解放的时代。不但唐诗为我国历代最著名的，柳公权、颜真卿的书法，皆甚有名；就是散文方面也发生了很大的变革。在唐朝以前，六朝的文学形成，一般人做起文章，讲求对偶，造成四六句的骈体文，走上了荒昏的文学道上，当时的文学已经失掉了作用，而表达晋人的感情、感觉和思想，还不完全。直到唐朝的韩退之、柳宗元出来，才将这种不合文法的骈文废弃，主用"散文"，当时的"散文"，这就是现在我们所谓的"古文"。其结果，唐朝成为诗文最盛的一个时代，此外，在宗教方面，唐代也有相当的改革，就前所述，独善其身的佛教，渐进而成禅宗，从印度的佛教转变而为中国的禅宗，不立文字，不再打坐念经，见性成佛。所以唐代是中国一个再生的时期。但是，毕竟因为这时所遭受的刺激太小，新血液的灌输不足，过后，又回到了衰老的时期。

到了宋时，离现在九百余年，中国又渐渐表露复活的趋势。无论是在文学上，思想上，政治上等各方面宋朝都充分表现勃兴的气象。文学方面继续出现了几个新人物，如欧阳修、苏洵、苏轼、苏辙、曾巩、王安石，他们继起对于文字的努力，亦有了新的收获，造成文学革命，"古文"的格式于是形成，后人合唐之韩愈、柳宗元称为唐宋八大家，其中宋代占了六位，所以宋时在文学上又是一个再生时期。同时，在思想方面也有了极大的改观，从前的人生观为拜神求佛，但望个人延年益寿，避祸得福。在北宋时出了一个伟大的人物范仲淹氏，提出了一个新人生观，尝言士当："先天下之忧而忧，后天下之乐而乐。"于是思想上表现了一个新时代，由个人主义走到利他主义的道上，要在人人还未曾有忧虑的时候，而自己去忧虑；但是快乐就是要到个个都享受了然后才到自己，这是宋代思想界一大革新。不到三十年，熙宁年间，王安石出来实行政治的大改革，但是恶势力强固，改革没有成功，继有程灏、程颐、朱熹一般人出来，主敬存诚穷理为本，另成了一个学派，他们不再希望做道士和尚，而且要在世界上堂堂正正地做一个"人"，于是确立了一种理想的人生观，如《大学》首章所谓"格物，致知，正心，诚意，修身"，但是这里的"修身"和中古时候所希望为神仙成佛祖的一种自私的、出世的观念不同，而是积极的，为社会的人生观，所以"修身"的后面，就是"齐家"、"治国"和"平天下"，这一种新人生观的焕发，于是代替了中古时代宗教迷信的人生观。从目的上说，由期望个人的超度推广而期望社会的改进，因此在思想方面宋朝的理学派不愧是我国历史上的一个再生时期。

然而，毕竟因为社会传统的旧势力膨胀，而新加入的血液不足，"治国"，"平天下"，又是那样的艰深难行；不久，中国又回到了过去的时代，踏上从前的老路，文字方面从此跑上一个"做八股"的形式道上，体裁更坏。在思想方面，又回到静坐，拜佛，欲成神仙的圈里。一向积极的活动的人生观，转变而消极的死样的人生观，无所为而为；因为要做圣贤便要做到"格物致知"和"治国平天下"，小民何敢奢望？"格物致知"的意义，原来正与近代的科学家理想相符，"物"的范围既然是这样广泛，包罗万有，单是要"格物"，以穷究天地万物的道理，在那个时候，既没有客观的环境，生活上并没有感觉到切肤的需要。而科学研究上的设备，好像显微镜、望远镜等等都一样也没有的；而大家既不了解科学实验的方法，一般读书人但知琅琅念书；文质彬彬，长袍大袖又不用手足，那里说的科学的学习，因了这个缘故，"格物致知"，只是讲讲而没有方法去实行。到明朝，王守仁主张"知行合一"，但是"格物致知"做不到，于是想从自身下手，由静坐而提倡"良知"。初时，王阳明对于"格物穷理"等宋哲所提倡的思想，也愿笃信力行，只是行而不知其法。为着"格物"，王阳明和他们的门弟，先试"格"庭前"竹"，解开"竹子为什么中空？"的道理，他的门徒坐守三天三夜，仍旧不获其理；王阳明不相信，自己亲身去守望沉思，也弄了七天七夜，仍旧，"竹子为什么中空？"的道理没有"穷"了出来，反弄得病体支离，于是认为"格物致知"，那是干不通的；就改而提倡"良知良能"，以个人的知觉为做学问的出发点，我们晓得，思想方面这又回到了沉没错误的途上，宋哲所提倡那积极的人生观和"格物穷理"的道理，为了历史上从来没有研究的遗风和科学的背景设备等，于是昙花一现，思想上又返到了过去的时代！

每个时代都有一个再生时期，不在这方面或者就在那方面具有返老还童的趋势。古文改革到了明朝，一方面，文学是走到形式的死路上；一方面是在蕴蓄着蓬勃的生机。在明朝以前的元代，已经有了白话戏曲，明朝以来，白话的词曲，虽然仍旧存在，可是明代在文学上最伟大的杰作，是用白话写的小说，好像《三国志》、《西厢记》、《水浒传》等都是历史上白话文长篇小说中不可多得的佳本，迄清时，又有《红楼梦》、《儒林外史》等小说出现，因此，这五百年来，文学上可以说是由古典的文学到了市民文学，为文学历史上一个新的阶段。但是，在这个时候，文学就分成了两个部位，像《三国志》、《水浒》这一类的文学作品，在当时目为低级文学，为社会中一般下层阶级的民众，像卖豆腐的，拉车的，缝纫的作为茶余饭后的读物；而一般士大夫阶级，仍旧在跑其"求功名"的道路，大做典试的八股文章。

总括来说，在历史我国是发生了好几次的再生运动，从各方面表露复苏的精神，唐代可谓是我们文学上的大改革，民族也表现一些生机；但是一会儿又转到了衰老时期。迄宋朝，文学又焕发了新生，并且思想上表露复活的气象，但是因为旧势力雄厚，新刺激、新血液贫乏，不久又朝八股文学的路儿跑。明代以后，白话文的兴勃，文学上又表现了一种生机；然而一般士大夫阶级仍在做古典应试的文学。所以我国历史上虽然有了好几次的"再生时期"交迭起伏，然而返老还童的目的，仍是没有达到。不过，历史演进到了现在，试观最近之数十年中国各方面的活跃，我们觉得中国并没有死亡，过去的"再生运动"也不是完全失败，并且这依旧在继续的进行。我们从历史的观点来作一个比较，更证明现在中国所感应的刺激，所增加的新血液之强大，为历来所未有，这种新刺激新血液，有促中国复活的趋向，所以现在是中国的再生时期，恐怕也就是最末一次的再生运动。因为现在关于政治改革已经大功告成，而在文学改革，社会改革，学术改革诸端也就如狂风怒潮逐波而来，都充满了新的希望。现在分别说来：

一为政治改革。前者我国历史上的各种改革不容易求得实现，这原因思想、文学、宗教的改革不敌政治上的压抑，往往思想和文学的改革，在政治上稍稍加以压力，即将一笔勾销，好像三十年前，光绪二十四年（即1898年）广东一般领袖如梁启超、康有为所领导戊戌维新运动，全国震动，思想为之一新，那时恭亲王亦立意变法，并颁布了关于政治、军事、教育等等数百件改革案，但是，还不够三个月，顽固的慈禧太后复垂帘听政，不赞成变法，于是，将皇帝幽禁，一般维新的党人，捉的捉，杀的杀，如火如荼的改革运动，就给这一位老太太轻轻地一笔勾销，这是给一般人的一个大教训，皇帝或一般谋臣想图改革，尚且还没有成功的希望，在个人方面或是没有地位的人更因为畏缩而消减了改革的念头，倘若一不小心，给御史探悉，那么自己的身家性命，立刻不能保障；想在文学方面努力改革运动，更是没有办法。政治上的压力，立刻将加以取缔，或封报馆或停办书店，历史以来的文字狱，都是言论被钳制的结果。所以，政治的改革在再生时期，实在占着重要的地位，但自辛亥革命成功，中华民国成立，扫荡了几千年专制政治的积污，使中国开放苏生的时代，而一切的革新运动，无论是在文学上，思想上，学术上的，才能够发芽滋长。因此，若果没有了辛亥的政治改革，那么中国一切再生运动都不能成立。所以中国政体的改革，实在是一切改革的唯一条件。

其次为文学改革。大多数稍能涉猎西洋文学的，必能理解我国的文字，尚不足以应付生活上的需要，我国的古文为两千年前所形成的文字，这种文字到现在来如果要读通，最少要花费一个极长的时间，倘若要能够写作，那么需要更长期的训练，可是做的文章和讲的话，毕竟又是两件事体，念着文章，普通一般人们听不懂，所以这种文字实在是一种"死的语言"，如果是用来教育儿童，或是用来宣传大众，那是毫无用处的工具，尚在专制时代，早已经有人感觉到改革的需要，可是这种改革并没有成功。

何以在过去这种文字的改革不能成功？最大的原因是当时社会环境还实行科举制度，将社会划分了两个阶级，一方面是上层阶级，有知识的，做官的；而又一方面是下层阶级的民众，拉车的，卖豆腐的，缝纫的……。这种"我"和"他"的界限划分以后，于是形成彼此的观念。但是环境是这样，如果要做人上人，你得学做八股文章，写端正的小楷，读古文；至于白话文虽然和普通言语音义相同，写语体文是一种实用的文章；可是上层阶级的知识分子，大家认为那是下等社会人们的读物，要想阅报，做官,丝毫没有帮助,因此改革的结果,遂遭失败。白话文虽然提倡,但是做八股的还是做八股。又因为,白话文为一般看不起,所以连下层阶级的劳苦民众,如果自己有了儿孙,还是要送去学做八股的文章,而白话文的改革,其结局,没有方法不归于失败的。

近十余年来,白话文的提倡,所以先从这一点下手,打破"我们"和"他们"的区分,彼此合一。我们觉得中国须有"新文学",我们觉得白话文是"活的语言",我们为要打破社会的歧视,所以无论是诗歌、小说、戏剧、传记,……都用白话文来写,而过去有价值的白话作品,更使在社会有机会发扬光大,无论社会的上下层,大家都对白话文发生好感,并且在生活上去应用,是这样,文学才可以改革。而近十余年以来,我们都在从事这种工作。

白话文的"白话",和在两粤通俗所谓"白话"的意义,颇有不同,在两广说到"白话",意思就是指"广话"而言,这里面也有一个来源的:因为在从前表演粤戏的时候,舞台上表演的人,一方面是"唱",一方面是"白",所谓"白"就是"道白","道白"都是用"广话",这在大众听起来,"唱"的有时不会懂得,却是"道白"的,往往听得清清白白,所以"广话"又叫做"白话",但是在白话文所谓的"白话",其意合"普通话"(或叫官话)相同,我国全国为统一的民族,是应该有统一的语言,这就是所谓"国语"。至于凡是可称作"国语文"的,必须具有两种条件:第一是全国流行最广,大家最容易懂得的方言,第二,要有写作的形式之标准,使大众易学易教。这几乎是全世界相同的道理,好像从前欧洲西部多用拉丁文字,但到现在,意大利就用意大利的语言文字,法兰西有法语法文,英国和德国也有其国语国文。但是意大利、法兰西、英、德等国,其国语的成文,也不外上述这两个条件,即要在全国流行最广和有其写作的形式。

在中国,语言方面流行最广的就是"白话"或叫"官话",

又叫"普通话",我们试一看丁文江和翁文灏所制的《中国语言分布图》,我们就知道"普通话"在中国流行范围的广大,从北到俄边哈尔滨,山东三省而万里长城,长江一带,南到与安南毗连的云、贵;从东边南京起到西边的四川止,我们统观中国东南西北这一个大区域,那么包括了东三省,黄河流域,长江流域(江苏一部),云南、贵州和广西的一部,所以"普通话"流行的地方,在我国本部占百分之九十以上,各处流行的"普通话",虽然未尝没有多少出入,但是大同小异,都可以说是"普通话",因此用"普通话"求做"国语"的标准,已经具备了第一个资格,至于第二个资格,也就颇有把握,近五百年以来,民间流行的有唱戏的戏本或说书的曲谱,都是由"普通话"而变成写作的形式,里面有浅显的人人可懂的,好像父母子女的欢态;爱情的,诉苦的描写;有歌唱有骂语……的表述,这些在古典的文学里是找不着。恋爱的诗歌,听了以后令到个个会动情,倘若是要用古典的文学来表达,那么值得要先下一番苦功,专心研究了二十年以后才读得到。

至于我国的方言,口中所讲的语言,能够表现写作形式的,共有三种:一是广东话即粤语,在文艺上有相当价值的写作,就是"粤讴";二是苏州话即吴语,吴人常将口中的言语记载而成戏曲、说白和小说;三是北方官话,这种语言所产生的文学作品很多,好像《红楼梦》、《三国志》、《西厢记》、《封神》等,是从三四百年以前直流传到现在,为我国社会上最通俗的小说,几乎个个都读,一提起来个个都知道,所以在写作的形式来讲当然也以普通话为最佳。

在广话和吴话的写作形式,因为有许多地方并不流行,而且在写作形式中有许多文字缺乏,不敷生活上的应用,后来自行创定,音声使与方言一致,好像"没有"粤语写作"乜","□□□"

粤语写作"咁",这样自制的新字,在粤语中很多很多,不下百十个,同时在吴语也是陷于同一的情状,为使"语"与文一致,也创制了好些新字,好像"不要"吴语写作"覅"(勿旁),"不曾",吴语写作"朆"(勿旁),诸如此类的不少,在官话中,从前"这个"的"这"字是没有的。初时大家想用"之乎者也"的者字来表示,觉得不大好,后来又想用"太阳"的"阳"字来表示,也觉得麻烦,唐宋以后,用"文"(走之旁)字来表示,到最近才演进而为"這"字。又好像,你看好不好呢的"呢"字,从前也没有的,唐宋时代,以"渐"(耳底)字代表,好不费力,后来有些人用"呢"来表示,较为轻便易写,于是就成立,沿用至今。从上所述,就可见到一字的创成,实在也不容易,而一种语言成为国语,自然也并不是偶然的。官话的演进到了现在,所以能够流行很广,其功效也颇得力于《三国志》、《西厢记》、《红楼梦》……种种著名的小说,在数百年长时期深入民间的宣传。

文字的改革能够彻底,非做到全国普遍的流行,和文学的内容充实不可,现在想要全国一致的以"语体文"为文学上唯一的工具,大家运用它来表达内心所蕴藏的思想、知识、感情,除了在学校里教科书要采用它外,并且在课外方面的读物,一切文学上的材料,都用"语体文"来做标准,用它夫代替了古典文学的地位,能够这样地做到了这些工作使"白话文"成为全国最通行的语言和文字。

而且这些语言文字才属诸大家所有,并且成为全国最良好的宣传和教育工具,这些应是文学革命的理论所在,文学革命的历史,在此不赘。但是,从民十一年到现在,这十二年当中,全国刻刻在施行"国语教育",成绩也颇有可观,这次我在香港、广州各处演讲翻译,这便是一个例证。我们希望"国语文"成为全国的教育和宣传的工具,同时它也就是统一全国应该着手的初步工作，记得当我们提倡"白话文"的时候，曾引起了社会上许多的人士反对，但是一种思想、言论、主张，固然恐怕没有人们赞同，更怕没有人家反对，最怕人家不声不响地放到字纸篓去。新的文字，活的语言，在这个时代已经是非常地需要着它，所以从民国八年以来，越是反对和宣传，就是像广告一般的越是传播，唤起了全国的注意，而反时代的旧文学日渐没落，新文学的内容越渐充实，利用日增，造成了中国文学历史上的再生时期，给予社会各方面以一种复活的影响。

三为社会改革。全国在这个时期，旧社会各方面都发生了动摇，而趋向大众化的途径。最明显的因新思想的介绍，而产生了思想上的改新，一方面有十九世纪欧美的民主立宪思想，一方面有社会主义和共产主义的思想，又一方面输入了最近欧洲的独裁政治思想。在二十世纪世界思潮，从最左倾的如共产主义到最右倾的独裁政治思想，中国无不应有尽有。非独思想方面如此，在经济组织方面，在社会积习方面也引起了莫大的革新，社会改革的范围很广，别的且不多讲，就是个人的容仪方面也掀起了极大的变动，由剪发，衣服改革，直到裸体运动，五花八门都像雨后春笋般的勃发，在妇女方面，如女子现在也在社会有相当的地位，可以参政，男女可以同学，有受同等教育的机会，回想提倡男女平权，男女同学到现在已经有十余年，而这种风习到现在，普及了全国。在民十六七年的时候，全国大学男女同学的仍是很少，但到现在，全国高等教育的机关，男女分校的却是寥若晨星，如今试统计全国女子大学不过是有两处，从男女授受不亲转变到现在的情状，所以实在是社会上一种极大的变革，其他，在民法和刑法上也有了改革，现在女子也可以和男子一样，有享受承继财产的权利，在婚姻方面也有了改变。结婚离婚都比较从前容易，此外，一切在社会上足以妨碍进步、不合人生的要求，违反公众福利的制度和习惯，都渐渐淘汰了许多，而现在中国社会的改革，依旧还在迈步进行着。

四为学术改革。我国在历史上，每一个朝代都有一次再生运动。试观由唐到宋，由宋到明便是很好的例证；但是每次的再生运动，都不能使中国返老还童，达到再生的时代。而欧洲十五十六世纪的再生运动能够做到了使欧洲衰老的民族复活，因为西洋再生时期，除了政治、文学、宗教、社会，……的积极改革外，还加上了一种重要的返老还童的药针，这就是新科学的提倡和发扬。在宗教方面有德国的马丁路德和法国的加尔文等创行新教，在科学研究方面就有哥白尼、伽利略和英国的牛顿相继的研究和发明，因为欧洲有了新科学的研究，然后其再生运动不仅限于复古，恢复从前希腊罗马时代的文物，而运用这个新的工具，更进而谋创造新的文明，所以到了十八世纪以来，新科学倡明，生产方法改良，新工业得以加速进展，发出了世界新的光芒，造成了社会组织的新基础，而欧洲的再生运动，才得以开花结果。

学术上的改革，新科学的提倡，这实在是返老还童最强而最有效力的药针，它能加强和充实新生命的血液，可是它不容易使人得以窥见，在政治，文学，社会上的改革，往往有形式的表现，但是学术上的是潜在的，假如我们不是加以注意，那就不容易觉得！可是，在二十三年以前，我国没有一个自行研究科学的机关，也没有一间纯粹研究科学的大学，但是，到现在来，情形就是不同，各省大学及关于学术研究的机关，纷纷成立，并且从科学知识的接受更进而做创造的研究，过去我国历史上也曾有过科学的再生时期，一般读书人致力于"格物穷理"，但是因为没有科学的背景，行而不通，于是却步不前，达于学术的没落时代；但是现在的环境已经不同，我国受到了这个新刺激，一般人们已深深地明了科学的真价值，社会正需要这种新工具，大家正在努力于科学的设备和其方法的应用，所以学术上的发展，得以一日千里。在这二十余年来，我国在科学最有成绩的就是地质学，世界上如欧西各国研究地质学有了两百年的历史。我国现在以二十年的努力，竟获与世界地质学的知识并驾齐驱。在生物学方面，国内一般生物学者的拼命努力，亦已上了正轨，此外在物理、化学、医药等科学，我国皆有长足的进步。自然科学以外好像历史学、音韵学、语言学、考古学皆表现很好的成绩，虽然为时较暂，尚不如欧西的进步，但是为中国数千年来所仅见的现象。

我们看到近二三十年，中国无论政治、文学、社会、学术各方面积极改革，我们知道中国已是再生时期的到临。这个复活时代，而现在正在开始萌发，因为外在的新刺激强大，而内在的潜力膨胀，所以这个再生时期为历来所未有，最少，其前途的进展，可与欧洲的再生时期的洪流相比。

中国的再生时期，而现在是开始，将来其创造与改革，必将随洪流而膨胀增高；而我们一般中年人所能效力的时间已很短促，兹次再生运动是失败或成功，是在一般青年们如何的努力和前进！

充分世界化与全盘西化

二十年前，美国《展望周报》(The Outlook)总编辑阿博特(Lyman Abbott)发表了一部自传，其第一篇里记他的父亲的谈话，说："自古以来，凡哲学上和神学上的争论，十分之九都只是名词上的争论。"阿博特在这句话的后面加上了一句评论，他说："我父亲的话是不错的。但我年纪越大，越感觉到他老人家的算术还有点小错。其实剩下的那十分之一，也还只是名词上的争论。"

这几个月里，我读了各地杂志报章上讨论"中国本位文化"、"全盘西化"的争论，我常常想起阿博特父子的议论。因此我又联想到五六年前我最初讨论这个文化问题时，因为用字不小心，引起的一点批评。那一年(1929年)《中国基督教年鉴》(Christian Year-book)请我做一篇文字，我的题目是《中国今日的文化冲突》，我指出中国人对于这个问题，曾有三派的主张，一是抵抗西洋文化；二是选择折衷；三是充分西化。我说抵抗西化在今日已成过去，没有人主张了。但所谓"选择折衷"的议论，看去非常有理，其实骨子里只是一种变相的保守论。所以我主张全盘的西化，一心一意地走上世界化的路。

那部年鉴出版后，潘光旦先生在《中国评论周报》里写了一篇英文书评，差不多全文是讨论我那篇短文的。他指出我在那短文里用了两个意义不全同的字，一个是wholesale wesrternization，可译为"全盘西化"；一个是 wholehearted modernization，可译为"一心一意的现代化"，或"全力的现代化"，或"充分的现代化"。潘先生说，他可以完全赞成后面那个字，而不能接受前面那个字。这就是说，他可以赞成"全力现代化"，而不能赞成"全盘西化"。

陈序经、吴景超诸位先生大概不曾注意到我们在五六年英文讨论。"全盘西化"一个口号所以受了不少的批评，引起了不少的辩论，恐怕还是因为这个名词的确不免有一点语病。这点语病是因为严格说来，"全盘"含有百分之一百的意义，而百分之九十九还算不得"全盘"。其实陈序经先生的原意并不是这样，至少我可以说我自己的原意并不是这样。我赞成"全盘西化"，原意只是因为这个口号最近于我十几年"充分"世界化的主张；我一时忘了潘光旦先生在几年前指出我用字的疏忽，所以我不曾特别声明"全盘"的意义不过是"充分"而已，不应该拘泥作百分之百的数量的解释。

所以我现在很诚恳地向各位文化讨论者提议：为免除许多无谓的文字上或名词上的争论起见，与其说"全盘西化"，不如说"充分世界化"。"充分"在数量上即是"尽量"的意思，在精神上即是"用全力"的意思。

我的提议的理由是这样的：

第一，避免了"全盘"字样，可以免除一切琐碎的争论。例如我此刻穿着长袍，踏着中国缎鞋子，用的是钢笔，写的是中国字，谈的是"西化"。究竟我有"全盘西化"的百分之几，本来可以不生问题。这里面本来没有"折衷调和"的存心，只不过是为了应用上的便利而已。我自信我的长袍和缎鞋和中国字，并没有违反我主张"充分世界化"的原则。我看了近日各位朋友的讨论，颇有太琐碎的争论，如"见女人脱帽子"，是否"见男人也应该脱帽子";如我们"能吃番菜",是不是我们的饮食也应该全盘西化,这些事我看都不应该成问题。人与人交际,应该"充分"学点礼貌;饮食起居,应该"充分注意"卫生与滋养!这就够了。

第二,避免了"全盘"字样,可以容易得着同情的赞助。例如陈序经先生说:"吴景超先生既能承认了西方文化十二分之十以上,那么吴先生之所以异于全盘西文化论者,恐怕是毫厘之间罢。"我却以为,与其希望别人牺牲那"毫厘之间"来迁就我们的"全盘",不如我们自己抛弃那文字上的"全盘"来包罗一切在精神上或原则上赞成"充分西化"或"根本西化"的人们。依我看来,"充分世界化"的原则之下,吴景超、潘光旦、张佛泉、梁实秋、沈昌晔诸先生当然都是我们的同志,而不是论敌了。就是那发表"总答复"的十教授,他们既然提出了"充实人民的生活,发展国民的生计,争取民族的生存"的三个标准,而这三件事又恰恰都是必须充分采用世界文化的最新工具和方法的,那么,我们在这三点上边可以欢迎"总答复"以后的十教授做我们的同志了。

第三,我们不能不承认,数量上的严格"全盘西化"是不容易成立的。文化只是人民生活的方式,处处都不能不受人民的经济状况和历史习惯的限制,这就是我从前说过的文化惰性。你尽管相信"西菜较合卫生",但事实上决不能期望人人都吃西菜,都改用刀叉。况且西洋文化确有不少历史的因袭的成分,我们不但理智上不愿采取,事实上也决不会全盘采取。你尽管说基督教比我们的道佛教高明得多多,但事实上基督教有一两百个宗派,他们自己就互相诋毁,我们要的哪一派?若说:"我们不妨采取其宗教的精神",那也就不是"全盘"了。这些问题,说"全盘西化"则都成争论的问题,说"充分世界化"则可以不成问题了。

鄙见如此,不知各位文化讨论者以为如何?

自责知耻才能有救！
——在归绥的演讲

在现在这期间，以我们所感受到的痛苦，究应负什么责任？以过去四年中，又在怎样的环境中生存着？一些认识错误的人，以为现在的状态是突然发生的，殊不知此乃一定转变的事实，过去一部分的青年，呼口号，贴标语，甚至卧轨请愿等其结果仍是无济于事，主要的原因，就是我们的学识、能力，远不如他国进步之速。为什么我们这样不如人呢？一则因为我们不肯责备自己，二则祖宗留下的罪恶甚重。在三十年以前，一般先知先觉之士的著作，如《官场现形记》、《老残游记》等，都能表现出自责的心理，替祖宗洗刷以往的罪恶，这二十年来所以能有点革新的成绩，就是清末时代，有一些革命青年，不满于现状的结果，到现在还不能救国，乃是我们自责的程度不够，以细微的成功，便自夸起来，年来因感小孩脾气式的打闹与自满的错误，才又回复到二十年前的自责，我们要自责，不仅于一事一物上着眼，要注意到我们的全部文化，无论精神方面、物质方面都要下一番考究工夫。朱程当时，具有改革的思想，倡议"格物致知"、"正心修身"，却不会利用舆论来摧毁什么缠足之类的恶习。社会的演进，是不断地向前的，各民族都以保障固有的势力为前提，民族主义之倡兴，即基于此，所谓民族主义有不同的三阶段：一，排外；二，自夸；三，创造。但我们只取第一、二两点，却放弃了第三点，我个人以为凡有利于我者,应不分畛域,取其所长,痛下决心,责备自己,才能有进,古人说"人必自侮,而后人侮之",我们现在的状态,是自己弄成的,不是某一国家跟我们宿世怨仇而发生的。今后我们晓得祖宗给予我们的知识能力不够用,我们又没有洗刷祖宗造下的罪恶,因此我们除了在文化的各方面努力充实外,乘此未亡之前,"自责"、"知耻"社会才能有进,国家才能有救!

眼前世界文化的趋向

今天我讲的题目，发表出来是《眼前文化的趋向》，后来我想了想恐怕要把题目修改几个字，这题目叫做《眼前世界文化的趋向》。"眼前世界文化的趋向"，有它自然的趋向，也有它理想的方向，依着自然的趋向，世界文化，在我们看起来，渐渐朝混合统一的方向，但这统一趋合自然的趋向中，也可以看出共同理想的目标，现在我先谈谈自然的统一趋向：

自从轮船与火车出来之后，世界上的距离一天天地缩短，地球一天天缩小，人类一天天接近，七十年前，有一部小说叫做《八十天环游全世界》，这是一种理想。诸位还记得，今年6月里，十九位美国报界领袖，坐了一只新造的飞机，6月17日从纽约起飞，绕了全球一周，6月30日飞回纽约，在路共计十三天，飞两万一千四百二十四英里，而在飞行的时间不过一百点钟，等于四天零几点钟，更重要的，是传播消息，传播新闻，传播语言文字，传播思想的工具。电报的发明是第一步，海底电线的成功是第二步，电话的发明是第三步，无线电报与无线电话的成功是第四步。

有了无线电报无线电话，高山也挡不住消息，大海也隔不断新闻，战争炮火也截不断消息的流通。我们从前看过《封神榜》小说，诸位总记得"千里眼、顺风耳"的故事。现在北平可以和南京通电话，上海可以同纽约通电话。人同人可以隔着太平洋谈话谈天，可以和六大洲通电报，人类的交通已远超过小说里面的"千里眼、顺风耳"的神话世界了！人类进步到了这个地步，文化的接触，文化的交换，文化的打通混合，就更有机会了，就更有可能了。

所以我们说，一百四十年的轮船，一百二十年的火车，一百年的电报，五十年的汽车，四十年的飞机，三十年的无线电报，——这些重要的交通工具，在区区一百年之内，把地面更缩小了，把种种自然的阻隔物都打破了，使各地的货物可以流通，使东西南北的人可以往来交通，使各色各样的风俗习惯、信仰思想，都可以彼此接触，彼此了解，彼此交换。这一百多年，民族交通、文化交流的结果，已经渐渐地造成了一种混同的世界文化。

以我们中国来说：无论在都市、在乡村，都免不了这个世界文化的影响。电灯、电话、自来水、公路上的汽车、铁路上的火车、电报、无线电广播、电影、空中飞来飞去的飞机，这都是世界文化的一部分。不用说了，纸烟卷里的烟草、机器织的布、机器织的毛巾、计算时间的钟表，也都是世界文化的一部分，甚至于我们人人家里自己园地的大豆、老玉米，也都是世界文化的一部分。大豆是中国的土产，现在已成为世界上最有用的一种植物了。老玉米是美洲的土产，在四五百年当中，传遍了全世界，久已成为世界公用品，很少人知道它是从北美来的。

反过来看，在世界别的角落里，在欧洲、美洲的都市与乡村里，我们也可以随地看见许多中国的东西变成了世界文化的一部分。中国的磁器、中国的铜器、中国画、中国雕刻、中国蚕丝、中国刺绣，是随地可以看见的，人人喝的茶叶是中国去的，橘子、菊花是中国去的，桐油是全世界工业必不可少的。中国春天最早开的迎春花，现在已成了西方都市与乡村最常见的花了。西方女人最喜欢的白菊花、栀子花，都是中国去的。西方家园里，公园里，我们常看见的藤萝花、芍药花、丁香花、玉兰花,也都是中国去的。

文化的交流,文化的交通,都是自由挑选的,这里面有一个大原则,就是"以其所有,易其所无,交易而退,各得其所"。翻成白话是"我要什么,我挑什么来,他要什么,他挑什么去"。老玉米现在传遍世界,难道是洋枪大炮逼我们种的么?桐油、茶叶传遍了世界,也不是洋枪大炮来抢去的。小的小到一朵花一个豆,大的大到经济政治学术思想,都逃不了这个文化自由选择,自由流通的大趋向。三四百年的世界交通,使各色各样的文化有个互相接近的机会。互相接近了,才可以互相认识,互相了解;才可以自由挑选,自由采用。

今日的世界文化就是这样自然的形成,这是我要说的第一句话。

我要说的第二句话是"眼前的世界文化",在刚才说过的自然挑选的自然趋向之下,还可以看出几个共同的大趋向。有几个共同的理想目标,这几个理想的目标是世界上许多圣人提倡的,鼓吹的,几个改造世界的大方向,经过了几百年的努力,几百年的宣传,现在差不多成了文明国家共同努力的目标了。到现在是有哪些世界文化共同的理想目标呢?总括起来共有三个:

第一,用科学的成绩解除人类的痛苦,增进人生的幸福。

第二,用社会化的经济制度来提高人类的生活,提高人类的生活程度。

第三,用民主的政治制度来解放人类的思想,发展人类的才能,造成自由的独立的人格。

先说第一个理想,用科学的成果来增进人生的幸福,减除人生的痛苦。

这个世界文化的最重要成分是三四百年的科学成绩。有些悲观的人,看了两次世界大战,尤其是看了最近几年的第二次世界大战，他们常常说，科学是杀人的利器，是毁灭世界文化的大魔王。他们读了两个原子弹毁灭了日本两个大都市，杀了几十万人，他们就想象将来的世界大战一定要把整个世界文明都毁灭完了，所以他们害怕科学，咒骂科学，这种议论是错误的。在一个大战争的时期，为了国家的生存，为了保持人类文明，为了缩短战争，科学不能不尽它的最大努力，发明有力量的武器，如第二次大战争里双方发明的种种可怕武器，但这种战时工作，不是科学的经常工作，更不是科学的本意。科学的正常使命是充分运用人的聪明才智来求真理，求自然界的定律，要使人类能够利用这种真理这种定律来管理自然界种种事物力量，譬如叫电气给我们赶车，叫电波给我们送信，这才是科学的本分，这才是利用科学的成果来增进人生的幸福。

这几百年来的科学成绩，都是朝着这个方向做去的。无数聪明才智的人，抱着求真理的大决心，终身埋头在科学实验室里，一点一滴地研究，一步一步地进步，几百年继续不断地努力，发明了无数新事业、新理论、新定律，造成了人类历史上空前的一个科学新世界。在这个新世界里，人类的病痛减少了，人类的传染病在文明国家里差不多没有了，平均寿命延长了几十年，科学的结果应用到工业技术上造出了种种替代人工的机器，使人们可以减轻工作的劳力，增加工作的效能，使人们可以享受无数机械的奴隶服侍。总而言之：科学文明的结果使人类痛苦害减除，寿命延长，增加生产，提高生活。

因为科学可以减除人类的痛苦，提高人生的幸福，所以现代世界文化的第一个理想目标是充分发展科学，充分利用科学，充分利用科学的成果来改善人们的生活。近世科学虽然是欧洲产生的，但在最近的三十年中，科学的领导地位，已经渐渐地从欧洲转到美国了。科学是没有国界的，科学是世界公有的。只要有人努力，总可以有成绩，所以新起来的国家如日本，如苏俄，如印度，如中国，有一分的努力总可以有一分的科学成绩，我希望我们在世界文化上有这种成分。

其次谈到第二个理想标准，用社会化的经济制度来提高生活程度。

我特别用"社会化的经济制度"一个名词，因为我要避掉"社会主义"一类名词。"社会化的经济制度"就是要顾到社会大多数人民的利益的经济制度。最近几十年的世界历史有一个很明显的方向，就是无论在社会主义的国家，或在资本主义的国家，财产权已经不是私人的一种神圣不可侵犯的人权了。社会大多数人的利益是一切经济制度的基本条件。美国英国号称资本主义国家，但他们都有级进的所得税和遗产税。前四年的英国所得税，每年收入一万镑的人，要抽百分之八十，而每年收入在二百五十镑以下的人，只抽百分之三的所得税。同年美国所得税率，单身人（没有结婚的），每年收入一千元的，只抽一百零七元；每年收入一百万元的，要抽八十九万九千五百元，等于百分之九十的所得税。这样的经济制度，一方面并不废除私有财产和自由企业，一方面节制资本，征收级进的所得税，供给全国的用度，同时还可以缩短贫富的距离，这样的经济制度可以称为"社会化的"。此外，如以保障劳工组织，规定最低工资，限制工作时间，用国家收入来救济失业者，这都是"社会化"的立法。英国民族在各地建立的自治新国家，如澳洲，如纽西兰，近年来都是工党当国，都倾向于社会主义的经济立法。英国本身最近在工党执政之下，也是更明显地推行经济制度社会化。美国在罗斯福总统的十三年的"新法"政治之下，也推行了许多"社会化"的经济政策。至于北欧西欧的许多民主国家，如瑞典、丹麦、挪威，都是很早就实行各种社会化的立法的国家。

这种很明显的经济制度的社会化，是世界文化的第二个共同的理想目标。我们中国本来有"不患贫而患不均"的传统思想，我们更应该朝这个方面多多地努力，才可以在世界文化上占一个地位。

最后，世界文化还有第三个共同的理想目标，就是民主的政治制度。

有些人听了我这句话，也许要笑我说错了。他们说最近三十年，民主政治已不时髦了，时髦的政治制度是一个代表劳农阶级的少数党专政，铲除一切反对党，用强力来统治大多数的人民。个人的自由是资本主义的遗产，是用不着的。阶级应该有自由，个人应该牺牲自由，以谋阶级的自由。这一派的理论在眼前的世界里，代表一个很有力量的大集团。而胡适之偏要说民主政治是文化的一个共同的理想目标，这不是大错了吗？

我不承认这种批评是对的。我是学历史的人，从历史上来看世界文化上的趋向，都是民主自由的趋向，是三四百年来的一个最大目标，一个明白的方向。最近三十年的反自由、反民主的集体专制的潮流，在我们个人看来，不过是一个小小的波折，一个小小的逆流。我们可以不必因为中间起了这一个三十年的逆流，就抹煞那二百年的民主大潮流、大方向。

俄国大革命，在经济方面要争取劳农大众的利益，那是我们同情的。可是阶级斗争的方法，造成了一种不容忍、反自由的政治制度，我认为那是历史上的一件大不幸的事。这种反自由、不民主的政治制度是不好的，所以必须依靠暴力强力来维持它，结果是三十年很残忍的压迫与消灭反对党，终于从一党的专制走上一个人的专制。三十年的苦斗，人民所得到的经济利益，还远不如民主国家从自由企业与社会立法得来的经济利益那么多。这是很可惋惜的。

我们纵观这三十年的世界历史,只看见那些模仿这种反自由、不容忍的专制制度一个一个地都被打倒了,都毁灭了。今日的世界,无论是在老文明的欧洲,或是在新起的亚洲,都还是朝着争民主、争自由的方向走。印度的独立,中国结束一党专政,都是明显的例子。

所以我毫不迟疑地说:世界文化的第三个目标是争取民主,争取更多更合理的民主。

有些人看见现在世上两个大集团的对立,"两个世界"的明朗化,就以为第三次世界大战祸不久即将来临了。将来胜败不知如何,我们不要押错宝,以致后悔无及!

这是很可怜的败北主义!所谓"两个世界"的对垒,其实不过是那个反自由、不容忍的专制集团,自己害怕、自己气馁的表现。这个集团至今不敢和世界上别的国家自由交通,这就是害怕的铁证!这就是气馁。我们认清了世界文化的方向,尽可以不必担忧,尽可以放大胆子,放开脚步,努力建立我们自己的民主自由的政治制度。我们要解放我们自己,我们要自由,我们要造成自由独立的国民人格,只有民主的政治可以满足我们的要求。

当前中国文化问题

当前中国文化问题,讲起来很难令人满意,实在是问题太大了,今天只就平时想到的几点,提出来谈谈。

一 文化与文明

"文化"两字蕴义甚广,"文化"、"文明"有时可解释为两个意思,也有时可看作一件事。解释为两个意思时,"文明"比较具体,看得见的东西如文物发明,属于物质的,"文化"比较抽象,看不见,不易捉摸。

"文化"与"文明"虽可分为两件事,但有联系。某一民族为应付环境而创造发明的是文明,发明火便不再茹毛饮血,晚上有灯点,没有火,许多要应付的环境便无法应付。火的发明,也许是无意中的,一经发明不仅可以烧饭,可以点灯,还可以将金属由硬化为软,制造种种应用的东西。人类之异于一切动物,即是会靠一颗脑袋两只手制造东西,发明火可以制造更多的东西,这是"文明"。在某种文明中所过的生活形态、生活方式,这是"文化",所以"文化"和"文明"有联系。

一般解释,"文化"是包括了"文化"与"文明",范围较广,今天讲的属于后者,不采严格解释。

二 文化的世界性

　　从前交通阻塞时，某种民族的生活，都有民族性、国家性、地方性，各不相杂，交通发达以来，此种生活的民族性、国家性、地方性渐渐地削弱而世界性日渐加强，我们看到这礼堂里的电灯、椅子、磁砖一切东西和各位所穿衣服，很少还能找出保持着纯粹地方性的，这便是交通发达文化交流的结果。

　　文化的沟通不过是近几百年的事，最初靠轮船、火车、电报传递，近来靠飞机、无线电。利用无线电是第一次世界大战末期的事，战争初期尚未充分利用，现在若是没有无线电，一定有人说怎么可以打仗呢？诸君都看过《曾文正公日记》，他在江西建昌时，早上起身先要卜一个卦问问前方战事好不好，早上卜的是"中上"，中午卜的是"中中"，就很担心，实际上他离前线不过百余里，只因交通不便，没有飞机无线电侦察消息，只好卜卦问吉凶。曾文正公距今不过数十年，相差就是这么远。第一次世界大战时已有电报电话，第二次世界[大战]就充分利用了无线电；现在上海、纽约间随时可以通电话，整个世界的距离已经缩得很短了。到了最近更有进步，电视发明了，美国大选，人民坐在家里看，坐在家里听；赛球不必去球场看胜负，只须将电视一开就得了。记得小时候看《封神榜》、《西游记》，见到讲顺风耳、千里眼十分奇怪，想不到这些理想现在都成事实，非但成事实而且方便与普通远胜书中的理想，现代消息传播之迅速，往来交通之方便，决不是几百年几十年前想象得到，因此，现代人类由于交通发达吸收交流的文化也就难以估计了。这时候要在任何一个地方、任何一件东西上分辨何者从美国来何者从英国来，简直不可能。我到美国去见春天四处都是黄色的花，非常美丽，那是我国的迎春花；中国女子赏识的栀子花，美国女子也欢迎，但美国很少有人能说这是中国去的。即将开放的菊花,冬天结实的橘子,世界每一角落都见得到,这两种东西统〔都〕是中国去的,一经介绍,被人欢迎就成为世界一部分,不再知道这是中国的产品了。又如丝绸、茶叶、桐油、大豆都是中国去的,丝绸已成为世界穿着不可少的东西,桐油是工业重要原料,大豆更是世界公认了不起的植物,这些早成了世界性的东西。再看我们自己,用的方面人人少不了钟和表,那是十六世纪发明用机器计时的东西,从前我们用滴水计时,钟表来到中国,不到几十年就遍满全国,现在到故宫博物院去,还可以见到各式各样的钟,有的一个人出来打钟,有的一只鸟出来叫几声,有的是一个人出来写"天下太平"四个字,这些千奇百怪的钟,都是刚发明时所造,也成了世界上稀有的东西,到今日不但有西洋来的钟表,也有上海北平广东自造的钟表,已经成为世界文化的一部分了。再说吃的,玉蜀黍大家都误为四川来的,殊不知它却是从美国来的,在极短时期中不仅传遍中国,且已传遍全球,成了重要食粮之一,它能迅速传遍全世界,即是因为可以生长在平原也可以生长在高山,用不到多施肥料,便到处被欢迎。玉蜀黍因为普遍,就很少人知道从哪里来的。穿的方面,机器织造的布匹呢绒来到中国不到一百多年,现在我们样样可以自造。又如装饰,小姐太太们的头发是国民革命军北伐以后剪去的,那时我从美国回来,见剪短的黑发小姐很美丽,二十年后的今天,不但已经剪短还要烫发,再也分不出怎样的头发是西洋的,怎样的还是中国的,再往下去恐怕烫发是从西洋来的也无人知道了。日用品风俗习惯装饰,都是文化,由于吸收外来文化的结果,打破了地方性,减少了民族性,减少了国家性。所以这个时代讲到文化就是世界文化,很难找出一件纯粹的本国文化。我曾想用毛笔写中国字该是中国文化了,可是除了民国以前留下来的墨还是中国胶制造以外,现在制墨用的胶都是外国工厂用剩下来的，常常听到人说现在的墨写字胶笔不如从前，原因就是在此。写出来的文章，更不知不觉接受了外国文化影响，无形中吸收了不少西洋文法，标点更全盘接受了西洋文化。我又想吃中国饭用筷子总是中国文化吧！前天到最标准的中国式饭店马祥兴去，他们先将筷子用开水烫烫消毒，也受了西洋文化影响了。交通这样发达，坐在家里开无线电就可以听到旧金山的新闻报告，也可以听到王外长在巴黎说话的情形了。生活方式要不受外国文化影响，要分析哪些还是纯粹本国文化，哪些是受世界文化影响几乎不可能，我记得小时候上海报上登载一篇法国小说，讲八十天环游地球，大家都说这件事了不得，也怀疑是不是事实，岂知四十年后，一百小时便可以环游地球，以后也许还可以减少到八十小时七十小时环游地球，一百小时不过四天，交通发达到这个阶段，谈到文化便只有世界性文化，如何还能有纯粹的地方性、民族性、国家性文化呢？

三　文化的接受与选择

　　文化的接受与选择，具有"自然"、"自由"的条件，某些东西一经介绍便被采用，某些东西虽经介绍仍不为接受，迎春花、栀子花用不着推广，人人欢迎，因为这种花你说好你的女朋友也说好，自然采用了。钟表来到中国，铜壶滴漏即被弃置，现在仅能在博物院中看到。从前男人双梁鞋不分左右足，我起初穿这种鞋子生鸡眼很痛苦，幸而后来一位无名英雄造福人群，仿照皮鞋制成左右是不同的鞋子，我们穿了无限舒服，立刻就风行全国。这虽是小事，其解放男子的足，决不下于解放女子缠足。并没有什么力量强制我们接受，只是大家觉得比我们好就自然采用。自由选择不同文化，接触不同文化，接受或拒绝，也有其必然的道理，简单说，不外以其所有易其所无，人家有的我没有，我采用，人家有我也有，我的比人家好，人家就采用，所以有无优劣可说是自由选择自然选择的条件，但这仅限于物质的。

三百多年前西洋人到中国来传教，那时我们势力已经达到澳门一带，知道中国文化很高，便研究应从哪一方面入手，后来认为到中国传教应选学问最好的人带来中国所没有的东西，及比中国更好的学问，所以派了利玛窦（Matthieu Ricci）带了三件东西，第一件是刚发明不久用机械计时的钟，并选制造最好最讲究的送给中国，这就代表物质，第二物是西方已经很进步的天文学，他们知道中国在讲改革历法，利玛窦天文学学得很好，也带到了中国，这是代表科学。第三件是宗教，才是他们最大的目的。

三件东西同时来到中国，可是吸收的程序不同，第一件钟毫无抵抗接受了，铜壶滴漏不如机械制造的钟，铜壶滴漏自然被打倒。第二件天文学经过一个时期才接受，那时候中国有两种天文学，一种是原有的，一种是回教的，两种天文学各不相让。中国素来遇到两方相争，便各给一个天文台，你们去算月蚀日蚀某月某日几时几分几秒开始，何时复圆，谁算得准确，就采用谁的历法，利玛窦也设有天文台，不但算北京月蚀日蚀时间，也算出南京成都广州许多地方的时间，北京下雨，别处不一定下雨，仍可以测验是否准确。比较结果教会天文台成绩最好，一分一秒也不差，显然中国历法不如它，经过十多年后大家都说西洋历法了不得，明崇祯十六年采用新历法，下一年明朝就止了，清代沿用下去，民国后才整个接受世界一致的历法。第三件宗教接受程度最少，我们原来有佛教道教孔教，天主教来到中国后要比较哪一种最好，却没有比较算日蚀月蚀时间那般方便明显，也不免有主观感情成分，我见我爸爸妈妈相信的，外祖母外祖父相信的，我为什么不相信？所以家庭制度、社会制度、政治哲学、社会哲学，以及宗教等等的吸收，不如物质科学那般容易，抵抗力大得多了。第一种是机械不容易抵御，钟比铜壶滴漏好，电灯比桐油灯好，无线电我们没有，自然接受了——至于说最近政府要减少汽车减少飞机班次，那是偶然的事，和拒绝接受不同。第二种科学有抵抗但抵抗有限度，医学我们有，天文学我们也有，但新的医学来了，旧的阴阳五行就被打倒，到今天虽还有人说阴阳五行比西医好，这只是少数。第三种社会制度、政治制度、经济制度、宗教等文化的吸收不吸收，拒绝不拒绝就不若前两种可以比较，可以试验，可以有绝对的选择自由。当前中国文化问题就在这里。

四 当前文化的选择与认识

当前中国文化问题既然就是前面所说的社会制度、政治制度、经济制度、宗教等吸收或拒绝，在交通工具如此发达之时，我们不能也不可能拒绝某种文化，问题是这类文化的接受牵涉到感情，牵涉到信仰，牵涉到思想，牵涉到宗教。具体说，当前有两个东西在斗争，这两个东西放在我们前面，既不是物质，就不能像商品那样，这是德国货，这是英国货、美国货一般，辨别谁好谁坏。现在放在面前的美国货、俄国货是无法比较的东西，既不能以品质来较优劣，又不能以价格来比高下，放在面前的是两个世界或者说两个文化要我们去选择去决定往东往西往左往右。

数百年来自由选择自由拒绝世界文化的阶段已经过去了，目前是必须要我们在两个中间挑选一个，我们既无法列一公式来证明往左是生路往右是死路，或者往右是生路往左是死路，又无法说我们有我们自己的你们的两个都不要，所以问题就严重了，三十年前教科书里的东西用不着了，梁启超先生早年介绍我们"自由"，许多人谈"不自由，毋宁死"，那时看来是天经地义的，现在是变了,打倒资本主义也要打倒自由主义,要服从要牺牲个人自由争取集体自由,从前对的话现在不对了。自由究竟要不要,是另一问题。如从历史上看,一切文化都是向前进,而自由正是前进的原动力,有学术思想自由、言论自由、出版自由,才有不断的新科学、新文化出来,照辨证法说,有甲就有非甲,甲与非甲斗争成为乙,有乙又有非乙,乙与非乙斗争成为丙,辨证法失了作用,谁是谁非大家弄不清。

我今天说这一段话,不是"卖膏药",我没有膏药可卖。只是这个问题牵涉到情感,牵涉到信仰,牵涉到思想,除了思想有一点理智成分外,情感信仰就不同,受不了一点刺激。我今年五十八岁,一生相信自由主义,我是向来深信三百年来的历史完全是科学的改造,以人类的聪明睿智改造物质,减少人类痛苦,增加人类幸福,这种成就完全靠了有思想自由、信仰自由、出版自由,不怕天不怕地,倘使失了自由,哪里还有现在的物质文明。

我走过许多国家,我没有见到一个国家牺牲经济自由可以得到政治自由,也没有见到一个国家牺牲政治自由可以得到经济自由,俄国人民生活程度三十年来提高了多少?人民生活痛苦减轻了多少,经济自由得到了没有?牺牲政治自由而得到经济自由的,历史上未有先例。

我比较守旧,9月11日还在北平天坛广播"自由主义",也许有人听了骂胡适之落伍,他们说这不是不自由不民主,而是新民主新自由,是没有自由的新民主,没有民主的新民主,没有自由的新自由,没有民主的新自由,各位看过平剧里的空城计长板坡,没有诸葛亮的空城计没有赵子龙的长板坡还成什么戏?

是自由非自由的选择,也是容忍与不容忍的选择。前年在美国时去看一位老师,他年已八十,一生努力研究自由历史,见了我说:"我年纪愈大,我才感到容忍与自由一样重要,也许比自由更重要。"不久他就死了。讲自由要容忍理由很简单，从前的自由是皇帝允许我才有的，现在要多数人允许才能得到，主张左的容忍右的，主张右容忍左的，相信上帝的要容忍不相信上帝的，不相信上帝的要容忍相信上帝的，不像从前我相信神你不相信神就打死你，现在是社会允许我讲无神论，讲无神论也要容忍讲有神论，因为社会一样允许他。各位都看到了报上说美国华莱士组织第三党竞选总统，比较左倾，反对他的人，拿鸡蛋番茄掷他，掷他的人给警察抓了送到法庭去，法官说这是不对的，华莱士有言论自由，要判他在监里坐或者罚他抄篇写纽约《前锋论坛报》几十年来作标语的一句名言一千篇，那个人想想还是愿意抄一千篇，这一句话是："你说的话我一个字也不相信，但我要拼命辩护你有权说这话。"这一句话多么伟大！假使这世界是自由与非自由之争的世界，我虽是老朽，我愿意接受有自由的世界，如果一个是容忍一个是不容忍的世界，我要选择容忍的世界。有人说恐怕不容忍的世界、极权的世界声势大些，胡适之准备做俘虏吧！大家只看到世界上两个东西斗争这边失败，政府打仗这边也失败，那边声势很大，便以为这边注定失败了，我不赞成这种失败主义，三百年的历史是整个的反自由运动，目前的反动并不是大反动，只是小小的反动，看起来声势浩大，但他们自己就缺乏自信，不相信自己的人，用最专制的权力来压迫自己人，经过三十一年长时间还不许人家进去，不许自己人出来，不敢和世界文化交流，这正表示他的胆怯。所以是我说这只是一个小反动。虽然两个东西我们无从证明哪一个好，依我的看法，民主自由一定得到最后胜利。固然历史告诉我们民主自由运动常会遭到包围摧残。法国革命几经失败，民主摇篮中心英国的成功受英伦三峡保护，美国民主成功靠两大海洋保护，但每次民主自由斗争无不得到最后胜利，最近两次世界大战亦是如此。

此次从北平到上海，一位朋友对我说，这个输麻将还打什么，我说你是失败主义的说法，真正的输麻将是十二年前的局面，那时我们和世界三海军国之一陆军占世界第三位、工业占世界第三位的国家打仗，我们没有一点基础，飞机连教练机不过二百架，那才是必输的，可是我们要打，而且打胜了。人家最悲观的时候，我一点也不悲观，我总是想，他们没有好装备，没有海军没有空军，我们只要稍稍好转，就可以风雨皆释了。这次斗争说是文化选择问题的斗争，决不能说输就算了，这不比选择双梁鞋，选择剪头发，选择钟表，选择天文历法那般容易，必须得从感情信仰思想各方面去决定，我们的决定也即是国家民族的决定！

学术救国

今天时间很短,我不想说什么多的话。我差不多有九个月没到大学来了!现在想到欧洲去。去,实在不想回来了!能够在那面找一个地方吃饭,读书就好了。但是我的良心是不是就能准许我这样,尚无把握。那要看是哪方面的良心战胜。今天我略略说几句话,就作为临别赠言吧。

去年8月的时候,我发表了一篇文章,说到救国与读书的,当时就有很多人攻击我。但是社会送给名誉与我们,我们就应该本着我们的良心、知识、道德去说话。社会送给我们的领袖的资格,是要我们在生死关头上,出来说话做事,并不是送名誉与我们,便于吃饭拿钱的。我说的话也许是不入耳之言,但你们要知道不入耳之言亦是难得的呀!

去年我说,救国不是摇旗呐喊能够行的;是要多少多少的人投身于学术事业,苦心孤诣实事求是地去努力才行。刚才加藤先生说新日本之所以成为新日本之种种事实,使我非常感动。日本很小的一个国家,现在是世界四大强国之一,这不是偶然来的,是他们一般人都尽量地吸收西洋的科学、学术才成功的。你们知道无论我们要做什么,离掉学术是不行的。

所以我主张要以人格救国,要以学术救国。今天只就第二点略为说说。

在世界混乱的时候，有少数的人，不为时势转移，从根本上去做学问，不算什么羞耻的事。"三一八"惨案过后三天，我在上海大同学院讲演，我是这个意思。今天回到大学来与你们第一次见面，我还是这个意思，要以学术救国。

这本书是法人巴士特（Pasteur）的传，是我在上海病中看的，有些地方我看了我竟哭了。

巴氏是1870年普法战争时的人。法国打败了，德国的兵开到巴黎把皇帝捉了，城也占了，订城下之盟赔款五万万。这赔款比我们的庚子赔款还要多五分之一，又割亚尔撒斯、罗林两省地方与德国，你们看当时的文学，如像莫泊桑他们的著作，就可看出法国当时几乎亡国的惨象与悲哀。巴氏在这时业已很有名了。看见法人受种种虐待，向来打战没有被毁过科学院，这回都被毁了。他十分愤激，把德国波恩大学（Bonn）所给他的博士文凭都退还了德国。他并且做文章说："法兰西为什么会打败仗呢？那是由于法国没有人才。为什么法国没有人才呢？那是由于法国科学不行。"以前法国同德国所以未打败仗者，是由于那瓦西尔（Lauostes）一般科学家，有种种的发明足资应用。后来那瓦西尔他们被革命军杀死了。孟勒尔（Moner）将被杀之日，说："我的职务是在管理造枪，我只管枪之好坏，其他一概不问。"要科学帮助革命，革命才能成功。而这次法国竟打不胜一新造而未统一之德国，完全由于科学不进步。但二十年后，英人谓巴士特一人试验之成绩，足以还五万万赔款而有余。

巴氏试验的成绩很多，今天我举三件事来说：

第一，关于制酒的事。他研究发酵作用，以为一个东西不会无缘无故地起变化的，定有微生物在其中作怪。其他如人生疮腐烂，传染病也是因微生物的关系。法国南部出酒，但是酒坏损失甚大。巴氏细心研究，以为这酒之所以变坏，还是因其中有微生物。

何以会有微生物来呢？他说有三种：一是有空气中来的，二是自器具上来的，三是从材料上来的。他要想避免和救济这种弊病，经了许多的试验，他发明把酒拿来煮到五十度至五十五度，则不至于坏了。可是当时没有人信他的。法国海军部管辖的兵舰开到外国去，需酒甚多，时间久了，老是喝酸酒，就想把巴氏的法子来试验一下，把酒煮到五十五度，过了十个月，煮过的酒，通通是好的，香味颜色，分外加浓。没有煮过的，全坏了。后来又载大量煮过的酒到非洲去，也是不坏。于是法国每年之收入增加几万万。

第二，关于养蚕的事。法国蚕业每年的收入极大。但有一年起蚕子忽然发生瘟病，身上有椒斑点，损失甚大。巴氏遂去研究，研究的结果，没有什么病，是由于作蛹变蛾时生上了微生物的原故。大家不相信。里昂曾开委员会讨论此事。巴氏寄甲乙丙丁数种蚕种与委员会，并一一注明，说某种有斑点，某种有微生虫，某种当全生，某种当全死。里昂在专门委员会研究试验，果然一一与巴氏之言相符。巴氏又想出种种简单的方法，使养蚕的都买显微镜来选择蚕种。不能置显微镜的可送种到公安局去，由公安局员替他们检查。这样一来法国的蚕业大为进步，收入骤增。

第三，关于畜牧的事。法国向来重农，畜牧很盛。十九世纪牛羊忽然得脾瘟病，不多几天，即都出黑血而死。全国损失牛羊不计其数。巴氏以为这一定是一种病菌传入牲畜身上的原故，遂竭力研究试验。从 1877 年到 1881 年都未找出来。当时又发生一种鸡瘟病。巴氏找出鸡瘟病的病菌，以之注入其他的鸡，则其他的鸡立得瘟病。但是这种病菌如果放置久了，则注入鸡身，就没有什么效验。他想这一定是氧气能够使病菌减少生殖的能力，并且继续研究把这病菌煮到四十二度与四十五度之间则不能生长。又如果把毒小一点的病菌注入牲畜身上，则以后遇着毒大的病菌都不能为害了。因为身体内已经造成了抵抗力了。

当时很有一般学究先生们反对他，颇想使他丢一次脸，遂约集些人买了若干头牛若干头羊，请巴氏来试验。巴氏把一部分牛羊的身上注上毒小的病菌两次。第三次则全体注上有毒可以致死的病菌液。宣布凡注射三次者一个也不会死，凡只注射一次者，一个也不会活。这不啻与牛羊算命，当时很有些人笑他并且替他担忧。可是还没有到期，他的学生就写信告诉他，说他的话通通应验了，请他赶快来看。于是成千屡万的人看，来赞颂他，欢迎他，就是反对他的人亦登台宣言说十分相信他的说法。

这个发明使医学大有进步，使全世界前前后后的人都受其赐。这岂只替法还五万万的赔款？这简直不能以数目计！

他辛辛苦苦地试验四年才把这个试验出来。谓其妻曰："如果这不是法国人发明，我真会气死了。"

此人是我们的模范，这是救国。我们要知道既然在大学内做大学生，所做何事？希望我们的同学朋友注意，我们的责任是在研究学术以贡献于国家社会。

没有科学，打战、革命都是不行的！

我们的政治主张

我们为供给大家一个讨论的底子起见,先提出我们对于中国政治的主张,要求大家的批评,讨论,或赞助。

(一)政治改革的目标。我们以为现在不谈政治则已,若谈政治,应该有一个切实的,明了的,人人都能了解的目标。我们以为国内的优秀分子,无论他们理想中的政治组织是什么(全民政治主义也罢,基尔特社会主义也罢,无政府主义也罢),现在都应该平心降格地公认"好政府"一个目标,作为现在改革中国政治的最低限度的要求。我们应该同心协力地拿这个共同目标来向国中的恶势力作战。

(二)"好政府"的至少涵义。我们所谓"好政府",在消极的方面是要有正当的机关可以监督防止一切营私舞弊的不法官吏,在积极的方面是两点:

(1)充分运用政治的机关为社会全体谋充分的福利。

(2)充分容纳个人的自由,爱护个性的发展。

(三)政治改革的三个基本原则。我们对于今后政治的改革,有三个基本的要求:

第一,我们要求一个"宪政的政府",因为这是使政治上轨道的第一步。

第二,我们要求一个"公开的政府",包括财政的公开与公开考试式的用人等等，因为我们深信"公开"（publicity）是打破一切黑幕的唯一武器。

第三，我们要求一种"有计划的政治"，因为我们深信中国的大病在于无计划的漂泊，因为我们深信计划是效率的源头，因为我们深信一个平庸的计划胜于无计划的瞎摸索。

（四）政治改革的唯一下手功夫。我们深信中国所以败坏到这步田地，虽然有种种原因，但"好人自命清高"确是一个重要的原因。"好人笼着手，恶人背着走。"因此，我们深信，今日政治改革的第一步在于好人须要有奋斗的精神。凡是社会上的优秀分子，应该为自卫计，为社会国家计，出来和恶势力奋斗。我们应该回想，民国初元的新气象岂不是因为国中优秀分子加入政治运动的效果吗？当时的旧官僚很多跑到青岛、天津、上海去拿出钱来做生意，不想出来做官了。听说那时的曹汝霖，每天在家关起门来研究宪法！后来好人渐渐地厌倦政治了，跑的跑了，退隐的退隐了；于是曹汝霖丢下他的宪法书本，开门出来了；于是青岛、天津、上海的旧官僚也就一个一个地跑回来做参政咨议总长次长了。民国五六年以来，好人袖手看着中国分裂，看着讨伐西南，看着安福部的成立与猖獗，看着蒙古的失掉，看着山东的卖掉，看着军阀的横行，看着国家破产丢脸到这步田地！——够了！罪魁祸首的好人现在可以起来了！做好人是不够的，须要做奋斗的好人；消极的舆论是不够的，须要有决战的舆论。这是政治改革的第一步下手功夫。

（五）我们对于现在的政治问题的意见。我们既已表示我们的几项普通的主张了，现在我们提出我们的具体主张，供大家的讨论。

第一，我们深信南北问题若不解决，一切裁兵、国会、宪法、财政等等问题，都无从下手，但我们不承认南北的统一是可以用武力做到的。我们主张,由南北两方早日开始正式议和。一切暗地的勾结,都不是我们国民应该承认的。我们要求一种公开的,可以代表民意的南北和会。暗中的勾结与排挤是可耻的,对于同胞讲和并不是可耻的。

第二,我们深信南北没有不可和解的问题。但像前三年的分赃和会是我们不能承认的。我们应该预备一种决战的舆论做这个和会的监督。我们对于议和的条件,也有几个要求:

(1) 南北协商召集民国六年解散的国会,因为这是解决国会问题的最简易的方法。

(2) 和会应责成国会克期完成宪法。

(3) 和会应协商一个裁兵的办法,议定后双方限期实行。

(4) 和会一切会议都应该公开。

第三,我们对于裁兵问题,提出下列的主张:

(1) 规定分期裁去的兵队,克期实行。

(2) 裁废虚额,缺额不准补。

(3) 绝对不准招募新兵。

(4) 筹划裁撤之兵的安置办法。

第四,我们主张裁兵之外,还应该有一个"裁官"的办法。我们深信现在的官吏实在太多了,国民担负不起。我们主张:

(1) 严定中央与各省的官制,严定各机关的员数。如中央各部,大部若干人(如交通部),中部若干人(如农商部),小部若干人(如教育部)。

(2) 废止一切咨议顾问等等"干薪"的官吏。各机关各省的外国顾问,除极少数必需的专家之外,一律裁撤。

(3) 参酌外国的"文官考试法",规定"考试任官"与"非考试任官"的范围与升级办法。凡属于"考试任官"的,非经考试,不得委任。

第五，我们主张现在的选举制度有急行改良的必要。我们主张：

（1）废止现行的复选制，采用直接选举制。

（2）严定选举舞弊的法制，应参考西洋各国的选举舞弊法（Corrupt Practice Laws），详定细目，明定科罚，切实执行。

（3）大大地减少国会与省议会的议员额数。

第六，我们对于财政的问题，先提出两个简单的主张：

（1）彻底的会计公开。

（2）根据国家的收入，统筹国家的支出。

以上是我们对于中国政治的几个主张。我们很诚恳地提出，很诚恳地请求全国的人的考虑，批评，或赞助与宣传。

十一，五，十三

提议人	职业
蔡元培	国立北京大学校长
王宠惠	国立北京大学教员
罗文干	国立北京大学教员
汤尔和	医学博士
陶知行	国立东南大学教育科主任
王伯秋	国立东南大学政法经济科主任
梁漱溟	国立北京大学教员
李大钊	国立北京大学图书馆主任
陶孟和	国立北京大学哲学系主任
朱经农	国立北京大学教授
张慰慈	国立北京大学教员
高一涵	国立北京大学教员
徐宝璜	国立北京大学教授

王　征　美国新银行团秘书
丁文江　前地质调查所所长
胡　适　国立北京大学教务长

整理国故与"打鬼"
——给浩徐先生信

浩徐先生：

今天看见一〇六期的《现代》，读了你的《主客》，忍不住要写几句话寄给你批评。

你说整理国故的一种恶影响是造成一种"非驴非马"的白话文。此话却不尽然。今日的半文半白的白话文，有三种来源。第一是做惯古文的人，改做白话，往往不能脱胎换骨，所以弄成半古半今的文体。梁任公先生的白话文属于这一类，我的白话文有时候也不能免这种现状。缠小了的脚，骨头断了，不容易改成天足，只好塞点棉花，总算是"提倡"大脚的一番苦心，这是大家应该原谅的。

第二是有意夹点古文调子，添点风趣，加点滑稽意味。吴稚晖先生的文章（有时因为前一种原因）有时是有意开玩笑的。鲁迅先生的文章，有时是故意学日本人做汉文的文体，大概是打趣"《顺天时报》派"的：如他的《小说史》自序。钱玄同先生是这两方面都有一点的：他极赏识吴稚晖的文章，又极赏识鲁迅弟兄，所以他做的文章也往往走上这一条路。

第三是学时髦的不长进的少年。他们本没有什么自觉主张，又没有文学的感觉，随笔乱写，即可省做文章的功力，又可以借吴老先生作幌子。这种懒鬼，本来不会走上文学的路去，由他们去自生自灭罢。

这三种来源都和"整理国故"无关。你看是吗？

平心说来，我们这一辈人都是从古文里滚出来的，一二十年的死工夫或二三十年的死功夫究竟还留下一点子鬼影，不容易完全脱胎换骨。即如我自己，必须全副精神贯注在修词造句上，方才可以做纯粹的白话文；偶一松懈（例如做"述学"的文字，如《章实斋年谱》之类），便成了"非驴非马"的文章了。

大概我们这一辈"半途出身"的作者都不是纯粹国语文的人。新文学的创造者应该出在我们的儿女的一辈里。他们是"正途出身"的；国语是他们的第一语言；他们大概可以避免我们这一辈人的缺点了。

但是我总想对国内有志做好文章的少年们说两句忠告的话。第一，做文章是要用力气的。第二，在现时的作品里，应该拣选那些用气力做的文章做样子，不可挑那些一时游戏的作品。

其次，你说国故整理的运动总算有功劳，因为国故学者判断旧文化无用的结论可以使少年一心一意地去寻求新知识与新道德。你这个结论，我也不敢承认。

国故整理的事业还在刚开始的时候，决不能说已到了"最后一刀"。我们这时候说东方文明是"懒惰不长进的文明"，这种断语未必能服人之心。六十岁上下的老少年如吴稚晖、高梦旦也许能赞成我的话，但是一班黑头老辈如曾慕韩、康洪章等诸位先生一定不肯表同意。

那"最后一刀"究竟还得让国故学者来下手。等他们用点真功夫，充分采用科学方法，把那几千年的烂账算清楚了，报告出来，叫人们知道儒是什么，墨是什么，道家与道教是什么，释迦达摩又是什么，理学是什么，骈文律诗是什么，那时候才是"最后一刀"收效的日子。

近来想想，还得双管齐下。输入新知识与新思想固是要紧，然而"打鬼"更是要紧。宗杲和尚说得好：

我这里无法与人，只是据款结案。恰如将个琉璃瓶子来，护惜如什么，我一见便为你打破。你又将得摩尼珠来，我又夺了。见你怎地来时，我又和你两手截了。所以临济和尚道，"逢佛杀佛，逢祖杀祖，逢罗汉杀罗汉"。你且道，既称善知识，为什么却要杀人？你且看他是什么道理？

浩徐先生，你且道，清醒白醒的胡适之却为什么要钻到烂纸堆里去"白费劲儿"？为什么他到了巴黎不去参观柏斯德研究所，却在那敦煌烂纸堆里混了十六天的工夫？

我披肝沥胆地奉告人们：只为了我十分相信"烂纸堆"里有无数的老鬼，能吃人，能迷人，害人的厉害胜过柏斯德（Pasteur）发现的种种病菌。只为了我自己自信，虽然不能杀菌，却颇能"捉妖"、"打鬼"。

这回到巴黎、伦敦跑了一趟，搜得不少"据款结案"的证据，可以把达摩、惠能，以至"西天二十八祖"的原形都给打出来。据款结案，即是"打鬼"。打出原形，即是"捉妖"。

这是整理国故的目的与功用。这是整理国故的好结果。

你说，"我们早知道在那方面做功夫是弄不出好结果来的"。那是你这聪明人的一时懵懂。这里面有绝好的结果。用精密的方法，考出古文化的真相；用明白晓畅的文字报告出来，叫有眼的都可以看见，有脑筋的都可以明白。这是化黑暗为光明，化神奇为臭腐，化玄妙为平常，化神圣为凡庸：这才是"重新估定一切价值"。他的功用可以解放人心，可以保护人们不受鬼怪迷惑。

西滢先生批评我的作品，单取我的《文存》，不取我的《哲学史》。西滢究竟是一个文人；以文章论，《文存》自然远胜《哲学史》。但我自信，中国哲学史，我是开山的人，这一件事要算是中国一件大幸事。这一部书的功用能使中国哲学史变色。以后无论国内国外研究这一门学问的人都躲不了这一部书的影响。凡不能用这种方法和态度的，我可以断言，休想站得住。

梁漱溟先生在他的书里曾说，依胡先生的说法，中国哲学也不过如此而已（原文记不起了，大意如此）。老实说来，这正是我的大成绩。我所以要整理国故，只是要人明白这些东西原来"也不过如此！"本来"不过如此"，我所以还他一个"不过如此"。这叫做"化神奇为臭腐，化玄妙为平常"。

禅宗的大师说："某甲只将花插香炉上，是和尚自疑别有什么事。"把戏千万般，说破了"也不过如此"。（下略）

我们应怎样反思中国文化

基督教与中国文化

我到卧佛寺来，这是第三次。第一次正当我们几个北大同仁办《新青年》的时候，外边的人都说我们是三无主义者——无政府、无家庭、无宗教。那时司徒雷登先生发起一个讨论会，就在卧佛寺举行，与会的有博晨光、戴乐仁、步济时诸先生。北大方面来了蔡元培、李大钊诸先生同我。各个人都先开诚布公地说他对于宗教的观念。信宗教的陈述他信宗教的经验，不信的也说出他无神的理由。第二步便讨论我们是否能合作。结果以为我们对于社会和国家的服务，既能抱着同一的热诚；无论个人的信仰如何不同，合作却是可能的，更证之于数年来的事实，我们的确已经合作了。所以这第一次的讨论会，我们彼此都觉得十分满意。第二次是协和医学的几个研究中国文化的西洋人邀我到卧佛寺来谈话。这几个西洋人是科学者，他们很虚心地研究中国文化，曾组织一个研究会，时常请我同他们谈。这次是被邀来专谈佛教的：同几个西方科学者在西山明月之下畅谈佛学，实属快事，并且我们对这次讨论的结果也觉得满意。所以这一次来卧佛寺算是第三次了。我从前在美国的时候，也曾赴过两次夏令会。对于基督教我也有相当的敬重，但因为我个人的信仰不同，所以当时虽有许多朋友劝我加入基督教会，我始终不曾加入。近年来我对于是灵魂与上帝还是不相信，不过我对于旁人的宗教信仰仍是一样敬重的。

这次承张钦士先生邀我来此讲演,这大题目我本百番推辞,终不获允。今天不得已特上山来与诸君谈谈。今天给我的这个题目《基督教与中国文化》实在太大,不是几点钟内所能讲得完的。中国人有句俗语"小题大做",这本是说人的一种毛病,但用来研究学问,却是很好的一种态度。"小题大做"是无论研究何种细微的东西,必要从各方面下手;科学的种种发明便是好例。即论到做文章亦复如是。反之,"大题小做",便会弄得糟糕,自欺欺人。所以我宁愿用五万字来写一篇《〈水浒传〉考证》,而不愿用几千字来写一个大题目。

今天我被邀来讲这个大题目,本非我心所愿,但是既已到此,就不能将这个题目随便乱谈。所以我只好把这题目的困难及本题历史方面的研究法略谈一谈。

第一,什么是中国文化?为中国文化下一个定义是不容易的。我也不试着去下定义。我只讲它历史上的变迁。梁漱溟先生所著《东西文化及其哲学》内讲世界有三种文化:以西方的文化是意志向前的,中国文化是调和持中的,印度文化是向后的。我以为文化是很复杂的东西,不能用分式来代表,因此我不能拿一个简单的定义来概括中国文化。

中国文化是一个很老的民族在一个长期统一的国家里,在一个地大物博的环境内,向无很大文化上的劲敌的,所遗下的产物。这是历史上的看法,离开历史便无文化。这样的民族在这样的环境里所积的成绩有几样特色:

(一)因为是古老的民族,所以富于惰性,而尚保守。

(二)因为在长期统一的国家内,所以思想很是平庸,而不走极端。

(三)因为在地大物博的环境内,所以只求实际,而不尚玄妙;

以故宗教观念及哲学皆不离伦理、物质及人生。

（四）因为无文化的劲敌，所以竞争进取心非常薄弱。

今天我所讲的中国文化，只限于精神生活——宗教方面，而且只用历史的眼光谈一谈研究的方法。我着重谈以下四点：

（一）中国民族有何宗教？

（二）中国民族的宗教所经过的变迁是什么？

（三）这种宗教受外来的影响如何？

（四）受了影响之后的反动如何？

中国古代民族的宗教思想可以从几部古书里知道。《诗经》是代表民间以及一少部分士大夫的思想的。他们相信一个有人格的天，也叫做帝，又称为昊天，或上帝，承认他是最高的神，他有知觉，有意志，能喜怒，赏善惩恶。譬如"帝谓文王"，"有皇上帝，伊谁云憎？""天监不远"，"在帝左右"等等，这可见他们的上帝的尊严了。此外他们更相信鬼以及祖先。到秋天的时候，他们行祭祀，使人扮作他们的祖宗，这叫做"尸"，同人谈话，跳舞，然后送他出门。这种做法，是民间最普通的事。至于谈到鬼，一部《楚辞》里已是不少了。所以总括起来说，古代民族的宗教是"尊天事鬼"的宗教。

到了二千五百年前——哲学时期——怀疑派的哲学家辈出，对于宇宙的运行就发生了许多疑问。老子开始怀疑天是有意志，抑或自然的呢？人间的事实究竟背后有无主宰？老子怀疑的结果，是归之于自然。孔子对此也怀疑，但是他不谈出。他说："未能事人，焉能事鬼。""未知生，焉知死"，"如在其上"，"祭神如神在"。这样看来，在二千五百年前中国民族的宗教即遭动摇了。当时有起来护法卫道的，这便是墨翟。他出自民间，极力提倡一种新宗教，以保存鬼神之说。他所谓天即是《诗经》里的天。他教人兼爱非战，因为天的意志是如此。他反对儒教不信鬼神，而反祭祖先。他这样诘问他们：侍奉祖先，不是无鱼而张网么？然而当时孔老的学说深入人心，打算袒护有鬼神之说，必须用精密的逻辑学辩证，方能动人。所以彼时的逻辑学大为昌明，哲学方面遂得了一个极大的帮助。印度的因明学，希腊的伦理学发生的原因，都是如此。到了汉朝董仲舒辈出，他们虽属儒家，而实言墨道。他们所讲的是受天应物，所行的是协理阴阳。带着儒家的假面具，其实与墨子所谈的鬼神相差不远，而这也是当时民间的宗教。到了东汉，始对于这种思想怀疑，以为人不过是很小的东西，怎能感动天地呢？他们以为人好比裈中的虱，怎能改变全身的空气呢？这是一班士大夫的说法，然而民间的宗教还是与从前的一样。又有道教出现，也是一种改头换面尊天事鬼的宗教，尊老子为太上老君，其实老子本人并不相信鬼神，他们不过藉以号召而已。所以从历史方面看来，中国民族宗教的变迁实在不止一次，然而在它骨子里面，自始至终仍然不过是一种相信感应尊天明鬼的宗教。这种宗教是切实际的，有惰性的。他们拜神，不过求福避祸而已，绝无什么玄妙的思想。这都是中国民族的环境使然的。

在这个时期中国民族的宗教虽经过几多变迁，却不曾受外来的影响。但是在二千年前，印度的佛教从西南各方侵入，传遍中国。中国民族本是平庸而含有惰性的，但自从佛教传入，于是八百年间宗教的狂热据有了一班民众，在宋朝居然四人之中有一个是和尚或尼姑。至于倾家荡产建筑庙宇更是平常的事，甚至焚手焚身，将自己献给佛菩萨，是在所不惜的。从此一种实际的中国民族一变而为富于宗教狂热的民族了。不过数百年来佛教的势力横行中国，毫无忌惮，总带有"帝国主义"的色彩，于是有种种反动起来。反动之后，佛教又大加振兴。如唐武宗时，佛寺大被焚毁，到宣宗时，却又复兴，而更行光大。又宋徽宗时佛教一衰，而钦宗时又兴。并且当他们受反抗的时候，一般热心的佛教者，多到深山绝境去雕刻佛像，后人要想毁灭它们，可也就不容易了。譬如大同、龙门等处的石刻佛像，现在在世界上算是有名的雕刻，也就是当时留下来的遗迹。

到了宋朝欧阳修造本论，以为要抵制外来的思想，必须根本地提倡本国的思想，正如我们现在说要抵制外货，必先要提倡国货。直到朱熹等用浅近文言及白话注《四书》、《易经》、《书经》，于是连三家村的小孩都用了做课本。从此道士和尚皆倒霉下去了。民间的宗教，如同善社、拾字会、悟善社等，尚不外有两种元素，一是尊天事鬼，二是轮回果报。至于士大夫等，已多为自然主义及唯物论者，大部分对于宗教都抱着不关心的态度（indifference）。他们做官的只管做官；祭孔拜佛，不过是应酬差事而已。他们家的太太及少奶奶拜观音或敬太上老君，都随她们的便。中国民族虽然受过几百年佛教狂热的驱使，至终还是一个平凡的、切实际的、宗教性薄弱的民族。

我把本题的中国文化一部分如此讲来，诸君一定不会满意的，就连我自己也不能满意。不过我已声明在先，我今晚所要说的，乃是从历史方面将本题研究一下，不过求一个线索而已。其次，我要讲到基督教。

对于基督教，我假定诸君比我研究得更加深切；我现在只把我个人在历史上所看到的说与诸君一听。

基督教可分两个时期：一是宗教改革（reformation）以前的，一是宗教改革以后的。这两个时期的基督教是截然不同的，至少我可以提出四点来示其区别：

一、古代及中古的基督教的特点：

（一）出世的。承认现世是污浊的，盼望清净的来生。所以要求个人的超脱，拔救（personal salvation）；因此不图肉体的快乐，只求精神的安舒。

（二）谦卑的。讲无抵抗主义，不尚进取。耶稣说："有人打你的左脸，应转过右脸再给他打。"凡事总尚谦卑，以为有公正万能的上帝为他们报复，所以说："Vengeance is God."

（三）反资本主义的。《圣经》上最反对投资与放弃，并不主张积资，以为财宝应当存在天上。近代西洋的经济主义当然不能与它同立了。

（四）反国家主义的或大同主义的——尤其是反帝国主义的。保罗虽是威强的罗马人，但他不以此自傲，他在犹太人中，就做犹太人，在希利尼人中就做希利尼人。其他基督徒也常说："我是世界的公民。"（I am a cosmoplitan.）就是在四福音书与使徒行传里也能找出许多关于大同主义的教义。

以上所说的四条都是宗教改革以前的基督教很显著的特色。可是自从经过宗教改革、文艺复兴、十八世纪的国家主义、十九世纪的工业革命，基督教已变成另一个东西了。与以前的基督教正正相反。

二、近代的基督教：

（一）入世的。从前出世的思想现在已经改变。肉体的刻苦，一变而为讲求肉体的安舒，不仅是求精神的恬静就可满意的。所以青年会等等的组织要求德智体平行地发展，从前只求个人的解脱，现在却趋向于社会的服务了。

（二）进步的。最好的一个例子，就是在欧战的时候，各国的主教及牧师差不多没有不为前线的将士祷告的。至于基督教徒的奔赴战场，更是当仁不让的。近来许多基督教的报章杂志多用进步奋斗这一类的名目，也是基督教改变的一个例证。（现在只有Quakers一班教徒比较的还颇守旧。）

（三）资本主义的。除了英国的Morris这班基督教的社会主义者反对资本主义而外，其余都是资本主义者，而新教所带的资本彩色更加浓厚。日本富前德山说："新教是资本主义的，是中等社会人民的，天主教却仍是平民的。"

（四）国家主义的。欧战时各国的教士都为他本国祈祷，极可以证明他们爱国的热诚。即如近年来中国每次爱国运动，基督教徒从未有不争先恐后加入的。

总而言之，现在的基督教已经充分承认了现代文明，假如不是近代文明带了基督教的招牌，即是基督教容纳或利用近代文明的长点。基督教与近代文明已混合得不可分辨。除了各种医院学校及各种组织等，所余的不过信仰及仪式而已。

中国文化及基督教的历史的研究都是不可少的。世界上对宗教观念最薄弱的，就我所见，以中国人为第一。中国人虽然拜佛敬菩萨，那不过是一种交易，是大发彩票，绝非彻底的信仰。以一"无事不登三宝"、"僧道无缘"的民族，怎能惯于宗教的种种仪式呢？若必欲将宗教仪式供给中国人，又是在这种生活复杂的情况之下，那很使中国人作伪了。

据我的观察，将来基督教在中国民族中间的发展是很有限的，或者医院青年会等等组织，还有它们相当的位置，其余基督教的本身，则没有多少发达的可能了。在士大夫——知识阶级一方面，因为中国自然主义同西洋科学思想的影响，所以对于宗教愈形冷淡，甚或加以抵抗。

我今日不过将历史的眼光及研究法略说一下，至于确实的答案我们现时不能预测，但我以为用历史的研究法是比较的可靠一些。

儒教的使命

我在这个讨论会里第一次说话就申明过，我不是一个儒教徒。后来我坐在这里听何铎斯博士（Dr. Hodons）的演说，听到他提起我，也许有心，也许无意，把我认作儒教里属于自然派的运动的一分子。我当时真不知道，我是应当维持我原来的申明呢，还是应当承认这个信仰的新性质呢？但是何铎斯博士在演说的末尾说："儒教已经死了，儒教万岁！"我听了这两个宣告，才渐渐明白——儒教已经死了——我现在大概是一个儒教徒了。

儒教并不是一种西方人所说的宗教。我在大学（芝加哥——译者）演讲，在这里说话，都曾尝试说明儒教有过些时期是一个宗教——是一个有神论的宗教。但是，就整个来看，儒教从来没有打算做一个有神论的宗教，从来不是一个用传教士的宗教，儒教从来不做得仿佛相信它本身是完全靠得住的，儒教从来没有勇气跑出去对那些非教徒宣讲福音。这样说来，主席方才介绍我说话，他用的字眼有点和介绍别人的不同，是很有道理。他没有宣布我的题目是"儒教作为一个现代宗教的使命"，只说我要略谈一谈从儒教的观点看现代宗教的使命。

我想这是很有道理的。儒教，正如何铎斯博士所说，已经死了。它是自杀死的，可不是由于错误的冲动，而是由于一种努力，想要抛弃自己一切逾分和特权，想要抛弃后人加到那个开创者们的经典上去的一切伪说和改窜。

我在大学演讲，有一次讲过，儒教的最后一个拥护者，最后一个改造者，在他自己的一辈子里，看到儒教经典的一个主要部分，一个最通行，最容易读，因此在统制中国人的思想上最有势力的部分，已经被打倒了。这样说来，儒教真可算是死了。

孟子是儒家最伟大的哲学家，他的影响仅次于孔子，曾说过："人之患，在好为人师。"儒家的典籍里又常说："礼闻来学，不闻往教。"儒教从来不教它的门徒跑出去站在屋顶上对人民宣讲，把佳音带给大地四方不归宿的异教徒。由此可以看出来，儒教从来不想做一个世界的宗教，儒教也从来不是一个用传教士的宗教。

然而，这也不是说，孔子、孟子和儒家的学者们要把他们的灯放在斗底下，不把它放在高处，让人人可以看见。这只是说，这些人都有那种知识上的谦虚，所以他们厌恶独断的传教士态度，宁愿站在真理追求者的谦虚立场。这只是说，这些思想家不肯相信有一个人，无论他是多么有智慧有远识，能够说完全懂得一切民族，一切时代的生活与道德的一切错综复杂的性质。孔子就说过："丘也幸，苟有过，人必知之。"正是因为有这样可能有错误的意识，所以儒教的开创者们不赞成人的为人师的欲望。我们想要用来照亮世界的光，也许其实只是一把微弱的火，很快就要消失在黑暗里。我们想要用来影响全人类的真理，也许绝不能完全没有错。谁要把这个真理不加一点批评变成教条，也许只能毁坏他的生命，使他不能靠后来的新世代的智慧不断获得新活力，不断重新被证实。

因此，现代宗教的第一个使命就是做一切彻底而严格的自我考察。"知道你自己"，在世界宗教的一切大诫命里应当是首要的一条。我们应当让自己信得过，我们给人的是面包，不是石头。我们应当让自己可以断定，我们想要与世界分享的真理经得住时间考验，而且全靠它自己的长处存立，不靠迫害者的强暴，也不靠神学家和宗教哲学的巧辩。我们应当让自己知道，所有那些用他们的教条和各时代里的布鲁诺（Bruno）们、伽利略（Galileo）们、达尔文们为敌的人，并没有给他们的宗教增光彩，反倒使他成了世界文明的笑料。

接下去，现代宗教的第二个使命，我相信，就是配合着自我考察的结果，情愿做到内部的种种改造——不但要修改甚或抛弃那些站不住的教义教条，还要改组每个宗教的制度形式的，减少那些形式，甚或，如果必要，取消那种形式。教人知道生命可以失而复得，是各大宗教共有的精神。反过来说，在堕落的情况中生存下去还不如死，也是真理。这一点对欧、美、印度、日本那些高度有组织，高度形式化的宗教说来是特别有意义的。

我们研究中国宗教的历史，可以看到很可注意的现象：因为那些宗教的制度形式薄弱，所以新的宗教总是渐渐地，几乎不知不觉地代替了旧的宗教。禅宗就是这样慢慢代替了一切旧派；净土宗也这样慢慢浸入了所有的佛教寺院和家庭。儒教也是这样，东汉的注家慢慢盖过了较古的各派，后来又和平地让位给朱子和他那一派的新解释；从宋学到王阳明的转变，随后又有趋向于近三百年的考据学的转变，都是以同样渐进方式完成的。

别的宗教却都不是这样。他们的每一个新运动都成了定型，都抗拒再进一步的变化。圣芳济会（Franciscans）在十三世纪是一个改革运动，到了二十世纪却依然是一个有权势的宗教，路得派与加尔文派在基督革新的历史上都占一个先进地位，到了我们当代却成了反动教派。所有这许许多多的宗派，本来应当是一个伟大宗教的一条演进的直线上的一些点或阶段，在今日却成了一个平面上并存的相对抗的势力，每一个都靠制度形式和传教工作使自己永存不灭，每一个都相信只有它可以使人逃避地狱之火而达到得救。而且，这样不顾失了历史的效用只想永存下去的顽强努力在今日还引起一切更老的宗教仿效，连中国的太虚和康有为也有效仿了。要求一切宗教，一切教派，一切教会，停止一切这样盲目的对抗，宣布休战，让他们都有机会想想所有这一切都为的是什么，让他们给宗教的和平、节省、合理化定出一部"全面的法典"——难道现在还不应当吗？

一个现代的宗教的最后一个大使命就是把宗教的意义和范围扩大、伸长。我们中国人把宗教叫做"教"，实在是有道理的。一切宗教开头，都是道德和社会的教化的大体系，归结却都变成了信条和仪式的奴性的守护者。一切能思想的男女现在都应当认清楚宗教与广义的教育是共同存在的，都应当认清楚凡是要把人教得更良善、更聪智、更有道德的，都有宗教和精神的价值；更都应当认清楚科学、艺术、社会生活都是我们新时代、新宗教的新工具，而且正是可以代替那旧时代的种种咒语、仪式忏悔、寺院、教堂的。

我们又要认清楚，借历史的知识来看，宗教不过是差一等的哲学，哲学也不过是差一等的科学。假如宗教对人没有作用，那不是因为人的宗教感差了，而是因为传统的宗教没有能够达成它的把人教得更良善、更聪智的基本功能。种种非宗教性的工具却把那种教化做得更成功，宗教本身正在努力争取这一切工具来支持它的形式化的生活。于是有了那些 Y.M.C.A'S（基督教青年会）和那些 Y.M.B.A'S（佛教青年会）。但是为什么不能省掉第三个首字母呢？为什么不坦白承认这一切运动都已没有旧的宗教性了？为什么不坦白承认这一切如果有宗教性，只是因为他们有教育性，只是因为他们要把人教得更有道德，更尊重社会呢？又为什么不爽快把我们一切旧的尊重支持转移到那些教育的新工具上，转移到那些正在替代旧的宗教而成为教导、感发、安慰的源泉的工具上呢?

因此,一切现代宗教的使命,大概就是要把我们对宗教的概念多多扩大,也就是要把宗教本来有的道德教化的功用恢复起来。一个宗教如果只限于每星期一两个小时的活动是不能发扬的;一个宗教的教化范围如果只限于几个少数神学班,这个宗教也是不能生存下去的。现代世界的宗教必须是一种道德生活,用我们所能掌握的一切教育力量来教导的道德生活。凡是能使人高尚,能使人超脱他那小小的自我的,凡是能领导人去求真理,去爱人的,都是合乎最老的意义的,合乎最好的意义的宗教;那也正是世界上一切伟大宗教的开创者们所竭力寻求的,所想留给人类的宗教。

中国古代政治思想史的一个看法

我很感觉到不安。在大陆上的时候,我也常常替找我演讲的机构、团体增加许多麻烦;不是打碎玻璃窗,便是挤破桌椅。所以后来差不多二三十年当中,我总避免演讲。像在北平,我从来没有公开演讲过;只有过一次,也损坏了人家的椅窗。在上海有一次在八仙桥青年会大礼堂公开演讲,结果也增加他们不少损害。所以以后我只要能够避免公开演讲,就尽量避免。今天在台湾大学因为预先约定是几个学会邀约的学术演讲,相信不会太拥挤。但今天的情形——主席沈先生已向各位道歉——我感觉很不安。我希望今天不会讲得太长,而使诸位感觉太不舒服。

那天台湾大学三个学会问我讲什么题目,当时我就说讲"中国古代政治思想史的一个看法",而报纸上把下面的"一个看法"丢掉了。如果要我讲"中国古代政治思想史",这个范围似嫌太大,所以我今天还只能讲"中国古代政治思想史的一个看法"。

今年是我的母校哥伦比亚大学创立二百周年纪念。他们在去年准备时,就决定要举行二百周年纪念的典礼。典礼节目中的一部分,有十三个讲演。这十三个讲演广播到全美洲;同时将广播录音送到全世界,凡是有哥伦比亚大学毕业生的地方都要广播。所以这十三个广播演讲,在去年十一二月间就已录音;全部总题目叫做"人类求知的权利"。这里边又分作好几个部分:第一部分（第一至第四个演讲）是讲"人类对于人的见解"；第二部分（第五至第八个演讲）是讲"人类对于政治社会的见解"；第三部分（第九至第十三演讲）是讲"近代自由制度的演变"。他们要我担任第六个演讲，也就是第五至第八个演讲"人类对于政治社会的见解"中的一部分。我担任的题目是"亚洲古代威权与自由的冲突"。所谓亚洲古代，当然要把巴比伦、波斯、印度古代同中国古代都包括在内。但限定每个演讲只有二十五分钟录音。这样大的题目，只限定二十五分钟的演讲，使我得到一个很大的经验与教训。因为这个题目，要从亚洲西部到东部，讲好几百年甚至一二千年古代亚洲的政治思想史，讲起来是很费时的。因此我先把这些国家约略地研究了一下；但研究结果，认为限定二十五分钟时间，无论如何是不够的。我觉得限定二十五分钟时间的演讲，只能限于中国；同时对于这些亚洲西部古代国家关系政治、宗教、社会、哲学等方面的文献甚少，所以最后我自己只选择了中国古代，并且对于"中国古代政治思想史"这个题目又不能不加以限制。同时我因为这是一个很难得很重要的机会，所以把中国古代政治思想的几种观念——威权与自由冲突的观念——特别提出四点（也可说是四件大事）来讲。结果就成为二十五分钟的演讲。哪四件大事呢？

第一，是无政府的抗议，以老子为代表。这是对于太多的政府，太多的忌讳，太多的管理，太多的通知的一种抗议。这种中国古代的政治思想，能在世界上占有一个很独立的、比较有创见的地位。这一次强迫我花了四十多天时间，来预备一个二十五分钟的演讲；经我仔细地加以研究，感到中国政治思想在世界上有一个最大的、最有创见的贡献，恐怕就是我们的第一位政治思想家——老子——的主张无政府主义。他对政府抗议，认为政府应该学"天道"。"天道"是什么呢？"天道"就是无为而无不为。

这可说是一个很重要的观念。他认为用不着政府；如其有政府，最好是无为、放任、不干涉，这是一种无政府主义的政治理想：有政府等于没有政府；如果非要有政府不可，就是无为而治。所以第一件大事，就是中国政治思想史上第一个放大炮的——老子——的无政府主义。他的哲学学说，可说是无政府的抗议。

第二件大事，是孔子、孟子一班人提倡的一种自由主义的教育哲学。孔子与孟子首先揭橥这种运动。后世所谓"道家"（其实中国古代并没有"道家"的名词；此是后话，不在此论例），也可以说是这个自由主义运动的一部分。后来的庄子、杨朱，都是承袭这种学说的。这种所谓个人主义、自由主义的教育哲学和个人主义的起来，是由于他们把人看得特别重，认为个人有个人的尊严。《论语》中的"不降其志，不辱其身"，就是这个道理。个人主义、自由主义的教育哲学，教育人参加政治，参加社会；这种人要有一种人格的尊严，要自己感觉到自己有一种使命，不能随便忽略他自己。这个个人主义、自由主义的教育哲学，是第二件值得我们纪念的大事。

第三件大事，可算是中国古代极权政治的起来，也就是集体主义（极权主义）的起来。在这个期间，墨子"上同"的思想，（这个"上"字，平常是用高尚的"尚"字，其实是上下的"上"字。）就是下面一切要上同，所谓"上同而不下比者"，——就是一种极权主义。以现在的新名词说，就叫"民主集权"。墨子的这种理论，影响到纪元前四世纪出来了一个怪人——商鞅。他在西方的秦国，实行这种"极权政治"；后来商鞅被清算死了，但这种极权制度还是存在，而且在一百年之内，把当时所谓天下居然打平，用武力来统一中国，建立所谓"秦帝国"。帝国成立以后，极权制度仍继续存在，焚书坑儒，毁灭文献，禁止私家教育。这就是第三件大事。所谓极权主义的哲学思想：极权国家不但起来了，而且是大成功。

第四件大事是，这个极权国家的打倒，无为政治的试行。秦王政统一天下之后，称他自己为秦始皇，以后他的儿子为二世，孙子为三世，以至于十世、百世、千世、万世、无穷世。殊不知非特没有到万世、千世、百世，所谓"秦帝国"，只到了二世就完了。这一个以最可怕的武力打成功的极权国家，不到十五年就倒下去了。第一个"秦帝国"没有安定，第二个帝国的汉朝却安定了。什么力量使他安定的呢？在我个人的看法，就要回到我说的第一件大事。我以为这是那个无政府主义、无为的政府哲学思想来使它安定的。秦始皇的帝国只有十五年；汉朝的帝国有四百二十年；为什么那个帝国站不住而这个帝国能安定呢？最大的原因，就是汉朝的开国领袖能运用几百年以前老子的无为的政治哲学。汉朝头上七十年工夫，就是采用了这种无为而治的哲学。秦是以有为极权而亡；而汉朝以有意的、自觉的实行无为政治，大汉帝国居然能安定四百二十年之久。不但安定了四百二十年，可说二千年来到现在。今天我们自己称"汉人"，这个"汉"字就是汉朝统治四百二十年后留给我们的。在汉朝以前，只称齐人、楚人、卫人，没有"中国人"这个名词。汉朝的四百二十年，可说是规定了以后二千多年政治的规模，就是无为而治这个观念。这可说是两千多年前祖先留下来的无穷恩惠。这个大帝国，没有军备，没有治安警察，也没有特务，租税很轻（讲到这里，使我想起我在小时，曾从安徽南部经过浙江到上海。到了杭州，第一天才看到警察；以前走了七天七夜并没有看到一个警察或士兵，路上一样很太平）。所以第四件大事，可说是打倒极权帝国而建立一个比较安定的国家；拿以前提倡了而没有实行的无为而治的政治哲学，来安定四百二十年大汉帝国，安定几千年来中国的政治。

现在我就这四点来姑妄言之，诸位姑妄听之。

第一件大事是老子的无为主义。最近几十年来，我的许多朋友，从梁任公先生到钱穆、顾颉刚、冯友兰诸位先生，都说老子这个人恐怕靠不住，《老子》这部书也恐怕靠不住。他们主张要把《老子》这部书挪后二三百年。关于这个问题，我也发表过一篇文章，批评这几位先生考定老子年代的方法。我指出他们提出来的证据都站不住。但这二三十年来中国学者的提倡，居然影响到外国学者。外国学者也在对老子年代发生怀疑。你看西洋最近出版的几种书，差不多老子的名字都不提了。在我个人的看法，这个问题很复杂；如果将来有机会，可再和各位详细地讨论。今天简单地说，我觉得老子这个人的年代和《老子》这本书的年代，照现在的材料与根据来说，还是不必更动。老子这个人恐怕要比孔子大二三十岁；他是孔子的先生。所谓"孔子问礼于老聃"是大家所不否认的；同时在《礼记·曾子问》中有明白的记载。那时孔子做老子的学徒，在我那篇很长的文章《说儒》里，老子是"儒"，孔子也是"儒"。"儒"的职业是替人家主持丧礼、葬礼、祭礼的。有人认为"儒"是到孔子时才有的，这是错误的观念。我为了一个"儒"字，写了五万多字的文章。我的看法，凡是"儒"，根据《檀弓》里所说，就是替人家主持婚丧祭祀的赞礼的。现在大家似乎都看不起这种赞礼。其实你要是看看基督教和回教，如基督教的牧师，回教的阿洪，他们也是替人家主持婚丧祭祀的。在古代二千五百年时，"儒"也是一种职业。在《礼记·曾子问》中都讲到孔子的大弟子和孔子的老师都是替人家"相"丧的。《礼记·曾子问》中记：孔子自说有一天跟着老子替人家主持丧礼，出丧到半路上，遇到日蚀；老子就发命令，要大家把棺材停在路旁，等到日蚀过去后再往前抬。下面老子又解释为什么送丧时遇到日蚀应该等到太阳恢复后再往前抬。各位先生想一想：送丧碰到日蚀，这是很少见的事；而孔子跟着老子为人家主持丧礼，在路上遇见日蚀，也是一件很少见的事，记载的人把这话记载下来，我相信这是不致于会假的。从前阎百诗考据老子到周去问礼到底是哪一年，就是根据这段史实来断定的。同时《檀弓》并不是一本侮蔑孔子的书，这是一本儒家的书。孔子的学生如曾子等，都是替人家送丧的。替人家送丧是当时的一种吃饭工具，是一种正当的职业。至于《老子》这部书，约有五千字左右，里边有四五个真正有创造的基本思想；后来也没有人能有这样透辟的观念。这部只有五千字左右的书，在我个人看起来，从文字上来看，我们也没有理由把它放得太晚。在思想上他的好几个观念，可说是影响了孔子。譬如老子说"无为"，孔子受其影响甚大。如《论语》中的"无为而治者，其舜也欤！""为政以德、譬如北辰，居其所而众星拱之！"这些话都是受了老子"无为而治"的影响的。还有孔子说，我话说得太多，我要"无言"。这也是老子的思想。孔子说："天何言哉？四时行焉，百物生焉，天何言哉？"这就是自然主义的哲学。我们考证一部书的真假，从一个人的著作中考据另一个人，并不是我一个人的办法。譬如希腊古代在哲学方面有许多著作，后来的人考据哪几部著作是真的，哪几部著作是假的，用什么标准呢？文字当然是一种标准；但是重要的，就是如果要辨别柏拉图著作的真伪，须看柏拉图的学生亚利斯多德是否曾经引过他老师的话，或者看亚利斯多德是否曾经提到柏拉图的某一部书里的话。这是考据的一种方法。我们再看孔子说的"以德报怨"。这完全是根据老子所说的"报怨以德"。诸如此类的话多得很；如"以能问于不能，以多问于寡，有若无，实若虚，犯而不校。"等都可以说是老子的基本观念；尤其"犯而不校"，就是老子提倡的一个很基本的观念，所谓"不争主义"，亦即是"不抵抗主义"（我就是犯了这个毛病：说不考据，现在又谈考据了。不过我现在说这些话，只是替老子伸伸冤而已）。

老子的主张，所谓无政府的抗议，是中国政治思想史上第一件大事。他的抗议很多。大家总以为老子是以为拱起手来不说话的好好先生，绝对不像个革命党、无政府党。我们不能太污蔑他。你只要看他的书，就知道老子不是好好先生。他在那里抗议，对于当时的政治和社会抗议。他说："民之饥，以其上食税之多，是以饥。民之难治，以其上之有为，是以难治。民之轻死，以其求生之厚，是以轻死。""民不畏死，奈何以死惧之。""天下多忌讳，而民弥贫。民多利器，国家滋昏。人多伎巧，奇物滋起。法令滋彰，盗贼多有。"这就是提倡无政府主义的老祖宗对于当时政治和社会管制太多、统制太多、政府太多的一个抗议。所以大家不要以为老子是以为什么事都不管的好好先生，太上老君；他是一位对于政治和社会不满而要提出抗议的革命党。而且他仅仅抗议还不够，他还提出一种政治基本哲学。就是说，在世界政治思想史上，自由中国在二千五百年以前产生了一种放任主义的政治哲学，无为而治的政治哲学，不干涉主义的政治哲学。在西方恐怕因为直接间接地受了中国这种政治思想的影响，到了十八世纪才有不干涉政治思想哲学的起来。近代的民主政治，最初的一炮都是对于政府的一个抗议：不要政府，要把政府的力量减轻到最低，最好做到无为而治。我想全世界人士不会否认：在仝世界的政治思想史上，中国提出无为而治的思想、不干涉主义，这个政治哲学，比任何一个国家要早二千三百年。这是很重要的一件大事。老子说：我们不要自己靠自己的聪明；我们要学学天，学学大自然。"自然"这两个字怎样解释呢？"然"是如此，"自然"就是自己如此。天地间的万物，都不是人造出来的，也不是由玉皇大帝造一个男的再造一个女的，而都是无为，都是自己如此。一切的花，不管红黄蓝白各种颜色的花，决不是一个万能的上帝涂上了各种颜色才这样的，都是自己如此，也就是老子的所谓"天道"，孔子所谓"天何言哉？四时行焉，百物生焉，天何言哉？""天道"就是无为，无为而无不为。老子说："故圣人云：我无为而民自化；我好静而民自正；我无事而民自富；我无欲而民自朴。"这就是无为的政治。而老子最有名的一句话，就是"太上，下知有之。"就是说：最高的政府，使下面的人仅仅知道这个政府。另外一个本子把这句话多加了一个字，作"太上下不知有之"。就是说：上面有个政府，下面的人民还不知道有政府的存在。下面又说："其次，亲之誉之；其次，畏之；其次，侮之。"就是，比较次一等的政府，人民亲近它，称誉它；第三等政府，人民畏惧它；第四等政府，人们看不起它。所以第一句"太上，下知有之"六个字是很了不得的，是人类政治思想史上最早有这个观念。这种政治思想，比世界上任何一个有思想文化的民族还要早；同时，由这个观念而影响到我们后来的思想。所以我们中国在政治思想上舍不得把《老子》这部书抹煞掉，我们历史上第一个政治思想家，就是提倡无政府主义、不干涉主义的老子。同时，我颇疑心十八世纪的欧洲哲学家已经有老子的书的拉丁文翻译本，因为那时他们似乎已经受到老子学说的影响。

第二件大事是孔子以下的自由思想，个人主义。孔子与老子不同。孔子是教育家，而老子反对文化，认为五音、五色、五味的文化是太复杂了，最好连车船等机器都不用，文字也不必要。这种反文化的观念，在欧洲十八世纪时的卢梭，十九世纪时的托尔斯泰也曾提出；而老子的反文化观念比任何世界上有文化的民族为早。老子不但反文化，而且反教育，认为文明是代表人民的堕落。而孔子恰恰相反。他是一个教育家、历史家。虽然做老子的学生，受无为思想的影响，孔子在政治思想上的成就比较平凡，并没有什么创造的见解。但是孔子是一个了不得的教育家。他提出的教育哲学可以说是民主自由的教育哲学，将人看作是平等的。

《论语》中有"性相近也，习相远也，惟上智与下愚不移。"就是说，除了绝顶聪明与绝顶笨的人没有法教育以外，其他都是平等的；可教育的能力一样。孔子提出四个字，可以说是中国的民主主义教育哲学，就是："有教无类"。"类"是种类，是阶级。若是看了墨子讲的"类"和荀子讲的"类"，然后再来解释孔子的"有教无类"，可以知道此处的"类"就是种类，就是阶级。有了教育就没有种类，就没有阶级。后世的考试制度，可以说是根据这种教育哲学为背景的。

孔子的教育哲学是"有教无类"，但他的教育"教"什么呢？孔子提出一个很重要的字，就是"仁"字。孔子的着重"仁"字，可以说前无古人后无来者。这是了不得的地方。这个"仁"就是人的人格，人的人性，人的尊严。孔子说："修己以安人。"孔子的学生又问："这就够了吗？"孔子又说："修己以敬。"孔子的学生问"这就够了吗？"孔子又说："修己以安百姓。"这句话就是说教育并不是要你去做和尚，去打坐念经那一套。"修己"是做教育自己的工作，但是还有一个社会目标，就是"安人"。"安人"是给人类以和平、快乐。这一个教育观念是新的。教育并不是为自己，不是为使自己成为菩萨、罗汉、神仙。修己是为了教育自己，为的社会目标。所以后来儒家的书《大学》里的"格物、致知、诚意、正心、修身"，是修身的工作；而后面的"齐家、治国、平天下"，都是社会的目标。所以孔子时代的这种"修己以安人"、"修己以安百姓"的观念就是将教育个人与社会贯连起来。教育的目标不是为自己自私自利，不是为升官发财，而是为"安人"、"安百姓"，为齐家、治国、平天下。因为有这个使命，就感觉到"仁"——受教育的"人"，尤其是士大夫阶级，格外有一种尊严。人本来有人的尊严，到了做到自己感觉有"修己以安人"、"修己以安百姓"的使命时，就格外感觉到有一种责任。所以《论语》中说：

"志士仁人，无求生以害仁，有杀身以成仁。"就是说，遇必要时，宁可杀身以完成人格，这就是《论语》中的"不降其志，不辱其身"。孔子的大弟子曾子说："士不可以不弘毅，任重而道远。仁以为己任，不亦重乎！死而后已，不亦远乎！"就是说受教育的人要有大气魄，要有毅力。为什么呢？因为"任重而道远"。"任"就是担子。把"仁"拿来做担子，担子自然很重；到死才算是完了，这个路程还不远吗？这一个观念，是我们所谓有孔孟学派的精神的：就是将个人人格看得很重，要自己挑起担子来，"修己以安人"、"修己以安百姓"。孟子常说："自任以天下之重。"曾子说："仁以为己任。"以整个人类视为我们的担子，这是两千五百年以来的一个了不得的传统。后来宋朝范仲淹也说："先天下之忧而忧，后天下之乐而乐。"这就是因为"修己以安人"而感觉到"任重而道远"的缘故。明末顾亭林以为："天下兴亡，匹夫有责"，也是这个道理。

所以自由民主的教育哲学产生了健全的个人主义。个人主义就是将自己看作一个有担子的人，不要忘了自己有使命，有责任。不但孔子如此，孟子也讲得很清楚："富贵不能淫，贫贱不能移，威武不能屈，此之谓大丈夫。"就是说大丈夫的人格要自己感觉到自己有"修己以安人"的使命。再讲到杨、朱、庄子所提倡的个人主义，也不过是个人人格的尊严。庄子主要的是说："举世誉之而不加劝；举世非之而不加沮。"这就是最健全的个人主义。老子、庄子都是如此。到了汉朝才有人勉强将他们跟孔、孟分了家，称为道家。秦以前的古书中都没有"道家"这个名字（哪一位先生能在先秦古书里找到"道家"这个名字的，我愿意罚钱）。所以韩非子在秦末年时说："天下显学二，儒、墨而已。"他只讲到儒、墨，没有提及道家。杨、朱的学说也是个人主义。这个个人主义的趋势是一个了不得的趋势；以健全的民主自由教育哲学作基础，要做到"不降其志，不辱其身"；提倡人格，要挑得起人类的担子，挑得起天下的担子。宁可"杀身以成仁"，不可"求生以害仁"。这个健全的个人主义，是第二个重要的运动。

第三件大事发生在纪元前五世纪以后，在孔子以后，自四世纪起到三世纪时，正是战国时代。原来春秋时代有一个大国——晋。晋国文化很高，但在西历纪元前403年即被权臣分裂为韩、赵、魏三国。这一年历史家算作战国的第一年。那时南方的楚也很强大。因为晋国三分，亦便没有可畏的强邻了。当时的秦孝公是一个英主，用了一个大政治家商鞅。两人合作而造成了一个极权国家。不过极权主义的思想原则远在商鞅之前就已发生；在《墨子》的《上同》篇中已有这个思想。关于中国古代思想的三个大老——老子、孔子、墨子，我在《中国哲学史》上卷，提倡百家平等；认为他们受了委屈，为被压迫了几千年的学派打抱不平。现在想想，未免矫枉过正。当时认为墨家是反儒家的；儒家是守旧的右派，而墨家是革新的左派。但这几十年来——三十五年来的时间很长，头发也白了几根，当然思想也有点进步——我看墨子的运动是替民间的宗教辩护，认为鬼是有的，神是有的。这种替民间宗教辩护的思想，在当时我认为颇倾向于左；但现在看他，可以算是一个极右的右派——反动派。尤其是讲宗教政治的部分，所说的话是右派的话。在政治思想上，只要看他的《上同》篇。《上同》篇中说：

古者民始生未有政长之时，盖其语人异议。是以一人则一义，二人则二义，十人则十义。其人兹众，其所谓义者亦兹众。是以人是其义以非人之义，故交相非也。……天下之乱，若禽兽然。

义就是对的；一个人认为自己是对的，十个人认为他们各是对的，结果互相吵起来而"交相非也"。拿我的"义"打人家的"义"，结果天下大乱而"若禽兽然"。有了政府时，政府中，上面是天子，有三公、诸侯——乡长、里长，政府成立了。然后由天子发布命令给天下百姓，说你们凡是听见好的或不好的事都要报告到上面来，这是民主集权制。《上同》篇中说：

> 夫明乎天下之所以乱者生以无政长，是故选天下之贤可者立以为天子。天子立，以其力为未足，又选择天下之贤可者置立之以为三公。……政长既已具，天子发政于天下之百姓，言曰，闻善而不善（王引之读"而"为"与"），皆以告其上。上之所是，必皆是之；所非，必皆非之。……上同而不下比者，此上之所赏而下之所誉也。

只要上面说是对的，下面的人都要承认是对的：这就是"上同"，"上同而不下比"。

> 里长发政里之百姓，言曰，闻善而不善，必以告其乡长。乡长之所是，必皆是之；乡长之所非，必皆非之。……乡长唯能壹同乡之义，是以乡治也。……乡长发政乡之百姓，言曰，闻善而不善者，必以告国君。国君之所是，必皆是之；国君之所非，必皆非之。……国君惟能壹同国之义，是以国治也。

天子的功用就是能够壹同天下之义。但是这还不够；天子上面还有上帝。所以

> 国君发政国之百姓，言曰，闻善而不善，必以告天子。天子之所是，皆是之；天子之所非，皆非之。……天子惟能壹同天下之义，是以天下治也。……天下之百姓，皆上同于天子，而不上同于天，则灾犹未去也。

这才算是真正的上同。但是怎样才能达到上同呢？拿现代的名词讲，就是用"特务制度"，也就是要组织起来。这样才能够收到在数千里外有人做好事坏事，他的妻子邻人都不知道，而天子已经知道。《上同》篇中有一段说：

> 古者圣王惟能审以尚同以为政长，是故上下情通（依毕王诸

高度

家校)。上有隐事遗利,下得而利之;下有蓄怨积害,上得而除之。是以数千万里之外,有为善者,其室人为遍知,乡里未遍闻,天子得而赏之。数千万里之外,有为不善者,其室人未遍知,乡人未遍闻,天子得而罚之。是以举天下之人皆恐惧振动,惕栗不敢为淫暴,曰,"天子之视听也神!"

就是说天子的看与听都是神。然后又说:

非神也,夫惟能使人之耳目助己视听,使人之[唇]吻助己言谈,使人之心思助己思虑,使人之股肱助己动作。助之视听者众,则其德音之所抚循者博矣;助之思虑者众,则其举事速成矣。故古者圣人之所以济事成功垂名于后世者,无他故异物焉,曰惟能以上同为政者也。

这就是一种最高的民主集权制度。这种思想真正将起来也可以说是一种神权政治,也是集权政治的一种哲学。所以我们从政治方面讲,老子是站在左派,而墨子是站在极右派。不过后来墨子并没有机会实行他的政治哲学。

秦孝公的西方国家本来是一个贫苦的国家,但是经过商君变法,提倡"农"、"战",这是一种政治上、经济上、军事制度上的大改革、大革新。这个革新有两大原则:一是提倡"农",生产粮食;一是提倡"战"。有许多古代的哲学,古代的书籍,因为离开我们太久远了,我们对它的看法有时看不大懂。在三十五年前我写《中国哲学史大纲》时,就很不注意《商君书》和韩非子的书。这种书因为在那时候,没有能看得懂,觉得有许多东西好像靠不住。等到这几十年来,世界上有几个大的极权政府,有几个已经倒了,有的还没有倒。因为这个缘故,我们再回头看墨子、商君的书,懂了。这是经过三十多年的变化而生的转移。举例来说:譬如关于"战",关于极权政治,在《商君书》第十七章里有一节:"圣人之为国也,一赏、一刑、一教。一赏则民无敌;一刑则令行;

一教则下听。"这个"一赏、一刑、一教",真正是极权的国家主义。最重要的是一教。一教之义,就是无论什么学问,无论什么行为,都比不了富贵;而富贵的得来,并不靠你的知识,也不靠你的行为,也不是因为名誉,靠什么呢?靠战争。"所谓一教者,博闻辩慧,信廉礼乐,修行群党,任誉清浊,不可以富贵。……富贵之门,要存战而已矣。"能够作战的才能践富贵之门;因为这个缘故,父兄、子弟、朋友、婚姻的谈话中最重要的事是战争。"彼能战者,践富贵之门。……是父兄昆弟知识婚姻合同者,皆曰,务之所加,存战而已矣。故当壮者务于战,老弱者务于守。死者不悔,生者务劝。此……所谓一教也。""民之欲富贵也,共阖棺而后出。而富贵之门必出于兵。是故民间战而相贺也。起居饮食所歌谣者,战也。……圣人治国也,审一而已矣。"像这样使人认为战争是可贺的,在家中在外面所唱的歌都是战争;这样才能做到使百姓听到战争的名字,看到战争,有如饿狼看见了肉。这样老百姓才可以用了。"民之见战也,如饿狼之见肉,则民用矣。凡战者,民之所恶也。能使民乐战者,王。"这些书籍,我们在当时看不懂;到了最近几十年来,回头看一看《史记》、《商君书》,才都懂了。那时的改革政治是怎样呢?就是将人民组织起来,分为什伍的组织,要彼此相纠发。《史记·商君列传》:

  令民为什五,而相收司(相纠发)连坐(一家有罪而九家连举发,若不纠举,则十家连坐)。不告奸者腰折。告奸者,与斩敌首同赏。匿奸者与降敌同罚。……有军功者,各以率受上爵。……大小僇力本业耕织;致粟帛多者,复其身。事末利及怠而贫者,举以为收孥。

这是西方的秦建设了一个警察国家,一个极权的国家,而且成绩特别好。在不到一百年之内,居然用武力统一了当时的所谓天下。始皇二十六年统一天下,过了八年后又发生了问题。就是当时还有许多人保留了言论自由。于是三十四年丞相李斯议曰："……古者天下散乱，莫之能一，是以诸侯并作，语皆道古以害今，饰虚言以乱实。人善其私学，以非上之所建立。"就是百姓以批评来反对政府所建立的政策。接着又说：

> 今皇帝并有天下，别黑白而定一尊，私学而（乃）相与非法教。人闻令下，则各以其所学议之。入则心非，出则巷议。夸主以为名，异取以为高，率群下以造谤。如此弗禁，则主势降乎上，党羽成乎下。禁之便。

主张还是禁止言论自由为对。于是就具体建议："臣请史官非秦纪皆烧之；非博士官所职，天下敢有藏诗书百家语者，悉诣守尉杂烧之。"将书烧了以后，如果还有人敢批评政府的就杀头。"有敢偶语诗书，弃市。""吏见知不举者与同罪"。"所不去者，医药卜筮种树之书。……"这是秦始皇三十四年的大烧书。

总而言之，第三件大事就是秦朝创立一个很可怕的极权国家，而且大成功，用武力统一了全中国，建立了统一的帝国。

第四件大事就是极权国家的打倒，与无为政治的试行。汉高祖是百姓出身，项燕、项羽与张耳一班人都是贵族。汉高祖是一个地地道道的百姓，知道民间的疾苦，所以当他率领的革命军到达咸阳时，就召集父老开大会，将所有秦代所定的法律都去掉，只留约法三章。其实只有两章："杀人者死；伤人及盗抵罪。"汉朝的几个大领袖都能继续汉高祖的这种政策。当时的曹参是战功最高的，比韩信的战功还高。汉高祖将项羽打倒后，立私生子做齐王，派曹参去做相国。曹参当时就说："我是军人，而齐国的文化程度最高，经济程度也高。情形很复杂，我不干了，还是请一班读书人去吧！"于是大家告诉他，山东有一个人叫盖公，可以请他指导。于是曹参就去请教盖公。盖公说："我相信老子的哲学。要治理齐国很容易，只要"无为"就可以治好齐国。"于是曹参就实行"无为之治"。在齐国做了九年宰相，实行无为的结果，齐国大治，政治成绩为全国第一。所以在萧何死后，朝廷又请曹参回到中央政府做宰相。曹参到了中央任丞相以后，也还是喝酒不管国事。当时的惠帝就遣曹参的儿子去问曹参。曹参打了儿子一顿。及曹参上朝，惠帝问他说："你为什么打你的儿子？是我叫他问的。"曹参便脱帽谢罪，向惠帝说："陛下比高皇帝何如？"惠帝说："我哪可以比高皇帝！"参又问："陛下看我比萧何哪个能干？"惠帝说："君似乎不及萧何。"参曰："陛下说得是。既然陛下比不上高祖，我比不上萧何，我们谨守他们的成规，无为而治岂不好？"惠帝就说"很好"。不但如此，以后吕后闹了一个小政变，结果一班大臣请高祖的一个小儿子代王恒来做皇帝，这就是汉文帝。文帝的太太窦后是一个了不得的皇后。文帝死后，景帝登位，窦后是皇太后。景帝死后，武帝登位，窦后是太皇太后。前后三度，当权四十五年。窦太后最相信老子的哲学，他命令刘家、窦家全家大小都以老子的书作必修教科书。所以汉朝在这四十五年中实行无为而治的政治。对外方面，北对匈奴，南对南越，都是避免战争。对内是减轻租税，减轻刑罚；废止肉刑，废止什伍连坐罪；租税减轻至三十分之一，这是从古以来没有的，以后也没有的。人民经过战国时代的多少战争，又经过楚汉的革命战争，在汉高祖以后，七十年代的无为政治使人民得了休息的机会。无为而治的政治使老百姓觉得统一的帝国有好处而没有害处。为什么有好处呢？这样大的一个帝国，没有战事，没有常备军队，没有警察，租税又轻：这自然是老百姓第一次觉得这个政策是值得维持、值得保存的。

由于汉朝这七十年代的有意实行的无为而治，才造成了四百年的汉帝国，才留下无为而治的规模，使我们中国两千多年来的政治思想，政治制度，政治行为都受了这"无为而治"的恩典。这是值得我们想想的。这是我对于中国古代政治思想的一个看法。

今天因为广播公司控制得不严格，所以超过了时间，要向诸位道歉。

中国哲学里的科学精神与方法

一

前两次的东西哲学会议上都有人提出过这样的问题：东方从前究竟有没有科学呢？东方为什么科学很不发达，或者完全没有科学呢？

对于第一个问题，有些答案似乎确然说是没有。薛尔顿教授（Prof. W. H. Sheldon）说："西方产生了自然科学，东方没有产生。"诺斯洛浦（Prof. Filmer S. C. Northrop）也说："（东方）很少有超过最浅近、最初步的自然史式的知识的科学。"

对于第二个问题，东方为什么科学不发达，或者完全没有科学，答案很不一致。最有挑战性刺激性的答案是诺斯洛浦教授提出来的。他说："一个文化如果只容纳由直觉得来的概念，就天然被阻止发展高过那个最初步的、归纳法的、自然史阶段的、西方式的科学。"依照诺斯洛浦的定义说，由直觉得来的概念只"表示可以当下了解的事物，所含的意思全是由这种可以当下了解的事物得来的。"诺斯洛浦的理论是：

一个文化如果只应用由直觉得来的概念，就用不着形式推理和演绎科学。假如科学和哲学所要指示的只是当下可以了解的事物，那么，很明白，人只要观察、默想，就可认识这种事物了。

直觉的和默想的方法也就是唯一靠得住的方法了。这正是东方人的见解,也正是他们的科学很久不能超过初步自然史阶段的原因,——由直觉得来的概念把人限制在那个阶段里了。

这个理论又有这样扼要的一句话:"东方人用的学说是根据由直觉得来的概念造成的,西方人用的学说是根据由假设得来的概念造成的。"

我不想细说这个诺斯洛浦理论,因为我们这些二十来年时时注意这位哲学家朋友的人对于他的理论一定都知道得很清楚。

我只想指出,就东方的知识史来看,这个东西二分的理论是没有历史根据的,是不真实的。

第一,并没有一个种族或文化"只容纳由直觉得来的概念"。老实说,也并没有一个个人"只容纳直觉得来的概念"。人是天生的一种会思想的动物,每天都有实际需要逼迫他做推理的工作,不论做得好做得不好。人也总会懂得把推理做得更好些,更准确些。有一句话说得很不错:推理是人时时刻刻逃不开的事。为了推理,人必须充分使用他的理解能力,观察能力,想象能力,综合与假设能力,归纳与演绎能力。这样,人才有了常识,有了累积起来的经验知识,有了智慧,有了文明和文化。这样,东方人和西方人,在几个延续不绝的知识文化传统的中心,经历很长的时间,才发展出来科学、宗教、哲学。我再说一遍,没有一个文化"只容纳(所谓)由直觉得来的概念",也没有一个文化天然"被阻止发展西方式的科学"。

第二,我想指出,为着尝试了解东方和西方,所需要的是一种历史的看法(a historical approach),一种历史的态度,不是一套"比较哲学上的专门名词"。诺斯洛浦先生举的"由假设得来的概念"有这些项:半人半兽,《第四福音》的开头一句,天父的概念,圣保罗、圣奥古斯丁、圣阿奎那斯的基督教,还有德谟克利图的原子，波尔（Bohr）和卢斯福（Ruthorford）——古典物理学上的原子模型，爱因斯坦物理学上的时空连续。然而，我们在印度和中国的神话宗教著作里当然能够找到一千种想象的概念，足可以与希腊的半人半兽相比；我们又当然能够举出几十种印度和中国的宗教观念，足可以与《第四福音》的开头一句相比。所以这一套"两分法"的名词，这一套专用来喧染历史上本来不存在的一个东西方的分别的名词，难道我们还不应当要求停止使用吗？

因此，我现在很想解释一下我所说的比较哲学上用的历史的看法是什么。简单地说，历史的看法只是认为东方人和西方人的知识、哲学、宗教活动上一切过去的差别都只是历史造成的差别，是地理、气候、经济、社会、政治，乃至个人经历等等因素所产生，所决定，所塑造雕琢成的；这种种因素，又都是可根据历史，用理性，用智慧，去研究，去了解的。用这个历史的看法，我们可以做出耐心而有收获的种种研究、探索，可以不断求人了解，绝不只是笑，只是哭，或只是失望。用这个历史的看法，我们可以发现，东西两方的哲学到底还是相似多于相异；也许可以发现，不论有多少明显的差别存在，都不过是种种历史的因素特别凑合所造成的重点的程度上的差别。用这个历史的看法，也许我们更容易了解我们所谓"西方式的科学"的兴起要迅速发达，更容易了解这决不是什么优等民族的一个独立的，并且是独占的创造，而且是许多历史因素一次非常幸运的凑合的自然结果。凭着一种耐心的历史探索，也许我们更容易了解，无论哪一种历史因素，或是种种因素的凑合，都不会"天然阻止"一个种族或文化——或者使一个种族或文化永远失了那种能力——学习、吸收、发展，甚至于超过另一民族在种种历史条件之下开创发扬起来的那些知识活动。

说一个文化"天然被阻止发展西方式的科学",是犯了没有根据的悲观失望（to despair prematurely）。但是尽力弄清楚有些什么因素使欧洲得到了至少四百年来领导全世界发展近代科学的光荣,在另一方面又有些什么因素,或者是些什么因素怎样凑合起来,对于有史以来多少个种族或文化（连中世纪的"希腊罗马基督教"文化也不例外）在科学发展上遭受的阻碍以至于推行毁坏,要负很大的责任,——这在我们这个很有学问的哲学家与哲学史家的会议中,也是一件值得做的事业,一种应当有的抱负。

二

我预备这篇论文,用了一个不很谦虚的题目:《中国哲学里的科学精神与方法》,也是想要显示一点比较哲学上用的历史的看法。

我有意不提中国哲学的科学内容,不但是为了那份内容与近四百年西方科学的成就不能相比,——这是一个很明白的理由,而且正因为我的见解是:在科学发达史上,科学的精神或态度与科学的方法,比天文家、历法改革家、炼金术士、园艺家在实用上或经验上的什么成就都更有基本的重要性。

前哈佛大学校长康南特博士（Dr. James B. Conant）,本身够一个第一流的科学家,在他的演讲集《懂得科学》（On Understanding Science）里,把这个见解表达得很有力量。因此我要引他说的话:

十六七世纪那些给精确而不受成见影响的探索立下标准的早期研究工作者,他们的先驱是些什么人呢?哥白尼、伽利略、维萨略（Vesalius）的精神上的祖先是什么人呢?中世纪那些偶然做实验工作的人，那些细心设计造出新机械的人，虽然渐渐增加了我们物理和化学的经验知识，都还算不得。这些人留给后世的人还只是许多事实资料，只是达到实用目标的有价值的方法，还不是科学探索的精神。要看严格的知识探索上的新勇气奋发，我们得向那少数深深浸染了苏格拉底传统的人身上去找，得向那些凭着原始的考古方法首先重新获得了希腊、罗马文化的早期学者身上去找。在文艺复兴的第一个阶段里把对于冷静追求真理的爱好发扬起来的人，都是研究人文的，他们的工作都不是关乎生物界或无生物界的，在中世纪，尽力抱评判态度而排除成见去运用人类的理智，尽力深入追求，没有恐惧也没有偏好，……这种精神全是靠那些作讨论人文问题的人保持下来的。在学术复兴时代（The revival of learning）的初期，最够得上说是表现了我们近代不受成见影响的探索的观念的，也正是人文学者的古代研究。

佩服拉克（Petrarch）、薄伽邱（Boccaccio）、马奇维里（Machiavelli）、依拉斯莫斯（Erasmus），而绝不是那些炼金术士，应当算是近代科学工作者的先驱。依同样的道理说来，拉伯雷（Rabelais）与蒙丹（Montaiqne）发扬了评判的哲学精神，在我看也应当算是近代科学家的前辈。

我相信康南特校长的见解根本上是正确的。他给他的演讲集加了一个副标题：《一个历史的看法》（An historical approach），这也是很值得注意的。

从这个历史的观点看来，"对于冷静追求真理的爱好"，"尽力抱评判态度而排除成见去运用人类的理智，尽力深入追求，没有恐惧也没有偏好"，"有严格的知识探索上的勇气"，"给精确而不受成见影响的探索立下标准"，——这些都是科学探索的精神与方法的特征。我的论文的主体也就是讨论在中国知识史、哲学史上可以找出来的这些科学精神与方法的特征。

三

首先,古代中国的知识遗产里确有一个"苏格拉底传统"。自由问答,自由讨论,独立思想,怀疑,热心而冷静的求知,都是儒家的传统。孔子常说他本人"学而不厌,诲人不倦","好古敏以求之"。有一次,他说他的为人是"发愤忘食,乐以忘忧,不知老之将至。"

过去两千五百年中国知识生活的正统就是这一个人创造磨琢成的。孔子确有许多地方使人想到苏格拉底。像苏格拉底一样,孔子也常自认不是一个"智者",只是一个爱知识的人。他说:"知之者不如好之者,好之者不如乐之者。"

儒家传统里一个很可注意的特点是有意奖励独立思想,鼓励怀疑。孔子说到他的最高才的弟子颜回,曾这样说:"回也,非助我者也,于吾言无所不说(悦)。"然而他又说过:"吾与回言终日,不违如愚。退而省其私,亦足以发。"孔子分明不喜欢那些对他说的话样样都满意的听话弟子。他要奖励他们怀疑,奖励他们提出反对意见。这个怀疑问题的精神到了孟子最表现得明白了。他公然说:"尽信《书》不如无《书》",公然说他看《武成》一篇只"取其二三策"。孟子又认为要懂得《诗经》必须先有一个自由独立的态度。

孔子有一句极有名的格言是:"学而不思则罔,思而不学则殆。"他说到他自己:"吾尝终日不食,终夜不寝,以思,无益,不如学也。""学如不及,犹恐失之。""朝闻道,夕死可矣。"这正是中国的"苏格拉底传统"。

知识上的诚实是这个传统的一个紧要部分。孔子对一个弟子说:"由,诲女(汝)知之乎?知之为知之,不知为不知,是知也。"又有次,这个弟子问怎样对待鬼神,孔子说"未能事人,焉能事鬼？"这个弟子接着问到死，孔子说："未知生焉知死？"这并不是回避问题，这是教训一个人对于不真正懂得的事要保持知识上的诚实。这种对于死和鬼神的存疑态度，对后代中国的思想发生了持久不衰的影响。这也是中国的"苏格拉底传统"。

近几十年来，有人怀疑老子、老聃是不是个历史的人物，《老子》这部古书的真伪和成书年代。然而我个人还是相信孔子确做过这位前辈哲人老子的学徒，我更相信在孔子的思想里看得出有老子的自然主义宇宙观和无为的政治哲学的影响。

在那样早的时代（公元前六世纪）发展出来一种自然主义的宇宙观，是一件真正有革命性的大事。《诗经》的《国风》和《雅》、《颂》里所表现的中国古代观念上的"天"或"帝"，是一个有知觉，有感情，有爱有恨的人类与宇宙的最高统治者，又有各种各样的鬼神也掌握人类的运命。到了老子才有一种全新的哲学概念提出来，代替那种人格化的一个神或许多个神：

有物混成，先天地生。寂兮寥兮，独立而不改，周行而不殆，可以为天下母。吾不知其名，字之曰道，强为之名曰大。

这个新的原理叫做"道"，是一个过程，一个周行天地万物之中，又有不变的存在的过程。道是自然如此的，万物也是自然如此的。

"道常无为，而无不为"。这是这个自然主义宇宙观的中心观念。这个观念又是一种无为放任的政治哲学的基石。"太上，下知有之。"这个观念又发展成了一种谦让的道德哲学，一种对恶对暴力不抵抗的道德哲学："上善若水，水善利万物而不争。""柔弱胜刚强。""常有司杀者。夫代司杀者，是谓代大匠斫。夫代大匠斫者希有不伤手者矣。"

这是孔子的老师老子所创的自然主义传统。然而老师和弟子有一点基本的不同。孔子是一个有历史头脑的学者，一个伟大的老师，伟大的教育家，而老子对知识和文明的看法是一个虚无主义的看法，老子的理想国是小国寡民，有舟车之类的"什伯人之器而不用"，"使民复结绳而用之！""常使无知无欲。"这种知识上的虚无主义与孔子的"有教无类"的民主教育哲学何等不同！

然而这个在《老子》书里萌芽，在以后几百年里充分生长起来的自然主义宇宙观，正是经典时代的一份最重要的哲学遗产。自然主义本身最可以代表大胆怀疑和积极假设的精神。自然主义和孔子的人本主义，这两极的历史地位是完全同等重要的。中国每一次陷入非理性、迷信、出世思想，——这在中国很长的历史上有过好几次——总是靠老子和哲学上的道家的自然主义，或者靠孔子的人本主义，或者靠两样合起来，努力把这个民族从昏睡中救醒。

第一个反抗汉朝的国教，"抱评判态度去运用人类的理智，尽力深入追求，没有恐惧也没有偏好"的大运动，正是道家的自然主义哲学与孔子、孟子的遗产里最可贵的怀疑和看重知识上的诚实的精神合起来的一个运动。这个批评运动的一个最伟大的代表是《论衡》八十五篇的作者王充（公元 27 年—约 100 年）。

王充说他自己著书的动机，"亦一言也，曰，疾虚妄。""是转为非，虚转为实，安能不言！……世间书传，多若等类，浮妄虚伪，没夺正是，心喷涌，笔手扰，安能不论！论则考之以心，校之以事；虚浮之事，辄立证验。"

他所批评的是他那个时代的种种迷信，种种虚妄，其中最大最有势力的是占中心地位的灾异之说。汉朝的国教，挂着儒教的牌子，把灾异解释作一种仁爱而全知的神（天）所发的警告，为的是使人君和政府害怕，要他们承认过去，改良恶政。这种汉朝的宗教是公元前一二世纪里好些哲人政治家造作成的。他们所忧心的是在一个极广阔的统一帝国里如何对付无限君权这个实际问题，这种忧心也是有理由的；他们有意识或半有意识地看中了宗教手段，造出来一套苦心结构的"天人感应"的神学，这套神学在汉朝几百年里也似乎发生了使君主畏惧的作用。

最能够说明这套灾异神学的是董仲舒（公元前179年—约104年）。他说话像一个先知，也很有权威："人之所为，极其美恶，乃与天地流通而往来相应。""国家将有失道之败，而天乃先出灾害以谴告之；不知自省，又出怪异以警惧之；尚不知变，而伤败乃至。以此见天心之仁爱人君而欲止其乱也。"这种天与人君密切相感应的神学据说是有《尚书》与《春秋》（记载天地无数异变，有公元前722年至481年之间的三十六次日蚀，五次地震）的一套精细解释作根据。然而儒宗的经典还不够支持这个荒谬迷忌的神学，所以还要加上一批出不完的伪书，叫做"谶"（预言）、"纬"（与经书交织来辅助经书的材料），是无数经验知识与千百种占星学的古怪想法混合成的。

这个假儒家的国教到了最盛的时候确被人认真相信了，所以有好几个丞相被罢黜，有一个丞相被赐死，只是因为据说天有了灾异的警告。三大中古宗教之一真是控制住帝国了。

王充的主要批评正针对着一个有目的上帝与人间统治者互相感应这种基本观念。他批评的是帝国既成的宗教的神学。他用来批评这种神学的世界观是老子与道家的自然主义哲学。他说：

夫天道自然也，无为；如谴告人，是有为，非自然也。……损皇天之德，使自然无为转为人事，故难听之也。

因此，他又指出，

人在天地之间，犹蚤虱之在衣裳之内，蝼蚁之在穴隙之中。……天至高大，人至卑小，……以七尺之细形，感皇天之大气，其无分铢之验，必也。

这也就是他指责天人感应之说实在是"损皇天之德"的理由。

他又提出理由来证明人和宇宙间的万物都不是天地有意（故）

高度

生出来的，只是自己偶然（偶）如此的：

> 儒者论曰："天地故生人。"此言妄也。夫天地合气，人偶自生也。……因气而生，种类相产。……如天故生万物，当令其相亲爱，不当令人相贼害也，……则生虎狼蝮蛇及蜂虿之虫，皆贼害人，天又欲使人为之用耶？

公元第一世纪正是汉朝改革历法的时代。所以王充尽量利用了当时的天文学知识打破那流行的恶政招来灾异谴告的迷信说法。他说：

> 四十一二月日一食，五六月月亦一食。食有常数，不在政治。百变千灾，皆同一状，未必人君政治所致。

然而王充对于当世迷信的无数批评里用得最多的证据还是日常经验中的事实。他提出五"验"来证明雷不是上天发怒，只是空中阴阳两气相激而生的一种火。他又举许多条证据来支持他的无鬼论。其中说得最巧妙，从来没有人能驳的一条是："如审鬼者死人之精神，则人见之，宜如见其裸袒之形，无为见衣带被服也。何则？衣服无精神，人死与形体俱朽，何以得贯穿乎？"

以上就我所喜欢的哲学家王充已经说得很多了。我说他的故事，只是要表明中国哲学的经典时代的大胆怀疑和看重知识上的诚实的精神如何埋没了几百年还能够重新起来推动那种战斗：用人的理智反对无知和虚妄、诈伪，用创造性的怀疑和建设性的批评反对迷信，反对狂妄的权威。大胆地怀疑追问，没有恐惧也没有偏好，正是科学的精神。"虚浮之事，辄立证验"，正是科学的手段。

四

我这篇论文剩下的部分要给中国思想史上的一个大运动作一

个简单的解说性的报告。这个运动开头的时候有一个："即物而穷其理"，"以求至乎其极"的大口号，然而结果只是改进了一种历史的考证方法，因此开了一个经学复兴的新时代。

这个大运动有人叫做新儒家（Neo-Confucian）运动，因为这是一个有意要恢复佛教进来以前的中国思想和文化的运动，是一个要直接回到孔子和他那一派的人本主义，要把中古中国的那种大大印度化的，因此是非中国的思想和文化推翻革除的运动。这个运动在根本上是一个儒家的运动，然而我们应当知道那些新儒家的哲人又很老实地采取了一种自然主义的宇宙观，至少一部分正是道家传下来的，新儒家的哲人大概正好认为这种宇宙观胜过汉朝（公元前206年—公元220年）以来的那种神学的、目的论的"儒家"宇宙观。所以又是老子和哲学上的道家的自然主义与孔子的人本主义合起来反抗中古中国那些被认为是非中国的、出世的宗教的一个实例。

这个新儒家运动需要一套新的方法，一套新工具（Novum Organum），于是在孔子以后出来的一篇大约一千七百字的《大学》里找到了一套方法。新儒家的开创者们从这篇小文章里找着了一句"致知在格物"。程氏兄弟（程灏，1032年—1085年；程颐，1033年—1107年）的哲学，尤其是那伟大的朱熹（1130年—1200年）所发扬组织起来的哲学，都把这句话当作一条主旨。这个穷理的意思说得再进一步，就是"即凡天下之物，莫不因其已知之理而益穷之"。

什么是"物"呢？照程朱一派的说法，"物"的范围与"自然"一般广大，从"一草一木"到"天地之高厚"都包括在内。但是这样的"物"的研究是那些哲人做不到的，他们只是讲实物、讲政治的人，只是思想家和教人的人。他们的大兴趣在人类的道德和政治的问题，不在探求一草一木的"理"或定律。所以程颐自己先把"物"的范围缩到二项:研究经书,论古今人物,研究应接事务的道理。所以他说,"近取诸身"。朱子在宋儒中地位最高,是最善于解说,也最努力解说那个"即物而穷其理"的哲学的人,一生的精力都用在研究和发挥儒家的经典。他的《四书(新儒家的《新约》)集注》,还有《诗经》和《易经》的注,做了七百年的标准教本。"即物而穷其理"的哲学归结是单为用在范围有限的经学上了。

朱子真正是受了孔子的"苏格拉底传统"的影响,所以立下了一套关于研究探索的精神、方法、步骤的原则。他说:"大抵义理须是且虚心随他本文正意看","只虚此心,将古人语言放前面,看他意思倒杀向何处去。"怎样才是虚心呢?他又说:"须是退步看。""愈向前愈看得不分晓,不若退步却看得审。大概病在执着,不肯放下。正如听讼,心先有主张乙的意思,便只甲的不是,先有主张甲的意思,便只见乙的不是。不若姑置甲乙之说,徐徐观之,方能辨其曲直。横渠(张载,1020年—1077年)云,'濯去旧见,以来新意。'此说甚当。若不濯去旧见,何处得新意来?"

十一世纪的新儒家常说到怀疑在思想上的重要。张横渠说"在可疑而不疑者,不曾学。学则须疑"。朱子有校勘、训诂工作的丰富经验,所以能从"疑"的观念推演出一种更实用、更有建设性的方法论。他懂得怀疑是不会自己生出来的,是要有了一种困惑疑难的情境才会发生的。他说:"某向时与朋友说读书,也教他去思索,求所疑,近方见得只是且恁地虚心,就上面熟读,久之自有所得亦自有疑处。盖熟读后,自有窒碍不通处,是自然有疑,方好较量。""读书无疑者须教有疑,有疑者却要无疑,到这里方是长进。"

到了一种情境,有几个发生互相冲突的说法同时要人相信,要人接受,也会发生疑惑。朱子说他读《论语》曾遇到"一样事被诸先生说成数样",他所以"便着疑"。怎样解决疑惑呢?他说:"只有虚心。""看的一件是,未可便以为是,且顿放一所,又穷他语,相次看得,多相比并,自然透得。"陆象山(1139年—1193年)是朱子的朋友,也是他的哲学上的对手。朱子在给象山的一封信里又用法官审案的例说:"(如)治狱者当公其心,……不可先以己意之向背为主,然后可以审听两造之辞,旁求参伍之验,而终得其曲直之当耳。"

朱子所说的话归结起来是这样一套解决怀疑的方法:第一步是提出一个假设的解决方法,然后寻求更多的实例或证据来作比较,来检验这个假设,——这原是一个"未可便以为是"的假设,朱子有时叫做"权立疑义"。总而言之,怀疑和解除怀疑的方法只是假设和求证。

朱子对他的弟子们说:"诸公所以读书无长进,缘不会疑。某虽看至没紧要的事物,亦须致疑。才疑,便须理会得彻头。"

正因为内心有解决疑惑的要求,所以朱子常说到他自己从少年时代起一向喜欢做依靠证据的研究工作(考证)。他是人类史上一个有第一等聪明的人,然而他还是从不放下勤苦的工作和耐心的研究。

他的大成就有两个方向:第一,他常常对人讲论怀疑在思想和研究上的重要,——这怀疑只是"权立疑义",不是一个目的,而是一个要克服的疑难境地,一个要解决的恼人问题,一个要好好对付的挑战。第二,他有勇气把这个怀疑和解除怀疑的方法应用到儒家的重要经典上,因此开了一个经学的新时代,这个新经学要到他死后几百年才达到极盛的地步。

他没有写一部《尚书》的注解,但他对《尚书》的研究却有划时代的贡献,因为他有大勇气怀疑《尚书》里所谓"古文"二十五篇的真伪。这二十五篇本来分明是汉朝的经学家没有见到的，大概公元四世纪才出来，到了七世纪才成为《尚书》的整体的一部分。汉朝博士正式承认的二十八篇（实在是二十九篇）原是公元前二世纪一个年老的伏生（他亲身经历公元前213年的焚书）口传下来，写成了当时的"今文"。

朱子一开始提出来的就是一个大疑问："孔壁所出《尚书》……皆平易，伏生所传者难读。如何伏生偏记得难的，至于易的全记不得？此不可晓。"

《朱子语类》记载他对每一个问《尚书》的学生都说到这个疑问。"凡易读者皆古文，……却是伏生记得者难读。"朱子并没有公然说古文经是后来人伪造的，他只是要他的弟子们注意这个难解的文字上的差别。他也曾提出一种很温和的解释，说那些篇难读的大概代表实际上告诫百姓的说话，那些篇容易读的是史官修改过，甚至于是重写过的文字。

这样一个温和的说话自然不能消除疑问；那个疑问一提出来就要存在下去，要在以后几百年里消耗经学家的精神。

一百年之后，元朝（1297年—1368年）的吴澄接受了朱子的挑战，寻得了一个合理的结论，认为那些篇所谓"古文"不是真正的《尚书》的一部分，而是很晚出的伪书。因此吴澄作《书纂言》，只承认二十八篇"今文"，不承认二十五篇"古文"。

到了十六世纪，又有一位学者梅鷟，也来研究这个问题。他在1543年出了一部书，证明《尚书》的"古文"部分是四世纪的一个作者假造的，那个作者分明是从若干种提到那些篇"佚"书的篇名的古书里找到许多文字，用作造假的根据。梅鷟费了力气查出伪《尚书》的一些要紧文字的来源。

然而还要等到十七世纪又出来一个更大的学者阎若璩（1636年—1704年），才能够给朱子在十二世纪提出的关于《古文尚书》的疑惑定案。阎若璩花了三十多年工夫写成一部大著作《尚书古文疏证》。他凭着过人的记忆力和广博的书本知识，几乎找到《古文尚书》每一句的来源，并且指出了作伪书的人如何错引了原文或误解了原文的意义，才断定这些篇是有心伪造的。总算起来，阎若璩为证明这件作伪，举了一百多条证据。他的见解虽然大受当时的保守派学者的攻击，我们现在总已承认阎若璩定了一个铁案，是可以使人心服了。我们总已承认：在一部儒家重要经典里，有差不多半部，也曾被当作神圣的文字有一千年之久，竟不能不被判定是后人假造的了。

而这件可算得重大的知识上的革命不能不说是我们的哲人朱子的功绩，因为他在十二世纪已表示了一种大胆的怀疑，提出了一个很有意思的，只是他自己的功夫还不够解答的问题。

朱子对《易经》的意见更要大胆，大胆到在过去七百年里没有人敢接受，没有人能继续推求。

他出了一部《周易本义》，又有一本小书《易本义启蒙》。他还留下不少关于《易经》的书信和谈话记录。

他的最大胆的论旨是说《易经》虽然向来被看作一部深奥的哲理圣典，其实原来只是卜筮用的本子，而且只有把《易》当作一部卜筮的书，一部"只是为卜筮"的书，才能懂得这部书。"八卦之画本为占筮，……文王重卦作繇辞，周公作爻辞，亦只是为占筮。""如说田猎、祭祀、侵伐、疾病，皆是古人有此事去卜筮，故爻中出此。""圣人要说理，……何不别作一书，何故要假卜筮来说？""若作卜筮看，极是分明。"

这种合乎常识的见解在当时是从来没有人说过的见解。然而他的一个朋友表示反对，说这话"太略"。朱子答说："譬之此烛笼，添得一条骨子，则障了一路明。若能尽去其障，使之体统光明，岂不更好？"

这是一个真正有革命性的说法，也正可以说明朱子一句深刻的话:"道理好处又却多在平易处"。然而朱子知道他的《易》只是卜筮之书的见解对他那个时代说来是太急进了。所以他很伤心地说:"此说难向人道,人不肯信。向来诸公力求与某辨,某煞费力气与他分析。而今思之,只好不说,只做放那里,信也得,不信也得,无许多力气分疏。"

朱子的《诗集传》(1117年)在他身后作了几百年的标准读本,这部注解也是他可以自傲的。他这件工作有两个特色足以开辟后来的研究道路。一个特色是他大胆抛弃了所谓"诗序"所代表的传统解释,而认定《雅》、《颂》和《国风》都得用虚心和独立的判断去读。另一个特色是他发现了韵脚的"古音";后世更精神的全部古音研究,科学的中国音韵的前身,至少间接是他那个发现引出来的。

作《通志》的郑樵(1104年—1162年)是与朱子同时的人,但是年长的一辈,出了一部小书《诗辨妄》,极力攻击"诗序",认为那只是一些不懂文学,不懂得欣赏诗的村野妄人的解释。郑樵的激烈论调先也使我们的哲人朱子感到震动,但他终于承认:"后来仔细看一两篇,因质之《史记》、《国语》,然后知'诗序'之果不足信。"

我再举相冲突的观念引起疑惑的一个好例,也是肯虚心的人能容受新观念,能靠证据解决疑惑的好例。朱子谈到他曾劝说他的一个一辈子的朋友吕祖谦(1137年—1181年),又是哲学上的同道,不要信"诗序",但劝说不动。他告诉祖谦,只有很少几篇"诗序"确有《左传》的材料足以作证,大多数"诗序"都没有凭证。"渠却云,'安得许多文字证据?'某云,'无证而可疑者,只当阙之,不可据序作证。'渠又云,'只此序便是证。'某因云,'今人不以诗说诗,却以序解诗。'"

朱子虽然有胆量去推翻"诗序"的权威,要虚心看每一篇诗来求解诗的意义，但是他自己的新注解，他启发后人在同一条路上向前走动的努力，却还没有圆满的成绩。传统的分量对朱子本人，对他以后的人，还太沉重了。然而近代的全不受成见左右的学者用了新的工具，抱着完全自由的精神，来做《诗经》的研究，绝不会忘记郑樵和朱熹的大胆而有创造性的怀疑。

朱子的《诗经》研究的第二个特色，就是叶韵的古音方面的发现，他在这一方面得了他同时的学者吴棫（死在1153年或1154年）的启发和帮助。吴棫是中国音韵学一位真正开山的人，首先用归纳的方法比较《诗》三百篇押韵的每一句，又比较其他上古和中古押韵的诗歌。他的著作不多，有《诗补音》、《楚辞释音》、《韵补》。只有最后一种翻刻本传下来。

《诗经》有许多韵脚按"今"音读不押韵，但在古代是自然押韵的，所以应当照"古音"读：这的确是吴棫首先发现的。他细心把三百多篇诗的韵脚都排列起来，参考上古和中古的字典韵书推出这些韵脚的古音。他的朋友徐蒇，也是他的远亲，替他的书作序，把他耐心搜集大批实例，比较这些实例的方法说得很清楚，"如服之为房六切，其见于《诗》者凡十有六，皆当为蒲北切（bek，高本汉读 b'iuk），而无与房六叶者。友之为云十九切，其见于《诗》者凡十有一，皆当作羽轨切，而无与云九叶者"。

这种严格的方法深深打动了朱子，所以他作《诗集传》，决意完全采用吴棫的"古音"系统。然而他大概是为了避免不必要的争论，所以不说"古音"，只说"叶韵"，也就是说，某一个字应当从某音读，是为了与另一读音显然没有变化的韵脚相叶。

但是他对弟子们谈话，明白承认他的叶韵大部分都依吴棫，只有少数的例有添减；又说叶韵也是古代诗人的自然读音，因为"古人作诗皆押韵，与今人歌曲一般"，这也就是说，叶韵正是古音。

有人问吴棫的叶韵可有什么根据，朱子答说："他皆有据，泉州有其书。每一字多者引十余证,少者亦两三证。他说元初更多,后删去(为省抄写刻印的工费),姑存此耳。"朱子的叶韵也有同吴棫不同的地方,他在《语类》和《楚辞集注》里都举了些证人比较。

但是因为朱子的《诗集传》全用"叶韵"这个名词,全没有提到"古音",又因为吴棫的书有的早已失传,也有的不容易得,所以十六世纪初已有一种讨论,严厉批评朱子不应当用"叶韵"这个词。1580年,有一位大学者,也是哲学家,焦竑(1541年—1620年),在他的《笔乘》里提出了一个理论的简单说明〔大概是他的朋友陈第(1541年—1617年)的理论〕,以为古诗歌里的韵脚凡是不合近世韵的本来都是自然韵脚,但是读音经历长时间有了变化。他举了不少例来证明那些字照古人歌唱时的读音是完全押韵的。

焦竑的朋友陈第做了许多年耐心的研究,出了一套书,讨论好几种古代有韵的诗歌集里几百个押韵的字的古音。这套书的第一种《毛诗古音考》,是1616年出的,有焦竑的序。

陈第在自序里提出他的主要论旨:《诗经》里的韵脚照本音读是全自然押韵的,只是读音的自然变化使有些韵脚似乎全不押韵了。朱子所说的"叶韵",陈第认为大半都是古音或本音。

他说:"于是稍为考据,列本证旁证二条。本证者诗自相证也。旁证者采之他书也。"

为了说明"服"字一律依本来的古音押韵,他举了十四条本证,十条旁证,共二十四条。他又把同样的归纳法应用在古代其他有韵文学作品的古音研究上。为了求"行"字的古音,他从《易经》有韵的部分找到四十四个例,都与尾音 ang 的字押韵。为一个"明"字,他从《易经》里找到十七个证据。

差不多过了半世纪,爱国的学者顾炎武(1613年—1682年)

写成他的《音学五书》。其中一部是《诗本音》，一部是《易音》，一部是《唐韵正》，这是一种比较古音与中古音的著作。顾炎武承认他受了陈第的启发，用了他的把证据分为本证和旁证两类的方法。

我们再用"服"字作例子。顾炎武在《诗本音》里举了十七条本证，十五条旁证，共三十二条。在那部大书《唐韵正》里，他为说明这个字在古代的音韵是怎样的，列举从传世的古代有韵的作品里找到的一百六十二条证据！

这样耐心收集实例、计算实例的工作有两个目的：第一，只有这些方法可以断定那些字的古音，也可以找出可能有的违反通则而要特别解释的例外。顾炎武认为这种例外可以从方言的差异来解释。

但是这样大规模收集材料的最大用处还在于奠定一个有系统的古音分部的基础。有了这个古代韵文研究作根据，顾炎武断定古音可以分入十大韵部。

这样音韵学才走上了演绎的、建设的路：第一步是弄明白古代的"韵母"（韵部）；然后，在下一个时期，弄明白古代声母的性质。

顾炎武在1667年提出十大韵部。下一百年里，又有好些位学者用同样归纳和演绎的考证方法研究同一个问题。江永（1681年—1763年）提出十三个韵部。段玉裁（1735年—1815年）把韵部加到十七个。他的老师，也是朋友，戴震（1724年—1777年），又加到十九个。王念孙（1744年—1832年）和江有诰（死在1851年），各人独立工作，得到了彼此差不多的一百二十一部的系统。

钱大昕（1728年—1804年）是十八世纪最有科学头脑的人里的一个，在1799年印出来他的笔记，其中有两条文字是他研究古代唇、齿音的收获。这两篇文字都是第一等考证方法的最好的模范。他为唇音找了六十多个例子，为齿音也找了差不多数目的例子。为着确定各组里的字的古音，每一步工作都是归纳与演绎的精熟配合，都是从个别的例得到通则，又把通则应用到个别的例上。最后的结果产生了关于唇、齿音的变迁的两条大定律。

我们切不可不知道这些开辟中国音韵学的学者们有多么大的限制，所以他们似乎从头注定要失败。他们全没有可给中国语言用的拼音字母的帮助。他们不懂得比较不同方言，尤其是比较中国南部、东南部、西南部的古方言，他们又全不懂高丽、越南、日本这些邻国的语言。这些中国学者努力要了解中国语言的音韵变迁，而没有这种有用的工具，所以实在是要去做一件几乎一定做不成的工作，因此，要评判他们的成功失败，都得先知道他们这许多重大的不利条件。

这些大人物可靠的工具只是他们的严格的方法：他们耐心地把他们承认的事实或例证搜罗起来，加以比较，加以分类，表现了严格的方法；他们把已得到的通则应用到归了类的个别例子上，也表现了同等严格的方法。十二世纪的吴棫、朱熹，十七世纪的陈第、顾炎武，还有十八九世纪里那些继承他们的人，能够做出中国音韵问题的系统研究，能够把这种研究做得像一门学问，——成了一套合乎证据、准确、合理系统化的种种严格标准，——确实差不多全靠小心应用一种严格的方法。

我已经把我所看到的近八百年中国思想里的科学精神与方法的发达史大概说了一遍。这部历史开端在十一世纪，本来有一个很高大的理想，要把人的知识推到极广，要研究宇宙万物的理或定律。那个大理想没有法子不缩到书本的研究——耐心而大胆地研究构成中国经学传统"典册"的有数几部大书。一种以怀疑和解决怀疑作基础的新精神和新方法渐渐发展起来了。这种精神就是对于牵涉到经典的问题也有道德的勇气去怀疑,就是对于一份虚心,对于不受成见影响的,冷静的追求真理,肯认真坚持。这个方法就是考据或考证的方法。

我举了这种精神和方法实际表现的几个例,其中最值得注意的是考订一部分经书的真伪和年代,由此产生了考证学,又一个是产生了中国音韵的系统研究。

然而这个方法还应用到文史的其他许多方面,如校勘学、训诂学(semantics,字义在历史上变迁的研究)、史学、历史地理学、金石学,都有收获,有效验。

十七世纪的陈第、顾炎武首先用了"本证"、"旁证"这两个名词,已经是充分有意运用考证方法了。因为有十七世纪的顾炎武、阎若璩这两位大师的科学工作把这种方法的效验表现得非常清楚,所以到了十八九世纪,中国第一流有知识的人几乎都受了这种方法的吸引,都一生用力把这个方法应用到经书和文史研究上。结果就造成了一个学术复兴的新时代,又叫做考据的时代。

这种严格而有效的方法的科学性质,是最用力批评这种学术的人也不能不承认的。方东树(1772年—1851年)正是这样一位猛烈的批评家,他在1826年出了一部书,用大力攻击整个的新学术运动。然而他对于同时的王念孙、引之(1766年—1834年)父子所用的严格的方法也不得不十分称赞。他说:"以此义求之近人说经,无过高邮父子《经义述闻》,实足令郑、朱俯首,汉唐以来未有其匹。"一个用大力攻击整个新学术运动的人有这样的称赞,足以证明小心应用科学方法最能够解除反对势力的武装,打破权威和守旧,为新学术赢得人的承认、心服。

这种"精确而不受成见影响的探索"的精神和方法,又有什么历史的意义呢?

一个简单的答案,然而是全用事实来表示的答案,应当是这样的：这种精神和方法使一个主观的、理想主义的、有教训意味的哲学的时代（从十一到十六世纪）不能不让位给一个新时代了，使那个哲学显得过时、空洞、没有用处，不足吸引第一等的人了。这种精神和方法造成了一个全靠严格而冷静的研究作基础的学术复兴的新时代（1600年—1900年），但是这种精神和方法并没有造成一个自然科学的时代。顾炎武、戴震、钱大昕、王念孙所代表的精确而不受成见影响的探索的精神并没有引出来中国的一个伽利略、维萨略、牛顿的时代。

这又是为什么呢？为什么这种科学精神和方法没有产生自然科学呢？

不止四分之一世纪以前，我曾试提一个历史的解释，做了一个十七世纪中国与欧洲知识领袖的工作的比较年表。我说：

我们试作一个十七世纪中国与欧洲学术领袖的比较年表——十七世纪正是近代欧洲的新科学与中国的新学术定局的时期——就知道在顾炎武出生（1613年）之前年，伽利略做成了望远镜，并且用望远镜使天文学起了大变化，解百勒（Kepler）发表了他的革命性的火星研究和行星运行之时，哈维（Harvey）发表了他的论血液运行的大作（1628年），伽利略发表了他的关于天文学和新科学的两部大作（1630年）。阎若璩开始作《尚书》考证之前十一年，佗里杰利（Toricelli）已完成了他的空气压力大实验（1644）。稍晚一点，波耳（Boyle）宣布了他的化学新实验的结果，做出了波耳氏律（1660年—1661年）。顾炎武写成他的《音学五书》（1667年）之前一年，牛顿发明了微积分，完成了白光的分析。1680年，顾炎武写《音学五书》的后序；1687年，牛顿发表他的《自然哲学原理》（Principia）。

这些不同国度的新学术时代的大领袖们在科学精神和方法上有这样非常显著的相像，使他们的工作范围的基本不同却也更加引人注意。伽利略、解百勒、波耳、哈维、牛顿所运用的都是自然的材料,是星球、球体、斜面、望远镜、显微镜、三棱镜、化学药品、天文表,而与他们同时的中国所运用的是书本、文字、文献证据。这些中国人产生了三百年的科学的书本学问;那些欧洲人产生了一种新科学和一个新世界。

这是一个历史的见解,但是对于十七世纪那些中国大学者有一点欠公平。我那时说:"中国的知识阶级只有文学的训练,所以活动的范围只限于书本和文献。"这话是不够的。我应当指出,他们所推敲的那些书乃是对于全民族的道德、宗教、哲学生活有绝大重要性的书。那些大人物觉得抄出这些古书里每一部的真正意义是他们的神圣责任。他们正像白朗宁(Robert Browing)的诗里写的"文法学者"(Grammarian):

"你捲起的书卷里写的是什么?"他问,
"让我看看他们的形象,
那些最懂得人类的诗人圣哲的形象,——
拿给我!"于是他披上长袍,
一口气把书读透到最后一页……
"我什么都要知道!……
盛席要吃到最后的残屑。"
"时间算什么?'现在'是犬猴的份!
人有的是'永久'。"

白朗宁对人本主义时代的精神的礼赞正是:"这人决意求的不是生存,是知识。"

孔子也表示同样的精神:"学如不及,犹恐失之。""朝闻道,夕死可矣。"朱子在他的时代也有同样的表示:"义理无穷,惟须毕力钻研,死而后已耳。"

但是朱子更进一步说:"诸公所以读书无长进,缘不会疑。""才疑，便须理会得彻头。"后来真能使继承他的人，学术复兴的新时代的那些开创的人和做工的人，都懂得了怀疑，抱着虚心去怀疑，再找方法解决怀疑，即使是对待经典大书也敢去怀疑。而且，正因为他们都是专心尽力研究经典大书的人，所以他们不能不把脚跟站稳，他们必须懂得要有证据才可以怀疑，更要有证据才可以解决怀疑。我看这就足够给一件大可注意的事实作一种历史的解释，足够解释那些只运用"书本、文字、文献"的大人物怎么竟能传下来一个科学的传统，冷静而严格的探索的传统，严格的靠证据思想，靠证据研究的传统，大胆地怀疑与小心地求证的传统——一个伟大的科学精神与方法的传统，使我们当代中国的儿女，在这个近代科学的新世界里不觉得困扰迷惑，反能够心安理得。

五十年来中国之文学

一

这五十年在中国文学史上可以算是一个很重要的时期。综括起来，这五十年的重要有几点：

（一）五十年前，《申报》出世的一年（1872年），便是曾国藩死的一年，曾国藩是桐城派古文的中兴第一大将。但是他的中兴事业，虽然是很光荣灿烂的，可惜都没有稳固的基础，故都不能有长久的寿命。清朝的命运到了太平天国之乱，一切病状一切弱点都现出来了，曾国藩一班人居然能打平太平天国，平定各处匪乱，做到他们的中兴事业。但曾、左的中兴事业，虽然延长了五六十年的满清国运，究竟救不了满清帝国的腐败，究竟救不了满清帝室的灭亡。他的文学上的中兴事业，也是如此。古文到了道光、咸丰的时代，空疏的方、姚派，怪癖的龚自珍派，都出来了，曾国藩一班人居然能使桐城派的古文忽然得一支生力军，忽然做到中兴的地位。但"桐城＝湘乡派"的中兴，也是暂时的，也不能持久的。曾国藩的魄力与经验确然可算是桐城派古文的中兴大将。但曾国藩一死之后，古文的运命又渐渐衰微下去了。曾派的文人，郭嵩焘、薛福成、黎庶昌、俞樾、吴汝纶……都不能继续这个中兴事业。再下一代，更成了"强弩之末"了。这一度的古文中兴，只可算是痨病将死的人的"回光返照"，仍旧救不了古文的衰亡。这一段古文末运史，是这五十年的一个很明显的趋势。

（二）古文学的末期，受了时势的逼迫，也不能不翻个新花样了。这五十年的下半便是古文学逐渐变化的历史。这段古文学的变化史又可分作几个小段落：

（1）严复、林纾的翻译的文章。
（2）谭嗣同、梁启超一派的议论的文章。
（3）章炳麟的述学的文章。
（4）章士钊一派的政论的文章。

这四个运动，在这二十多年的文学史上，都该占一个重要的地位。他们的渊源和主张虽然很多不相同的地方，但我们从历史上看起来，这四派都是应用的古文。当这个危急的过渡时期，种种的需要使语言文字不能不朝着"应用"的方向变去。故这四派都可以叫做"古文范围以内的革新运动"。但他们都不肯从根本上做一番改革的功夫，都不知道古文只配做一种奢侈品，只配做一种装饰品，却不配做应用的工具。故章炳麟的古文，在四派之中自然是最古雅的了，只落得个及身而绝，没有传人。严复、林纾的翻译文章，在当日虽然勉强供应了一时的要求，究竟不能支持下去。周作人兄弟的《域外小说集》便是这一派的最高作品，但在适用一方面他们都大失败了。失败之后，他们便成了白话文学运动的健将。谭嗣同、梁启超一派的文章，应用的程度要算很高了，在社会上的影响也要算很大了，但这一派的末流，不免有浮浅的铺张，无谓的堆砌，往往惹人生厌。章士钊一派是从严复、章炳麟两派变化出来的，他们注重论理，注重文法，既能谨严，又颇能委婉，颇可以补救梁派的缺点。《甲寅》派的政论文在民国初年几乎成一个重要文派。但这一派的文字，既不容易做，又不能通俗，在实用的方面，仍旧不能不归于失败。因此，这一派的健将，如高一涵、李大钊、李剑农，后来也都成了白话散文的作者。

这一段古文学勉强求应用的历史，乃是新旧文学过渡时代不能免的一个阶段。古文学幸亏有这一个时期，勉强支持了二三十年的运命。

（三）在这五十年之中，势力最大，流行最广的文学，——说也奇怪，——并不是梁启超的文章，也不是林纾的小说，乃是许多白话的小说。《七侠五义》、《儿女英雄传》都是这个时代的作品。《七侠五义》之后，有《小五义》等等续编，都是三十多年来的作品。这一类的小说很可代表北方的平民文学。到了前清晚年，南方的文人也做了许多小说。刘鹗的《老残游记》，李伯元的《官场现形记》、《文明小史》，吴沃尧的《二十年目睹之怪现状》、《恨海》、《九命奇冤》等等，都是有意的作品，意境与见解都和北方那些纯粹供人娱乐的民间作品大不相同。这些南北的白话小说，乃是这五十年中国文学的最高作品，最有文学价值的作品。这一段小说发达史，乃是中国"活文学"的一个自然趋势；它的重要远在前面两段古文史之上。

（四）这五十年的白话小说史仍旧与一千年来的白话文学有同样的一个大缺点：白话的采用，仍旧是无意的，随便的，并不是有意的。民国六年以来的"文学革命"便是一种有意的主张。无意的演进，是很慢的，是不经济的。譬如乾隆以来的各处匪乱，多少总带着一点"排满"的意味，但多是无意识的冲动，不能叫做有主张的革命，故容易失败。太平天国的革命，排满的色彩稍微明显一点，但终究算不得是有意识、有计划的排满运动，故不能得中上阶级的同情，终归于失败。近二十年来的革命运动，因为是有意识的主张，有计划的革命，故能于短时期之中，收最后的胜利。文字上的改革，也是如此。一千年来，白话的文学，一线相传，始终没有断绝。但无论是唐诗，是宋词，是元曲，是明清的小说，总不曾有一种有意的鼓吹，不曾明明白白地攻击古文学，不曾明明白白地主张白话的文学。

近五年的文学革命，便不同了。他们老老实实地宣告古文学是已死的文学，他们老老实实地宣告"死文字"不能产生"活文学"，他们老老实实地主张现在和将来的文学都非白话不可。这个有意的主张，便是文学革命的特点，便是五年来这个运动所以能成功的最大原因。

以上四项，便是这五十年中国文学的变迁大势。以下的几章便是详细说明这几个趋势。

二

曾国藩死后的"桐城—湘乡派"，实在没有什么精彩动人的文章。王先谦辑的《续古文辞类纂》（光绪八年，1882年，编成的）选有龙启瑞、鲁一同、吴敏树等人的文章，可以勉强代表这一派的老辈了。王先谦自序说，

> 惜抱（姚鼐）振兴绝笔，海内靡然从风。其后诸子各诩师承，不无谬附。……梅氏（梅曾亮，1855死）浸淫于古，所造独为深远。……
>
> 曾文正公（国藩）以雄直之气，宏通之识，发为文章，冠绝今古。……学者将欲杜歧趋，遵正轨，姚氏而外，取法梅曾，足矣。

"姚氏而外，取法梅曾，足矣。"这是曾国藩死后的古文家的传法捷径。我们不能多引他们的文章来占篇幅，现在引曾国藩的《欧阳生文集序》，因为这篇序写桐城文派的渊源传播，颇有文

学史料的价值：

乾隆之末，桐城姚姬传先生（鼐）善为古文辞，慕效其乡先辈方望溪侍郎之所为，而受法于刘君大櫆，及其世父编修君范。三子既通儒硕望，姚先生治其术益精。历城周永年书昌为之语曰，"天下之文章其在桐城乎？"由是学者多归向桐城，号桐城派，犹前世所称江西诗派者也。

姚先生晚而主钟山书院讲席。门下著籍者，上元有管同异之，梅曾亮伯言，桐城有方东树植之，姚莹石甫。四人者称为高第弟子，各以所得传授徒友，往往不绝。在桐城者有戴钧衡存庄，事植之久，尤精力过绝人，自以为守其邑先正之法，檀之后进，义无所让也。

其不列弟子籍，同时服膺，有新城鲁仕骥絜非，宜兴吴德旋仲伦。絜非之甥为陈用光硕士，硕士既师其舅，又亲受业姚先生之门，乡人化之，多好文章。硕士之群从有陈学受蓺叔，陈溥广敷；而南丰又有吴嘉宾子序，皆承絜非之风，私淑于姚先生。由是江西建昌有桐城之学。仲伦与永福吕璜月沧交友，月沧之乡人有临桂朱琦伯韩，龙启瑞翰臣，马平生拯定甫，皆步趋吴氏、吕氏，而益求广其术于梅伯言。由是桐城宗派流衍于广西矣。

昔者国藩尝怪姚先生典试湖南，而吾乡出其门者未闻相从以学文为事。既而得巴陵吴敏树南屏称述其术，笃好而不厌。而武陵杨彝珍性农，善化孙鼎臣芝房，湘阴郭嵩焘伯琛，溆浦舒焘伯鲁，亦以姚氏文学正轨，违此则又何求？最后得湘潭欧阳生（勋）……受法于巴陵吴君，湘阴郭君，亦师事新城二陈。其渐染者多，其志趣嗜好，举天下之美，无以易乎桐城姚氏者也！

……自洪杨倡乱，东南荼毒；钟山石城，昔时姚先生撰杖都讲之所，今为犬羊窟宅，深固而不可拔。桐城沦为异域，既克而复失。戴均衡全家殉难，身亦呕血死矣。

余来建昌，问新城南丰兵燹之余，百家荡尽，田荒不治，蓬蒿没人；一二文士转徙无所。而广西用兵九载，群盗犹汹汹，骤不可爬梳；龙君翰臣又物故。独吾乡少安，二三君子尚得优游文学，曲折以求合桐城之辙。而舒焘前卒，欧阳生亦以瘵死。老者牵于人事，或遭乱不得竟其学；少者或中道夭殂；四方多故，求如姚先生之聪明早达，太平寿考，从容以跻于古之作者，卒不可得。这一篇不但写桐城派的传播，又可以使我们知道这一派的最高目的是"曲折以求合桐城之辙"，"举天下之美，无以易乎桐城姚氏者也！"

曾国藩在当日隐隐地自命为桐城派的中兴功臣，人家也如此推崇他。（王先谦自序可参看）他作《圣哲画像记》，共选圣哲三十二人，而姚鼐为三十二人之一，这可以想见他的心理了。他的幕府里收罗了无数人才，我们读薛福成的《叙曾文正公幕府宾僚》（《庸庵文编》四）一篇，可以知道当日的学者如钱泰吉、刘毓崧、刘寿曾、李善兰（算学家）、华蘅芳（算学家）、孙衣言、俞樾、莫友芝、戴望、成蓉镜、李元度；文人如吴敏树、张裕钊、陈学受、方宗诚、吴汝纶、黎庶昌、汪士铎、王闿运，都在他的幕府之内。怪不得曾派的势力要影响中国几十年了。但这一班人在文学史上都没有什么重要的贡献。年寿最高，名誉最长久的，莫如俞樾、王闿运、吴汝纶三人。俞樾的诗与文都没有大价值。王闿运号称一代大师，但他的古文还比不上薛福成（诗另论）。吴汝纶思想稍新，他的影响也稍大，但他的贡献不在于他自己的文章，乃在他所造成的后进人才。严复、林纾都出于他的门下，他们的影响比他更大了。

平心而论，古文学之中，自然要算"古文"（自韩愈至曾国藩以下的古文）是最正当最有用的文体。骈文的弊病不消说了。那些瞧不起唐、宋八家以下的古文的人，妄想回到周、秦、汉、魏，越做越不通，越古越没有用，只替文学界添了一些似通非通的假古董。唐、宋八家的古文和桐城派的古文的长处只是他们甘心做通顺清淡的文章,不妄想做假古董。学桐城古文的人,大多数还可以做到一个"通"字;再进一步的,还可以做到应用的文字。故桐城派的中兴,虽然没有什么大贡献,却也没有什么大害处。他们有时自命为"卫道"的圣贤,如方东树的攻击汉学,如林纾的攻击新思潮,那就是中了"文以载道"的话的毒,未免不知分量。但桐城派的影响,使古文做通顺了,为后来二三十年勉强应用的预备,这一点功劳是不可埋没的。

三

太平天国之乱是明末流寇之乱以后的一个最惨的大劫,应该产生一点悲哀的或慷慨的好文学。当时贵州有一个大诗人郑珍(子尹,遵义人,生1806年,死1864年)在贵州受了局部的影响(咸丰四年,贵州的乱),已替他晚年的诗(《巢经巢诗抄》后集)增加无数悲哀的诗料。但郑珍死在五十八年前,已不在我这一篇小史的范围之内了。说也奇怪,东南各省受害最深,竟不曾有伟大深厚的文学产生出来。王闿运为一代诗人,生当这个时代,他的《湘绮楼诗集》卷一至卷六正当太平天国大乱的时代(1849年—1864年);我们从头读到尾,只看见无数《拟鲍明远》、《拟傅玄麻》、《拟王元长》、《拟曹子建》……一类的假古董;偶然发现一两首"岁月犹多难,干戈罢远游"一类不痛不痒的诗;但竟寻不出一些真正可以纪念这个惨痛时代的诗。这是什么缘故呢?我想这都是因为这些诗人大都是只会做模仿诗的,他们住的世界还是鲍明远、曹子建的世界,并不是洪秀全、杨秀清的世界;况且鲍明远、曹子建的诗体,若不经一番大解放,决不能用来描写洪秀全、杨秀清时代的惨劫。王闿运集中有1872年作的《独行谣》三十章(卷九），追写二十年的时事，内中颇有大胆的讥评，但文章多不通，叙述多不明白，只可算是三十篇笨拙的时事歌括，不能算作诗！我不得已，勉强选了他的《铜官行·寄章寿麟·题感旧图》一篇代表这一位大名鼎鼎的诗人：

铜官行·寄章寿麟·题感旧图

（适按：此诗无注，多不可通。章字价人。曾氏靖港之败，赖章救他出来。后来曾氏成功受封，章独不得报酬，人多为他抱不平。章晚年作《感旧图》。并作记，记此事。参看郑孝胥《海藏楼》诗卷三，页三）

桂平盗起东南卷，惟有长沙能累卵。三年坐井仰恃天，城堞微风动矛横。凶徒无赖往来来，潘、张迁去骆受灾；闭门待死谥忠节，未死从容居宪台。曾家岭枷偏在颈，三家村儒怒生瘿。劝捐截饷百计生，欲倚江吴效驰骋。庐黄军败如覆铛，盗舟一夜满洞庭。抚标大将缒楼走，徐公绕室趾不停。省兵无人无守御，却付曾家一瓦注。空船坐守木关防，直置当锋寻死处。军谋兵机不暇讲，盗屯湘潭下靖港；两头张手探釜鱼，十日淘河得枯蚌。刘、郭苍黄各顾家，左生狂笑骂猪耶。彭、陈、李生岂愿死？四围密密张罗置。此时蛞箬求上计，陈谋李断相符契；彭公建策攻下游，捣坚禽王在肯綮。弱冠齐年我与君，君如李广欲无言。日中定计夜中变，我归君去难相闻。平明丁叟蹋门入，报败方知一军泣。督师只拟从湘累，主簿匆匆救杜袭。十营并发事全虚，从此舍舟山上居。七门昼闭春欲尽，独教陈、李删遗疏。版桥漂破帅旗折，铜官渚畔烽明灭。岂料湘潭大捷来，千里盗屯汤沃雪！一胜申威百胜从，塔、罗如虎彭、杨龙。时人攀附三十载，争道当年赞画功！骆相成名徐、陶死，曾弟重歌脊令起。惟余湘岸柳千条，犹恨当时呜咽水。信陵客散十年多（适按此诗作于曾国藩死后约十年），旧逻频迎节镇过；时平始觉军功贱，官冗间从资格磨。凭君莫话艰难事，佹得佹失皆天意。渔浦萧萧废垒秋，游人且觅从事记。这种诗还不能完全当得一个"通"字，但在《湘绮楼集》里那许多假古董之中，这种诗自然不能不算是上品了。

但是这个时代有一个诗人，确可以算是代表时代的诗人。这个诗人就是上元的金和，字亚匏，生于1818，死于1885，著有《秋蟪吟馆诗抄》七卷。当1853年南京城破时，金和被陷在城中，与长发军中人往来，渐渐地结合了许多人，要想作官兵的内应。那时向荣的大本营即在城外，金和偷出城来，把内应的计划告知官兵；向荣初不信，他就自请把身体押在大营，作为保证。城内的同党与官兵约定期日攻城，到期官兵不到；再约，官兵又不到。城内的同党被杀的很多。金和亲自经过围城中的生活，又痛恨当日官军的腐败无能，故他的纪事诗不但很感动人，还有历史的价值。他的《痛定》篇（卷二，页十二——二十）用日记体作诗，写破城及城中事，我们举他一首作例：

二月二十三，传闻大兵至，贼魁似皇皇，终日警三四。南民私相庆，始有再生意。桓桓向将军，仰若天神贵。一闻贼吹角，即候将军骑，香欲将军迎，酒欲将军馈。食念将军食，睡说将军睡。……七岁儿何知，门外偶嬉戏，公然对路人，说出将军字。阿姊面死灰，挞之大怒詈。从此望将军，十日九憔悴。更有健者徒，夜半誓忠义，愿遥应将军，画策万全利。分隶贼麾下，使贼不猜忌。寻常行坐处，短刃缚在臂。但期兵入城，各各猝举燧。得见将军面，命即将军赐。谁料将军忙，未及理此事？

他的《六月初二日纪事一百韵》，前面写向荣刻日出兵，写先期大飨士卒，将军行酒誓师，写明日之晨准备出战，共九十几句，到篇末只说：

……一时惊喜遍羝倪，譬积阴雨看红霓，……夜不敢寐朝阳跻，……日中才听怒马嘶，但见泛泛如凫鹥，兵不血刃身不泥，全军而退归来兮!

这已是骂得很刻毒了。但下面的一首《初五日纪事》更妙,我们可以把他全抄在这里:

> 前日之战未见贼,将军欲赦赦不得。或语将军难尽诛,姑使再战当何如?昨日黄昏忽传令,谓"不汝诛贷汝命。今夜攻下东北城,城不可下无从生。"三军拜谢呼刀去,又到前回酣睡处。空中乌乌狂风来,沉沉云阴轰轰雷。将谓士曰雨且至,士谓将曰此可避。回鞭十里夜复晴,急见将军天未明。将军已知夜色晦,"此非汝罪汝其退。"我闻在楚因天寒,龟手而战难乎难。近来烈日恶作夏,故兵之出必以夜。此后又非进兵时,月明如昼贼易知。乃于片刻星云变,可以一战亦不战。吁嗟乎,将军作计必万全,非不灭贼皆由天。安得青天不寒亦不暑,日月不出不风雨!

这种嘲讽的诙谐,乃是金和的特别长处。他是全椒吴家的外孙,与《儒林外史》的著者和《儒林外史》的几个重要人物都有点关系,他是表章《儒林外史》的一个人,故他的诗也很像是得力于《儒林外史》的嘲讽的本领。有心人的嘲讽,不是笑骂,乃是痛哭;不是轻薄,乃是恨极无可如何,不得已而为之。他的《十六日至秣陵关遇赴东坝兵有感》一篇云:

> 初七日未午,我发钟山下。蜀兵千余人,向北驰怒马。传闻东坝急,兵力守恐寡。来乞将军援,故以一队假。我遂从此辞,仆仆走四野。三宿湖熟桥,两宿龙溪社,四宿方山来,尘汗搔满把。僧舍偶乘凉,有声叱震瓦。微睨似相识,长身面甚赭。稍前劝勿嗔,幸不老拳惹。婉词问何之,乃赴东坝者。九日行至此,将五十里也!

这种技术确能于杜甫、白居易的"问题诗"之外,别开一个生面。他有《军前新乐府》四篇,我们选他的第四篇,篇名《半边眉》:

> 半边眉,汝何来?太守门下请钱回。太守门,何处所?钟山

之旁近大府。大府初闻难民苦，公家遍括闲田租，旁郡金檄上户输。一心要贷难民命，聘贤太守专其政。太守计曰"费恐滥，百二十钱一人赡。"太守计曰"难民多，一人数请当奈何？我闻古有察眉律。"呼仆持刀对人立，一刀留下半边眉，再来除是眉长时。——防蠹术果奇，作蠹术斯巧。岂但无眉人不来，有眉人亦来都少。惟有一二市井奸，赂太守仆二十钱，奏刀不猛眉犹全，半边眉可三刀焉。否则病夫真饿杀，痴心尚恋一朝活，拚与半边眉尽割。吁嗟乎，……太守何不计之毒？千钱刲人耳与目，万钱截人手与足，终古无人请钱至，太守，岂非大快事？

此外尚有许多可选的诗，我们不能多举例了。金和的诗很带有革新的精神，他自己题他的《椒雨集》云：

是卷半同日记，不足言诗。如以诗论之，则军中诸作，语宗痛快，已失古人敦厚之风，尤非近贤排调之旨。其在今日诸公有是韬钤，斯吾辈有此翰墨，尘秽略相等，殆亦气数使然耶？

他又有诗（卷七，页八）云：

所作虽不纯乎纯，要之语语皆天真。时人不能为，乃谓非古人。

这虽是吊朋友的诗，也很可代表他自己的主张。他在别处又说（卷一，页三）：

尽数写六书，只此数万字。中所不熟习，十复间三四。循环堆垛之，文章毕能事。苟可联贯者，古人肯唾弃，而以遗后人，使得逞妍秘？操觚及今日，谈亦何容易？乃有真壮夫，于此独攘臂；万卷读破后，一一勘同异；更从古人前，混沌辟新意；甘使心血枯，百战不退避。一家言既成，试质琅嬛地，必有天上语，古人所未至。……彼抱窃疾者，出声令人睡。何不指六经，而曰公家器！

正因为他深恨那些"抱窃疾者"，正因为他要"更从古人前，混沌辟新意"。故他能在这五十年的诗界里占一个很高的地位。

这五十年的词，都中了梦窗（吴文英）派的毒，很少有价值的。故我们不讨论了。

四

自从 1840 年鸦片之战以来，中间经过 1860 年英法联军破天津入北京火烧圆明园的战事，中兴的战争又很得了西洋人的帮助，中国明白事理的人渐渐承认西洋各国的重要。1861 年，清廷设总理各国事务衙门；1867 年，设同文馆。后来又有派学生留学外国的政策。当时的顽固社会还极力反对这种政策，故同文馆收不到好学生，派出洋的更不得人。但十九世纪的末年，翻译的事业渐渐发达。传教士之中，如李提摩太等，得着中国文士的帮助，译了不少的书。太平天国的文人王韬，在这种事业上，要算一个重要的先锋了。

但当时的译书事业的范围并不甚广。第一类是宗教的书，最重要的是《新旧约全书》的各种译本。第二类为科学和应用科学的书，当时称为"格致"的书。第三类为历史政治法制的书，如《泰西新史揽要》、《万国公法》等书。这是很自然的。宗教书是传教士自动的事业。格致书是当日认为枪炮兵船的基础的。历史法制的书是要使中国人士了解西洋国情的。此外的书籍，如文学的书，如哲学的书，在当时还没有人注意。这也是很自然的。当日的中国学者总想西洋的枪炮固然利害，但文艺哲理自然远不如我们这五千年的文明古国了。

严复与林纾的大功劳在于补救这两个大缺陷。严复是介绍西洋近世思想的第一人，林纾是介绍西洋近世文学的第一人。

严复译赫胥黎的《天演论》在光绪丙申 1896 年，在中、日战争之后，戊戌变法之前。他自序说：

> ……风气渐通，士知弇陋为耻；西学之事，问涂日多。然亦有一二巨子訑然谓彼之所精不外象数形下之末，彼之所务不越功利之间；逞臆为谈，不咨其实。讨论国闻，审敌自镜之道，又断断乎不如是也。……

这是他的卓识。自从《天演论》出版（1898年）以后，中国学者方才渐渐知道西洋除了枪炮兵船之外，还有精到的哲学思想可以供我们的采用。但这是思想史上的事，我们可以不谈。

我们在这里应该讨论的是严复译书的文体。《天演论》有《例言》几条，中有云：

> 译事三难：信，达，雅。求其信已大难矣。顾信矣，不达，虽译犹不译也。则达尚焉。……今是书所言本五十年西人新得之学，又为作者晚出之书，译文取明深义，故词句之间时有所颠倒附益，不斤斤于字比句次，而意义则不倍本文。题曰达旨，不云笔译；取便发挥，实非正法。……凡此经营，皆以为达；为达即所以为信也。……信达而外，求其尔雅。此不仅期以行远已耳，实则精理微言，用汉以前字法句法则为达易，用近世利俗文字则求达难，往往抑义就词，毫厘千里。审择于斯二者之间，夫固有所不得已也。……

这些话都是当日的实情。当时自然不便用白话；若用白话，便没有人读了。八股式的文章更不适用。所以严复译书的文体，是当日不得已的办法。我们看吴汝纶的《〈天演论〉序》，更可以明白这种情形：

> ……今西书虽多新学，顾吾之士以其时文公牍说部之词译而传之，有识者方鄙夷而不知顾，民智之瀹何由？此无他，文不足焉故也。文如几道，可与言译书矣。……今赫胥黎之道，……严子一文之，而其书乃骎骎与晚周诸子相上下。然则文顾不重耶？……

严复用古文译书，正如前清官僚戴着红顶子演说，很能抬高译书的身价，故能使当日的古文大家认为"骎骎与晚周诸子相上下"。

严复自己说他的译书方法道："什法师有云，'学我者病'。来者方多，幸勿以是书为口实也。"(《天演论·例言》，这话也不错。严复的英文与古中文的程度都很高，他又很用心，不肯苟且，故虽用一种死文字，还能勉强做到一个"达"字。他对于译书的用心与郑重，真可佩服，真可做我们的模范。他曾举"导言"一个名词作例，他先译"卮言"，夏曾佑改为"悬谈"，吴汝纶又不赞成；最后他自己又改为"导言"。他说，"一名之立，旬月踟蹰；我罪我知，是存明哲。"严译的书，所以能成功，大部分是靠着这"一名之立，旬月踟蹰"的精神。有了这种精神，无论用古文白话，都可以成功。后人既无他的功力，又无他的精神；用半通不通的古文，译他一知半解的西书，自然要失败了。

严复译的书，有几种——《天演论》、《群己权界论》、《群学肄言》——在原文本有文学的价值，他的译本在古文学史也应该占一个很高的地位。我们且引一节作例：

> 望舒东睇，一碧无烟。独立湖塘，延赏水月；见自彼月之下，至于目前，一道光芒，滉漾闪烁。谛而察之，皆细浪沦漪，受月光映发而为此也。徘徊数武，是光景者乃若随人。颇有明理士夫，谓此光景为实有物，故能相随，且亦有时以此自诧；不悟是光景者从人而有；使无见者，则亦无光，更无光景与人相逐。盖全湖水面受月映发，一切平等；特人目与水对待不同，明暗遂别，——不得以所未见，遂指为无——是故虽所见者为一道光芒，他所不尔，又人目易位，前之暗者，乃今更明，然此种种，无非妄见。以言其实，则由人目与月作二线入水，成角等者，皆当见光；其不等者，则全成暗（成角等与不等，稍有可议，原文亦不如此说）。惟人之察群事也，亦然：往往以见所及者为有，以所不及者为无。

执见否以定有无，则其思之所不赅者众矣。(《群学肄言》三版页七二——三。原书页八三)

这种文字，以文章论，自然是古文的好作品；以内容论，又远胜那无数"言之无物"的古文：怪不得严译的书风行二十年了。

林纾译小仲马的《茶花女》，用古文叙事写情，也可以算是一种尝试。自有古文以来，从不曾有这样长篇的叙事写情的文章。《茶花女》的成绩，遂替古文开辟一个新殖民地。林纾早年译的小说，如《茶花女》、《黑奴吁天录》、《滑铁卢及利俾瑟战血余腥记》，……恰不在手头，不能引来作例。我且随便引几个例。《拊掌录》(页一九以下)写村中先生有一个学唱歌的女学生，名凯脱里纳，为村中大户之孤生女，

其肥如竹鸡，双颊之红鲜如其父囷中之桃实，貌既丰腴，产尤饶沃。……先生每对女郎辄心醉，今见绝色丽姝，安能不加颠倒？且经行其家，且其巨产矣。女郎之父曰包而忒司，……屋居黑逞河次，依山傍树而构，青绿照眼。屋顶出大树，荫满其堂室，阳光所不能烁，树根有山泉潺然仰出，尽日弗穷。老农引水赴沟渠中，渠广而柳树四合，竟似伏流，汩汩出树而逝。去室咫尺，即其仓庾，粮积拥肿，几欲溃窗而出。老农所积如是，而打稻之声尚不断于耳。屋檐群燕飞鸣；尚有白鸽无数，——有侧目视空者，亦有纳首于翼，企单足而立者，或上下其颈呼雌者，——咸仰阳集于屋顶。而肥腯之猪，伸足笠中，作喘声，似自鸣其足食；而笠中忽逐队出小豵，仰鼻于天，承取空气。池中白鹅，横亘如水师大队之战舰排樯而进，而群鸭游弋，则猎舰也。火鸡亦作联队，杂他鸡鸣于稻畦中，如饶舌之村妪长日詈人者。仓庾之前，数雄鸡高冠长纬，鼓翼而前，颈羽皆竖，以斗其侣；有时以爪爬沙得小虫，则抗声引其所据有之母鸡啄食，己则侧目旁视；他雄稍前，则立拒之。先生触目见其丰饶，涎出诸吻。见猪奔窜，则先生目

中已现一炙髀；闻稻香，则心中亦畜一布丁；见鸽子，则思切而苞为蒸饼之馅；见乳鸭与鹅游流水中，先生馋吻则思荡之以沸油。又观田中大小二麦及珍珠米，园中已熟之果，红实垂垂，尤极动人。先生观状，益延盼于女郎，以为得女郎者，则万物俱衮中有矣。

《滑稽外史》第四十一章写尼古拉司在白老地家中和白老地夫妇畅谈时，司圭尔先生和他的女儿番尼，儿子瓦克福，忽然闯进来。白老地的妻子与番尼口角不休，

> 方二女争时，小瓦克福见案上陈食物无数，馋不可忍，徐徐近案前，引指染盘上腥腻，入指口中，力吮之；更折面包之角，窃蘸牛油嚼之；复取小方糖纳之囊中，则引首仰屋，如有所思，而手已就糖盂累取可数方矣。及见无人顾视，则胆力立壮，引刀切肉食之。

> 此状司圭尔先生均历历见之，然见他人无觉，则亦伪为未见，窃以其子能自图食，亦复佳事。此时番尼语止，司圭尔知其子所为将为人见，则伪为大怒状，力抵其颊，曰，"汝乃甘食仇人之食！彼将投毒鸩尔矣。尔私产之儿，何无耻耶！"约翰（白老地）曰，"无伤，恣彼食之。但愿先生高徒能合众食我之食令饱，我即罄囊，亦非所惜"。（页百十一）

能读原书的自然总觉得这种译法不很满意。但平心而论，林译的小说往往有他自己的风味；他对于原书的诙谐风趣，往往有一种深刻的领会，故他对于这种地方，往往更用气力，更见精彩。他的大缺陷在于不能读原文，但他究竟是一个有点文学天才的人，故他若有了好助手，他了解原书的文学趣味往往比现在许多粗能读原文的人高得多。现在有许多人对于原书，既不能完全了解；他们运用白话的能力又远不如林纾运用古文的能力，他们也要批评林译的书，那就未免太冤枉他了。

平心而论，林纾用古文做翻译小说的试验，总算是很有成绩

的了。古文不曾做过长篇的小说，林纾居然用古文译了一百多种长篇小说，还使许多学他的人也用古文译了许多长篇小说，古文里很少滑稽的风味，林纾居然用古文译了欧文与迭更司的作品。古文不长于写情，林纾居然用古文译了《茶花女》与《迦茵小传》等书。古文的应用，自司马迁以来，从没有这种大的成绩。

但这种成绩终归于失败！这实在不是林纾一般人的错处，乃是古文本身的毛病。古文是可以译小说的，我是用古文译过小说的人，故敢说这话。但古文究竟是已死的文字，无论你怎样做得好，究竟只够供少数人的赏玩，不能行远，不能普及。我且举一个最明显的例。十几年前，周作人同他的哥哥也曾用古文来译小说。他们的古文功夫既是很高的，又都能直接了解西文，故他们译的《域外小说集》比林译的小说确是高得多。我且引《安乐王子》的一部分作例：

一夜，有小燕翻飞入城。四十日前，其伴已往埃及，彼爱一苇，独留不去。一日春时，方逐黄色巨蛾，飞经水次，与苇邂逅，爱其纤腰，止与问讯，便曰，"吾爱君可乎？"苇无语，唯一折腰。燕随绕苇而飞，以翼击水，涟起作银色，以相温存，尽此长夏。

他燕啁唽相语曰，"是良可笑。女绝无资，且亲属众也。"燕言殊当，川中固皆苇也。

未几秋至，众各飞去。燕失伴，渐觉孤寂，且倦于爱，曰，"女不能言，且吾惧彼佻巧，恒与风酬对也。"是诚然，每当风起，苇辄宛转顶礼。燕又曰，"女或宜家，第吾喜行旅，则吾妻亦必喜此，乃可耳。"遂问之曰，"若能偕吾行乎？"苇摇首，殊爱其故园也。燕曰，"若负我矣。今吾行趣埃及古塔，别矣！"遂飞而去。
这种文字，以译书论，以文章论，都可算是好作品。但周氏兄弟辛辛苦苦译的这部书，十年之中，只销了二十一册！这一件故事应该使我们觉悟了。用古文译小说，固然也可以做到"信，达，雅"三个字，——如周氏兄弟的小说，——但所得终不偿所失，究竟免不了最后的失败。

五

中日之战以后，明白时势的人都知道中国有改革的必要。这种觉悟产生了一种文学，可叫做"时务的文章"。那时代先后出的几种"危言"，如邵作舟的，如汤寿潜的，文章与内容都很可以代表这个时代的趋势。到1897年，德国强占了胶州，人心更激昂了；那时清光绪帝也被时局感动了，于是有"戊戌变法"（1898年）的运动。这个变法运动在当日的势力颇大，中央政府和各省都有赞助的人。但顽固的反动力终久战胜了，于是有戊戌的"政变"。变法党的领袖是康有为、谭嗣同、梁启超等。谭嗣同与同志五人死于政变，但他的著述，在他死后仍旧发生不少的影响。康有为是"今文家"的一个重要代表，他的《新学伪经考》与《孔子改制考》等书，在这五十年的思想史上，自有他们的相当位置。他的文章虽不如他的诗，但当他"公车上书"以至他亡命海外的时代，他的文章也颇有一点势力，不过他的势力远不如梁启超的势力远大了。梁启超当他办《时务报》的时代已是一个很有力的政论家；后来他办《新民丛报》，影响更大。二十年来的读书人差不多没有不受他的文章的影响的。

严复、林纾是桐城的嫡派，谭嗣同、康有为、梁启超都是桐城的变种。谭嗣同的《三十自纪》（《文集》中）说：

嗣同少颇为桐城所震，刻意规之数年，久自以为似矣；出示人，亦以为似。诵书偶多，广识当世淹通婷壹之士，稍稍自惭，即又无以自达。或授以魏、晋间文，乃大喜，时时籀绎，益笃嗜之。由是上溯秦、汉，下循六朝，始悟时好沈博绝丽之文，子云所以独辽辽焉。旧所为，遗弃殆尽。……昔侯方域少喜骈文，壮而悔之，以名其堂。嗣同亦既壮，所悔乃在此不在彼。……所谓骈文，非四六排偶之谓，体例气息之谓也，则存乎深观者。

梁启超自述也说：

启超夙不喜桐城派古文；幼年为文，学晚汉、魏、晋，颇尚矜炼。至是（指办《新民丛报》时）自解放，务为平易畅达，时杂以俚语、韵语，及外国语法；纵笔所至不检束。学者竞效之，号新文体。老辈则痛恨，诋为野狐。然其文条理明晰，笔锋常带情感，对于读者，别有一种魔力焉。（《清代学术概论》，页一四二）

这是梁氏四十八岁的自述，没有他三十自述说的详细：

八岁学为文，九岁能缀千言。十二岁应试学院，补博士弟子员。日治帖括，虽心不慊之，然不知天地间于帖括外更有所谓学也，辄埋头研钻。顾颇喜词章，王父父母时授以唐人诗，嗜之过于八股。家贫无书可读，惟有《史记》一，《纲鉴易知录》一，王父父日以课之；故至今《史记》之文能成诵者八九。父执有爱其慧者，赠以《汉书》一，姚氏《古文辞类纂》一，则大喜，读之卒业焉。……十三岁始知有段王训诂之学，大好之，渐有弃帖括之志。十五岁，……肄业于学海堂，……乃决舍帖括以从事于训诂词章。

此一段可补前一段"夙不喜桐城派古文"的话。谭嗣同与梁启超都经过一个桐城时代，但他们后来都不满意于桐城的古文。他们又都曾经过一个复古的时代，都曾回到秦汉、六朝；但他们从秦汉、六朝得来的，虽不是四六排偶的形式，却是骈文的"体例气息"。所谓体例，即是谭嗣同说的"沈博绝丽之文"；所谓气息，即是梁启超说的"笔锋常带情感"。

谭嗣同的《仁学》，在思想方面固然可算是一种大胆的作品，在义学方面也有代表时代的价值。我们引一节作例：

不生不灭有征乎？曰，弥望皆是也。如向所言化学诸理，穷其学之所至，不过析数原质而使之分，与并数原质而使之合；用其已然而固然者，时其好恶，剂其盈虚，而以号曰某物某物，如是而已。岂能竟消磨一原质与别创造一原质哉？……本为不生不灭，乌从生之灭之？譬如水加热则渐涸，非水灭也，化为轻气养气也。使收其轻气养气，重与原水等。且热去而仍化为水，无少减也。譬如烛久爇则尽跋，非烛灭也，化为气质流质定质也。使收其所合之炭气，所然之蜡泪，所余之蜡煤，重与原烛等。且诸质散而滋育他物，无少弃也。譬如陶埴，失手而碎之；其为器也毁矣。然陶埴，土所为也。方其为陶埴也，在陶埴曰成，在土则毁；及其碎也，还归乎土，在陶埴曰毁，在土又以成。但有回环，都无成毁。譬如饼饵，入胃而化之，其为食也亡矣。然饼饵，谷所为也。方其为饼饵也，在饼饵曰存，在谷曰亡；及其化也，还粪乎谷，在饼饵曰亡，在谷又以存。但有变易，复何存亡？……（删去一排两个譬喻）……譬于陵谷沧桑之变易：地球之生不知经几千万变矣；洲渚之壅淤，知崖岸之将有倾颓；草木金石之质日出于地，知空穴之将就沦陷；赤道以旋速而隆起，即南北极之所翕敛也；火期之炎，冰期之冱，即一气之舒卷也。故地球体积之重率必无轩轾于昔时；有之，则畸重而去日远，畸轻而去日近，其轨道且岁不同矣。譬如流星陨石之变；恒星有古无而今有，有古有而今无；彗孛有循椭圆线而往可复返，有循抛物线而一往不返。往返者，远近也，非生灭也；有无者，聚散也，非生灭也。木星本统四月，近忽多一月，知近度之所吸取。火、木之间，依比例当更有一星，今惟小行星武女等百余，知女星之所剖裂，即此。地球亦终有陨散之时，然地球之所陨散，他星又将用其质点以成新星矣。王船山之说《易》，谓一卦有十二爻，半隐半见；故大易不言有无，隐见而已。孔子之论礼，谓殷因于夏；周因于殷；故礼有不得，与民变革损益而已。凡此诸体，虽一一佛有阿僧祇身，

——身有阿僧祇口，说亦不能尽。(《仁学上》，页十三)

这一节不但材料可以代表当时的科学知识，他的体例也可以代表当时与二十年来的"新文体"。谭嗣同自己说的骈文的体例与气息，在这里也可以看得出来。但我们拿文学史的眼光来观察，不能不承认这种文体虽说是得力于骈文，其实也得力于八股文。古代的骈文没有这样奔放的体例，只有八股文里的好"长比"有这种气息（上例中，水与烛一比及陶埴与饼饵一比，最可玩味）。故严格说来，这一种文体很可以说是八股文经过一种大解放，变化出来的。

说这种文体是受了八股文的影响，这句话也许有人不愿意听。其实这句话不全是贬辞。清代的大文家章学诚做古文往往不避骈偶的长排，他曾说：

嗟夫，知文亦岂易易？通人如段若膺，见余《通义》有精深者，亦与叹绝；而文句有长排作比偶者，则曰"惜杂时文句调"！夫文求其是耳，岂有古与时哉？即曰时文体多排比，排比又岂作时文者所创为哉？使彼得见韩非《储说》，淮南《说山》、《说林》，傅毅《连珠》诸篇，则又当为秦、汉人惜有时文之句调矣。论文岂可如是？此由彼心目中有一执而不化之古文，怪人不似之耳。(《与史余村简》)

此说最有理。文中杂用骈偶的句子，未必即是毛病。当日人人做八股，受了一种影响，也是很自然的事。其实这一派的长处就在他们能够打破那"执而不化"的狭义古文观，就在他们能够运用古文时文儒书佛书的句调来做文章。这个趋势，到了梁启超，更完备了。

梁启超最能运用各种字句语调来做应用的文章。他不避排偶，不避长比，不避佛书的名词，不避诗词的典故，不避日本输入的新名词。因此，他的文章最不合"古文义法"，但他的应用的魔力也最大。

梁启超的文章很多，举例也很难。我且举他的《新民说》第十一篇《论进步》的一节：

然则救危亡求进步之道将奈何？曰，必取数千年横暴混浊之政体，破碎而齑粉之，使数千万如虎如狼如蝗如蝻如蛾如蛆之官吏失其社鼠城狐之凭藉，然后能涤肠荡胃以上于进步之途也！必取数千年腐败柔媚之学说，廓清而辞辟之，使数百万如蠹鱼如鹦鹉如水母如畜犬之学子毋得弄舌摇笔舞文嚼字为民贼之后援，然后能一新耳目以行进步之实也！而其所以达此目的之方法有二：一曰无血之破坏，二曰有血之破坏。无血之破坏者，如日本之类是也。有血之破坏者，如法国之类是也。中国如能为无血之破坏乎？吾馨香而祝之！中国如不得不为有血之破坏乎？吾衰绖而哀之！虽然，哀则哀矣，然欲使吾于此二者之外，而别求一可以救国之途，吾苦无以对也。呜呼，吾中国而果能行第一义也，则今日其行之矣。而竟不能！则吾所谓第二义者，遂终不可免。呜呼，吾又安忍言哉？呜呼，吾又安忍言哉？

我再举一个例：

罗兰夫人何人也？彼生于自由，死于自由。罗兰夫人何人也？自由由彼而生，彼由自由而死。罗兰夫人何人也？彼拿破仑之母也，彼梅特涅之母也，彼玛志尼、噶苏士、俾士麦、加富尔之母也。质而言之，则十九世纪欧洲大陆一切之人物，不可不母罗兰夫人；十九世纪欧洲大陆一切之文明，不可不母罗兰夫人。何以故？法国大革命为欧洲十九世纪之母故。罗兰夫人为法国大革命之母故。

这两个例很可以表示梁启超自己说的"笔锋常带情感"的文体。前一例可以表示这种文字的好的方面；后一例可以表示这种文字的坏的方面。更恶劣的如：

虽然，天不许罗兰夫人享家庭之幸福以终天年也！法兰西历史世界历史必要求罗兰夫人之名以增其光焰也！于是风渐起，云渐乱，电渐迸，水渐涌，嘻嘻出出，法国革命！嗟嗟咄咄，法国遂不免于大革命！

但这种文字在当日确有很大的魔力。这种魔力的原因约有几种：（1）文体的解放，打破一切"义法"、"家法"，打破一切"古文"、"时文"、"散文"、"骈文"的界限；（2）条理的分明，梁启超的长篇文章都长于条理，最容易看下去；（3）辞句的浅显，既容易懂得，又容易模仿；（4）富于刺激性，"笔锋常带情感"。

梁启超中年的文章，《国风报》、《庸言报》时代的文章，把早年文章的毛病渐渐地减少了，渐渐地回到清淡明显的文章。但学他的文章的人，往往学了他的堆砌，他的排比。在记叙的文章内，这种恶劣之处更容易呈显出来。前七八年流行一时的《玉梨魂》一类的小说，便是这种文体用来叙事的结果了。

六

康、梁的一班朋友之中，也很有许多人抱着改革文学的志愿。他们在散文方面的成绩只是把古文变浅近了，把应用的范围也更推广了。在韵文的方面，他们也曾有"诗界革命"的志愿。梁启超《饮冰室诗话》说：

当时所谓"新诗"者，颇喜挦扯新名词以自表异。丙申丁酉间（1896年—1897年）吾党数子皆好作此体。提倡之者为夏穗卿（曾佑）。而复生（谭嗣同）亦綦嗜之。……其《金陵听说法》云，"纲伦惨以喀私德（Caste），法会盛于巴力门（Parliament）"。……穗卿赠余诗云，"帝杀黑龙才士隐，书飞赤鸟太平迟"。又云，"有人雄起琉璃海，兽魄蛙魂龙所徙"。……当时吾辈方沉醉于宗教，……故《新约》字面络绎笔端焉。

这种革命的失败，自不消说，但当时他们的朋友之中确有几个人在诗界上放一点新光彩。黄遵宪与康有为两个人的成绩最大。但这两人之中，黄遵宪是一个有意作新诗的，故我们单举他来代表这一个时期。

黄遵宪字公度，嘉应州人，生于1848，死于1905，著有《人境庐诗草》十一卷。他做过三十年的外交官，到过日本、英国、美国、南洋等处。他曾著《日本国志》、《日本杂事诗》。当戊戌的变法，他也是这运动中的一个人物。他对于诗界革命的动机，似乎起得很早。他二十多岁时作的诗之中，有《杂感》五篇，其二云：

大块凿混沌，浑浑旋大圜。隶首不能算，知有几万年？羲、轩造书契，今始岁五千。以我视后人，若居三代先。俗儒好尊古，日日故纸研；六经字所无，不敢入诗篇。古人弃糟粕，见之口流涎，沿习甘剽盗，妄造丛罪愆。黄土同抟人，今古何愚贤？即今忽已古，断自何代前？明窗敞流离，高炉爇香烟；左陈端溪砚，右列薛涛笺；我手写我口，古岂能拘牵？即今流俗语，我若登简编，五千年后人，惊为古斓斑。

这种话很可以算是诗界革命的一种宣言。末六句竟是主张用俗话作诗了。他那个时代作的诗，还有《山歌》九首，全是白话的。内中如

买梨莫买蜂咬梨，心中有病没人知。因为分梨更亲切，谁知亲切转伤离？

催人出门鸡乱啼，送人离别水东西。挽水西流想无法，从今不养五更鸡。

一家女儿做新娘，十家女儿看镜光。街头铜鼓声声打，打着中心只说"郎"。

都是民歌的上品。他自序云：

土俗好为歌，男女赠答，颇有《子夜读曲》遗意。采其能笔

于书者，得数首。

我常想黄遵宪当那么早的时代何以毙有那种大胆的"我手写我口"的主张？我读了他的《山歌》的自序，又读了他五十岁时的《己亥杂诗》中叙述嘉应州民族生俗的诗和诗注，我便推想他少年时代必定受了他本乡的平民文学的影响。《己亥杂诗》中有一首云：

一声声道妹相思，夜月哀猿和竹枝。欢是团圆悲是别，总应肠断妃呼豨。

他自注云：

土人旧有山歌，多男女相思之辞，当系獠蛮遗俗。今松口松源各乡尚相沿不改。每一辞毕，辄间以无辞之声，正如妃呼豨，甚哀厉而长。

他对于这种民间文学的兴趣，可以使我们推想他受他们的影响定必不少。故他在日本时，看见西京民间风俗"七月十五夜至晦日，每夜亘索街上，悬灯数百，儿女艳妆靓服为队，舞蹈达旦，名曰都踊，所唱皆男女猥亵之词，有歌以为之节者，谓之音头"，他就能赏识这种平民文学，说"其风俗犹之唐人《合生歌》，其音节则汉之《董逃行》也。"他因此作成一篇《都踊歌》：

长袖飘飘兮，髻峨峨，荷荷；
裙紧束兮，带斜拖，荷荷；
分行逐队兮，舞傞傞，荷荷；
往复还分，如掷梭，荷荷；
回黄转绿兮，授莎，荷荷。
中有人兮，通微波，荷荷，
贻我钗鸾兮，馈我翠螺，荷荷；
呼我娃娃兮，我哥哥，荷荷。

> 柳梢月兮，镜新磨，荷荷，
> 鸡眠猫睡兮，犬不呵，荷荷，
> 来不来兮，欢奈何，荷荷？
> 一绳隔兮，阻银河，荷荷，
> 双灯照兮，晕红涡，荷荷。
> 千人万人兮，妾心无他，荷荷；
> 君不知兮，弃则那，荷荷！
> 今日夫妇兮，他日公婆，荷荷。
> 百千万亿化身菩萨兮，受此花，荷荷！
> 三千三百三十二座大神兮，听我歌，荷荷！
> 天长地久兮，无差讹，荷荷！
>
> （原刻此诗不分行。分行更好。）

这固是为西京的风俗作的，但他对于这种民间白话文学的赏识力，大概还是他本乡的山歌的影响。《都踊歌》每一句的尾声"荷荷"，正和嘉应州山歌"每一辞毕，辄间以无辞之声，甚哀厉而长"，是相像的。我们可以说，他早年受了本乡山歌的感化力，故能赏识民间白话文学的好处；因为他能赏识民间的白话文学，故他能说"即今流俗语，我若登简编，五千年后人，惊为古斓斑！"

他自己曾说（此据他的兄弟谭楷跋中引语）：

> 人各有面目，正不必与古人相同。吾欲以古文家抑扬变化之法作古诗，取《骚》、《选》乐府歌行之神理入近体诗。其取材以群经三史诸子百家及许郑诸注为词赋家不常用者；其述事以官书会典方言俗谚及古人未有之物未辟之境，举吾耳目所亲历者，皆笔而书之。要不失为以我之手写我之口。

这几句话说他的诗，都很确当。但他在"以古文家抑扬变化之法作古诗"的方面，成绩最大。我们且举《赤穗四十七义士歌》（有长序，当参读）的末节：

……臣等事毕无所求,愿从先君地下游。……明年赐剑如杜邮,四十七士性命同日休。一时惊叹争歌讴。观者,拜者,吊者,贺者,万花绕冢,每日香烟浮!一裙,一屐,一甲,一胄,一刀,一矛,一杖,一笠,一歌,一画,手泽珍宝如天球!自从天孙开国首重天琼锋,和魂一传千千秋。况复五百年来武门尚武国多贞俦!到今赤穗义士某某某某四十七人一一名字留!内足光辉大八州,外亦声明五大洲。

此外如他的《降将军歌》、《度辽将军歌》、《聂将军歌》、《逐客篇》、《番客篇》,……都是用做文章的法子来做的。这种诗的长处在于条理清楚,叙述分明。作诗与作文都应该从这一点下手:先做到一个"通"字,然后可希望做到一个"好"字。古来的大家,没有一个不是这样的;古来决没有一首不通的好诗,也没有一首看不懂的好诗。金和与黄遵宪的诗的好处就在他们都是先求"通",先求达意,先求懂得。

黄遵宪颇想用新思想和新材料——所谓"古人未有之物,未辟之境"——来做当日所谓新诗。他的《今别离》四篇,便是这一类。我且引他的《以莲菊桃杂供一瓶作歌》的末段来作例:

……即今种花术益工,移枝接叶争天功。安知莲不变桃不变为菊?回黄转绿谁能穷?化工造物先造质,控搏众质亦多术,安知夺胎换骨无金丹,不使此莲此菊此桃万亿化身合为一?……六十四质亦幺麽,我身离合无不可。质有时坏神永存,安知我不变花花不变为我?千秋万岁魂有知,此花此我相追随!待到汝花将我供瓶时,还愿对花一读今我诗!

这种"新诗",用旧风格写极浅近的新意思,可以代表当日的一个趋向;但平心说这种诗并不算得好诗。《今别离》在当时受大家的恭维;现在看来,实在平常得很,浅薄得很。

《人境庐诗抄》中最好的诗,自然还要算《拜曾祖母李太夫

人墓》一篇。此诗能实行他的"我手写我口,古岂能拘牵"的主张。内中一段云:

……春秋多佳日,亲戚尽团聚。双手擎掌珠,百口百称誉。"我家七十人,诸子爱渠祖,诸妇爱渠娘,诸孙爱诸父。因裙便惜带,将缣难比素。老人性偏爱,不顾人笑侮。"邻里向我笑;"老人爱不差。果然好相貌,艳艳如莲花。诸母背我骂,健犊行破车,上树不停脚,偷芋信手爬;昨日探鹊巢,一跌败两牙,噀血喷满壁,盘礴画龙蛇。兄妹昵我言,向婆乞金钱,直倾紫荷囊,滚地金铃圆。爷娘附我耳,劝婆要加餐;金盘脍鲤鱼,果为儿下咽。伯叔牵我手,心知不相干,故故摩儿顶,要图老人欢。

儿年九岁时,阿爷报登科。见儿大父旁,一语三摩娑:"此儿生属猴,聪明较猴多。雏鸡比老鸡,异时知如何?我病又老耄,情知不坚牢。风吹儿不长,那见儿扶摇?待儿胜冠时,看儿能夺标;他年上我墓,相携着宫袍。前行张罗伞,后行鸣鼓箫;猪鸡与花果,一一分肩挑;爆竹响墓背,墓前纸钱飘。手捧紫泥封,云是夫人诰;子孙共罗拜,焚香向神告:'儿今幸胜贵,颇如母所料。'世言鬼无知,我定开口笑。"

这个时代之中,我只举了金和、黄遵宪两个诗人,因为这两个人都有点特别的个性,故与那一班模仿的诗人,雕琢的诗人,大不相同。这个时代之中,大多数的诗人都属于"宋诗运动"。宋诗的特别性质,不在用典,不在做拗句,乃在作诗如说话。北宋的大诗人还不能完全脱离杨亿一派的恶习气;黄庭坚一派虽然也有好诗,但他们喜欢掉书袋,往往有极恶劣的古典诗。(如云"司马寒如灰,礼乐卯金刀。")南宋的大家——杨、陆、范,方才完全脱离这种恶习气,方才贯彻这个"作诗如说话"的趋势。但后来所谓"江西诗派",不肯承接这个正当的趋势(范、陆、杨、尤都从江西诗派的曾几出来),却去模仿那变化未完成的黄庭坚,所以走错了路，跑不出来了。近代学宋诗的人，也都犯这个毛病。陈三立是近代宋诗的代表作者，但他的《散原精舍诗》里实在很少可以独立的诗。近代的作家之中，郑孝胥虽然也不脱离模仿性，但他的魄力大些，故还不全是模仿。他曾有诗赠陈三立，中有"安能抹青红，搔头而弄姿？"之句。其实他自己有时还近这种境界，陈三立却做不到这个地步。郑孝胥作陈三立的诗集的序，曾说：

往有巨公与余谈诗，务以清切为主。于当世诗流，每有张茂先我所不解之喻。其说甚正。然余窃疑诗之为道，殆有未能以清切限之者。世事万变，纷扰于外；心绪百态，腾沸于内；宫商不调而不能已于声，吐属不巧而不能已于辞；若是者，吾固知其有乖于清也。思之来也无端，则断如复断，乱如复乱者，恶能使之尽合？兴之发也匪定，则倏忽无见，惝恍无闻者，恶能责以有说？若是者，吾固知其不期于切也。

他这篇序虽然表面上是替江西诗派辩护，其实是指出江西诗派的短处。他自己的诗并不实行这个"不清不切"的主张，故还可以读。他后来有答樊增祥的诗，自己取消这种议论：

尝序伯严（陈三立）诗，持论辟清切。自嫌误后生，流浪或失实。君诗妙易解，经史气四溢。诗中见其人，风趣乃隽绝。浅语莫非深，天壤在毫末。何须填难字，苦作酸生活？会心可意言，即此意已达。樊增祥的诗，比较的最聪明，最清切，可惜没有内容，也算不得大家。此外还有许多人，努力模仿古人，努力做诗匠。但他们志在"作古"，我们也不敢把他们委屈在这五十年之内了。

七

这五十年是中国古文学的结束时期。做这个大结束的人物，很不容易。恰好有一个章炳麟，真可算是古文学很光荣的结局了。

章炳麟是清代学术史的押阵大将，但他又是一个文学家，他的《国故论衡》、《检论》，都是古文学的上等作品。这五十年中著书的人没有一个像他那样精心结构的；不但这五十年，其实我们可以说这两千年中只有七八部精心结构，可以称作"著作"的书，如《文心雕龙》、《史通》、《文史通义》等，其余的只是结集，只是语录，只是稿本，但不是著作。章炳麟的《国故论衡》要算是这七八部之中的一部了。他的古文学功夫很深，他又是很富于思想与组织力的，故他的著作在内容与形式两方面都能"成一家言"。

章氏论文，很多精到的话。他的《文学总略》（《国故论衡》中）推翻古来一切狭陋的"文"论，说"文者，包络一切著于竹帛者而为言"。他承认文是起于应用的，是一种代言的工具；一切无句读的表谱簿录，和一切有句读的文辞，并无根本的区别。至于"有韵为文，无韵为笔"，和"学说以启人思，文辞以增人感"的区别，更不能成立了。这种见解，初看去似不重要，其实很有关系。有许多人只为打不破这种种因袭的区别，故有"应用文"与"美文"的分别；有些人竟说"美文"可以不注重内容；有的人竟说"美文"自成一种高尚不可捉摸，不必求人解的东西，不受常识与论理的裁制！章炳麟说：

> 文字本以代言，其用则有独至。凡无句读文，皆文字所专属者也，以是为主，故论文学者不得以兴会神旨为上。……知文辞始于表谱簿录，则修辞立诚，其首也。

又说：

> 不得以感人者为文辞，不感者为学说。……学说者，非一往不可感人。凡感于文言者，在其得我心。是故饮食移味，居处缊愉者，闻劳人之歌，心犹怕然。大愚不灵，无所愤悱者，睹妙论则以为恒言也。身有疾痛，闻幼眇之音，则感慨随之矣。心有疑滞，睹辨析之论，则悦怿随之矣。

他是能实行不分文辞与学说的人,故他讲学说理的文章都很有文学的价值。他并不反对桐城派的古文,他的《菿汉微言》有一段说:

> 问桐城义法何其隘邪?答曰,此在今日,亦为有用。何者?明末猥杂佻倪之文雾塞一世,方氏起而廓清之。自是以后,异喙已息,可以不言流派矣。乃至今日而明末之风复作,报章小说,人奉为宗。幸其流派未亡,相存纲纪,学者守此,不至堕入下流,故可取也。若谛言之,文足达意,远于鄙倍,可也。有物有则,雅驯近古,是亦足矣。派别安足论?(页六八)

但他自己论文,却主张回到魏、晋。他说:

魏、晋之文,大体皆卑于汉,独持论仿佛晚周。气体虽异,要其守己有度,伐人有序,和理在中,孚尹旁达,可以为百世师矣。(《国故论衡》中,《论式》,页九四)

为什么呢?因为

老庄形名之学,逮魏复作,故其言不牵章句;单篇持论,亦优汉世。(页九二)

故他以为

> 持诵《文选》,不如取《三国志》、《晋书》、《宋书》、《弘明集》、《通典》,观之。纵不能上窥九流,犹胜于滑泽者。(页九三)

他又说:

> 夫雅而不核,近于诵数,汉人之短也。廉而不节,近于强钳;肆而不制,近于流荡;清而不根,近于草野;唐、宋之过也。有其利而无其病者,莫若魏、晋。(页九五)

又说:

> 效唐、宋之持论者,利其齿牙。效汉之持论者,多其记诵。斯已给矣。
>
> 效魏、晋之持论者,上不徒守文,下不可御人以口,必先豫

之以学。(同页)

"必先豫之以学"六个字,谈何容易?章炳麟的文章,所以能自成一家,也并非因为他模仿魏、晋,只是因为他有学问做底子,有论理做骨格。《国故论衡》里文章,如《原儒》、《原名》、《明见》、《原道》、《明解故上》、《语言缘起》说,……皆有文学的意味,是古文学里上品的文章。《检论》里也有许多好文章;如《清儒》篇,真是近代难得的文章。

但他究竟是一个复古的文家。他的复古主义虽能"言之成理",究竟是一种反背时势的运动。他论文辞,知道文辞始于表谱簿录,是应用的,但他的文章应用的成绩比较最少。他对于同时的文人都有点薄鄙的意思(看《文录》二,《与邓实书》及《与人论文书》)。他自命"将取千年朽蠹之余,反之正则"。他于近代文人中,只承认"王闿运能尽雅"。有人问他如何能做到古雅的文章,他曾把王闿运做文章的法子来教人。什么法子呢?原来是先把意思写成平常的文章,然后把虚字尽量删去,自然古雅了!他又喜欢用古字来代替通行的字。他自己说,

> 六书本义,废置已夙;经籍仍用,通借为多。舍借用真,兹为复始。(《检论》五,《正名杂义》,页二八)

他不知道荀卿"约定俗成谓之宜"的话乃是正名的要旨,故他这种"复始"的功夫虽然增加了古气古色,同时便减少了应用的程度。他自己著书,本来有句读,还可以帮助一般读者的了解。后来他的门人校刻他的全书,以为圈读不古,删去句读,就更难读了。他知道文辞以"存质"为本,他曾说:"文益离质则表象益多,而病亦益笃";他痛恨那班

> 庸妄宾僚,谬施涂墍,案一事也,不云"纤悉毕呈",而云"水落石出";排一难也,不云"祸胎可绝",而云"釜底抽薪"。表象既多,鄙倍斯甚!(《正名杂义》页一四)

但他那篇《订文》(《正名杂义》乃《订文》的附录)中有句云："后之林烝,知孟晋者,必修述文字",用"孟晋"代求进步,还说得过去;"林烝"二字,比他举出的"水落石出""釜底抽薪",更不通了。

总而言之,章炳麟的古文学是五十年来的第一作家,这是无可疑的。但他的成绩只够替古文学做一个很光荣的下场,仍旧不能救古文学的必死之症,仍旧不能做到那"取千年朽蠹之余,反之正则"的盛业。他的弟子也不少,但他的文章却没有传人。有一个黄侃学得他的一点形式,但没有他那"先豫之以学"的内容,故终究只成了一种假古董。章炳麟的文学,我们不能不说他及身而绝了。

章炳麟论韵文,也是一个极端的复古派。他说古今韵文的变迁,颇有历史的眼光。他说:

吟咏情性,古今所同,而声律调度异焉。魏文侯听今乐则不知倦,古乐则卧。故知数极而迁,虽才士弗能以为美。(《国故论衡》中,《辨诗》,页九九)

这是很不错的历史见解。根据于这个"数极而迁"的观念,他指出《三百篇》为四言诗的极盛时期;到了汉以下,"四言之势尽矣",故束皙等的四言诗都做不好,到了唐朝,"五言之势又尽,杜甫以下辟旋以入七言";到了"宋世,诗势已尽,故其吟咏情性,多在燕乐(词)"。他论近代的诗,也很不错:

今词又失其声律,而诗龙奇愈甚。考征之士,睹一器,说一事,则纪之五言,陈数首尾,比于马医歌括。及曾国藩自以为功,诵法江西诸家,矜其奇诡。天下骛逐,古诗多诘屈不可诵,近体乃与杯珓谶辞相等。江湖之士艳而称之,以为至美。盖自《商颂》以来,歌诗失纪,未有如今日者也。

这种议论的自然结果应该是一种很激烈的文学革命了。谁知他下文一转便道：

> 物极则变，今宜取近体一切断之（自注：唐以后诗但以参考史事，存之可也。其语则不足诵），古诗断自简文以上，唐有陈（子昂）、张（九龄）、李（白）、杜（甫）之徒，稍稍删取其要，足以继风雅，尽正变矣。

这种极端的复古论，和他的文学史观，实在是互相矛盾的。如果四言诗之势已尽于汉末而五言诗之势已尽于唐初，如果诗之势已尽于宋世，那就如他自己说的"虽才士弗能以为美"了，难道他们还能复兴于今日吗？那"数极而迁"的文学，难道还可以恢复吗？

但他不顾这个矛盾，还想恢复那"数极而迁，虽才士弗能以为美"的诗体。他的韵文（《文录》二，页八六以下）全是复古的文学。内中也有几首可读的，如《东夷诗》的第三四首：

> 客从海西来，上堂结罗袜，长跪箸席上，对语忘时日。仰见玉衡移，握手言离别。下堂寻革鞮，革鞮忽已失。回头问主人，主人甫惊绝。乞君一两靴，便向笼间掇。笼间何所有？四顾吐长舌。

> 甲第夫如何？绳薆相钩带，虎落穿方空，空小门不大。按项出门去，恣情逐岩濑。三步复五步，京市亦迢递。对复得町畦，云中闻犬吠。策杖寻其声，耆献方高会。"陛下千万岁！世世从台隶！"

这种诗的剪裁力确是比黄遵宪的《番客篇》等诗高得多，又加上一种刻画的嘲讽意味，故创造的部分还可以勉强抵销那模仿的部分。此外如《艾如张》，如《董逃歌》，若没有那篇长序，便真是"与杯珓谶辞相等"了。最恶劣的假古董莫如他的《丹橘》与《上留田》诸篇。《丹橘》凡"七章，二章章四句，五章章八句"，我猜想了五年，近来方才敢猜这诗大概是为刘师培作的。我引第五六章作例：

  天道无远，逡天既丧。何以潄浣？其瘐其壮。越睆望之，度畦乡之。不见广陵，蓬莱障之。

  櫌之奜矣，不宿乾鹊。民之睾矣，如狙如玃。知我之好，匪伊朝夕。尔虽我刲，我心则怿。

这种诗使我们联想到《易林》，《易林》是汉朝的一种"杯珓谶辞"。其实一千几百年前的"杯珓谶辞"未必就远胜一千几百年后的"杯珓谶辞"。

  章炳麟在文学上的成绩与失败，都给我们一个教训。他的成绩使我们知道古文学须有学问与论理做底子，他的失败使我们知道中国文学的改革须向前进，不可回头去；他的失败使我们知道文学"数极而迁，虽才士弗能以为美"；使我们知道那"取千年朽蠹之余，反之正则"的盛业是永永不可能的了！

八

  当日俄战争（1904年—1905年）以后，中国革命的运动一天一天地增加势力。同时的君主立宪运动也渐渐地成为一种正式的运动。这两党的主张时常发生冲突。《新民丛报》那时已变成君主立宪的机关了，故时时同革命的《民报》做很激烈的笔战。这种笔战在中国的政论文学史上很有一点良好的影响，因为从此以后，梁启超早年提倡出来的那种"情感"的文章，永永不适用了。帖括式的条理不能不让位给法律家的论理了。笔锋的情感不能不让位给纸背的学理了。梁启超自己的文章也不能不变了；《国风》与《庸言》里的梁启超已不是《新民丛报》第一二年的梁启超了。自1905年到1915年（民国四年），这十年是政论文章的发达时期。这一个时代的代表作家是章士钊。章士钊曾著有一部中国文法书，又曾研究论理学；他的文章的长处在于文法谨严，论理完足。他从桐城派出来,又受了严复的影响不少;他又很崇拜他家太炎,大概也逃不了他的影响。他的文章有章炳麟的谨严与修饰,而没有他的古僻;条理可比梁启超,而没有他的堆砌。他的文章与严复最接近,但他自己能译西洋政论家法理学家的书,故不须模仿严复。严复还是用古文译书,章士钊就有点倾向"欧化"的古文了;但他的欧化,只在把古文变精密了,变繁复了,使古文能勉强直接译西洋书而不消用原意来重做古文;使古文能曲折达繁复的思想而不必用生吞活剥的外国文法。

章士钊的文章,散见各报;但他办《甲寅》时(1914年—1915年)的文章,更有精彩了,故我们只引这个时代的文章来作例。他先著《学理上之联邦论》,中有云:

理有物理,有政理。物理者,绝对者也。而政理只为相对。物理者,通之古今而不惑,放之四海而皆准者也。政理则因时因地容有变迁。二者为境迥殊,不易并论。例如十乌于此,吾见九乌皆黑;余一乌也,而亦黑之,谓非黑则于物理有远,可也。若十国于此,吾见九国立君;余一国也,而亦君之,谓非立君则于政理有违,未可也。何也?立君之制,纵宜于九国,而未必即宜于此一国也。或曰,"自培根以来,学者无不采经验论"。此其所指似在物理,而持以侵入政理之域,愚殊未敢苟同。……科学之验,在夫发现真理之通象;政学之验,在夫改良政制之进程;故前者可以定当然于已然之中,后者甚且排已然而别创当然之例。不然,当十五六世纪时,君主专制之威披靡一世,政例所存,罔不然焉;苟如论者所言,是十七世纪后之立宪政治不当萌芽矣。有是理乎?(《甲寅》,一,五)

他的意思要说"联邦之理,果其充满,初不恃例以为护符"。后来有人驳他,说他的方法是极端的演绎法。章士钊作论答他(《联邦论·答潘君力山》),中有一段云:

物理之称为绝对，究其极而言之，非能真绝对也。何也？无论何物，人盖不能举其全体现在方来之量之数，一一试验以尽，始定其理之无讹也。必待如是，不特其本身归纳之业直无时而可成，而外籀演绎之事，亦终古无从说起。……是故范为定理，不得不有赖于"希卜梯西"（hypothesis）焉。希卜梯西者，犹言假定也。凡物之已经试验，历人既多，为时亦久，而可信其理为如是如是者，皆得设为假定。用此假定之理以为演绎，历人既多，为时亦久，而无例焉与之相反，则可谥以绝对之称矣。故"绝对"云者，亦假定之未破者而已，非有他也。（《甲寅》，一，七）

第二次答复（《甲寅》一，一九）又说：

若曰，"吾国无联邦之事例，联邦之法理即为无根"，则吾所应谈之法理，而无其事例者，到处皆是矣；若一切不谈，政治又以何道运行耶？况事例吾国无之，而他国固有。以他国所有者，推知吾国之亦可行，此科学之所以重比较，而法律亦莫逃其例者也。安得以本国之有无自限耶？大凡事例之成，苟其当焉，其法理必已前立；特其法理或位乎逻辑之境而人不即觉，事后始为之说明耳。今吾饱观政例，熟察利害，他人事后始有机会立为法理者，而吾得于事前穷其逻辑之境，尽量出之，恣吾览睹，方自幸之不暇，而又何疑焉？

罗家伦在他的《近代中国文学思想之变迁》一篇（《新潮》二，五）里，曾说章士钊的文章"可谓集'逻辑文学'的大成了"。他又说，"政论的文章，到那个时候，趋于最完备的境界。即以文体而论，则其论调既无'华夷文学'的自大心，又无'策士文学'的浮泛气；而且文字的组织上又无形中受了西洋文法的影响，所以格外觉得精密。"（页八七三）这个论断是很不错的。我上文引的几段，很可以说明这种"逻辑文学"的性质。

章士钊同时的政论家——黄远庸、张东荪、李大钊、李剑农、高一涵等，都朝着这个趋向做去，大家不知不觉地造成一种修饰的、谨严的、逻辑的，有时不免掉书袋的政论文学，但是这种文章，在当日实在没有多大的效果。做的人非常卖气力；读的人也须十分用气力，方才读得懂。因此，这种文章的读者仍旧只限于极少数的人。当他们引戴雪，引白芝浩，引哈蒲浩，引蒲徕士，来讨论中国的政治法律的问题的时候，梁士诒、杨度、孙毓筠们早已把宪法踏在脚底下，把人民玩在手心里，把中华民国的国体完全变换过了！洪宪的帝制虽不长久，洪宪的余毒至今还在，而当日的许多政论机关都烟销云散了。民国五年（1916年）以后，国中几乎没有一个政论机关，也没有一个政论家；连那些日报上的时评也都退到纸角上去了，或者竟完全取消了。这种政论文学的忽然消灭，我至今还说不出一个所以然来。但《甲寅》最后一期里有黄远庸写给章士钊的两封信，至少可以代表一个政论大家的最后忏悔。他说：

远本无术学，滥厕士流，虽自问生平并无表见，然即其奔随士夫之后，雷同而附和，所作种种政谈，今无一不为忏悔之材料。盖由见事未明，修省未到，轻谈大事，自命不凡；亡国罪人，亦不能不自居一分也。此后将努力求学，专求自立为人之道，如足下所谓存其在我者，即得为末等人，亦胜于今之一等脚色矣。

愚见以为居今论政，实不知从何处说起。《洪范》九畴亦只能明夷待访。……至根本救济，远意当从提倡新文学入手，综之，当使吾辈思潮如何能与现代思潮相接触，而促其猛省。而其要义须与一般之人，生出交涉。法须以浅近文艺普遍四周。史家以文艺复兴为中世改革之根本，足下当能语其消息盈虚之理也。（《甲寅》一，十）

这封信，前半为忏悔，后半为觉悟。当日的政论家苦心苦口，确有很可佩服的地方。但他们的大缺点只在不能"与一般之人生出交涉"。这一句话不但可以批评他们的"白芝浩——戴雪——哈蒲浩——蒲徕士"的内容，也可以批评他们的精心结构的政论古文。黄远庸的聪明先已见到这一点了，所以他悬想将来的根本救济当从提倡新文学下手，要用浅近文艺普遍四周，要与一般的人生出交涉来。章士钊答书还不赞成这种话，他说"必其国政治差良，其度不在水平线下，而后有社会之事可言，文艺其一端也。"黄远庸那年到了美国，不幸被人暗杀了，他的志愿毫无成就；但他这封信究竟可算是中国文学革命的预言。他若在时，他一定是新文学运动的一个同志，正如他同时的许多政论家之中的几个已做新文学运动的同志了。

九

以上七节说的是这五十年的中国古文学。古文学的共同缺点就是不能与一般的人生出交涉。大凡文学有两个主要分子：一是"要有我"，二是"要有人"。有我就是要表现著作人的性情见解，有人就是要与一般的人发生交涉。那无数的模仿派的古文学，既没有我，又没有人，故不值得提起。我们在这七节里提起的一些古文学代表，虽没有人，却还有点我，故还能在文学史上占一个地位。但他们究竟因为不能与一般的人生出交涉来，故仍旧是少数人的贵族文学，仍旧免不了"死文学"或"半死文学"的评判。

现在我们要谈这五十年的"活文学"了。活文学自然要在白话作品里去找。这五十年的白话作品，差不多全是小说。直到近五年内，方才有他类的白话作品出现。我们先说五十年内白话小说，然后讨论近年的新文学。

这五十年内的白话小说出的真不在少数！为讨论得便利起见，我们可以把它们分作南北两组：北方的评话小说，南方的讽刺小说。北方的评话小说可以算是民间的文学，它的性质偏向为人的方面，能使无数平民听了不肯放下，看了不肯放下；但著书的人多半没有什么深刻的见解，也没有什么浓挚的经验。他们有口才，有技术，但没有学问。他们的小说，确能与一般的人生出交涉了，可惜没有我，所以只能成一种平民的消闲文学。《儿女英雄传》、《七侠五义》、《小五义》、《续小五义》等书，属于这一类。南方的讽刺小说便不同了。他们的著者都是文人，往往是有思想有经验的文人。他们的小说，在语言的方面，往往不如北方小说那样漂亮活动；这大概是因为南方人学用北部语言做书的困难。但思想见解的方面，南方的几部重要小说都含有讽刺的作用，都可以算是"社会问题的小说"。他们既能为人，又能有我。《官场现形记》、《老残游记》、《二十年目睹之怪现状》、《恨海》、《广陵潮》，……都属于这一类。（南方也有消闲的小说，如《九尾龟》等。）

我们先说北方的评话小说。评话小说自宋以来，七八百年，没有断绝。有时民间的一种评话遇着了一个文学大家，加上了剪裁修饰，便一跳升作第一流的小说了（如《水浒传》）。但大多数的评话——如《杨家将》、《薛家将》之类，——始终不曾脱离很幼稚的时代。明、清两朝是小说最发达的时期，内中确有好几部第一流的文学。有了这些好小说做教师，做模范本，所以民间的评话也渐渐地成个样子了，渐渐地可读了。因此，这五十年的评话小说，可以代表评话小说进步最高的时期。当同治末年光绪初年之间，出了一部《儿女英雄传评话》。此书前有雍正十二年和乾隆五十九年的序，都是假托的。雍正年的序内提起《红楼梦》，不知《红楼梦》乃是乾隆中年的作品！故我们据光绪戊寅（1878年）马从善的序，定为清宰相勒保之孙文康（字铁仙）做的。文康晚年穷困无聊，作此书消遣。序中说"昨来都门，知先生已归道山"，可知文康死于同治光绪之际，故我们定此书为近五十年前的作品。《七侠五义》初名《三侠五义》，又名《忠烈侠义传》，今本有俞樾的序，说曾听见潘祖荫称赞此书，"虽近时新出而颇可观"。俞序作于光绪十五年（1889年），故定为五十年中的作品。此书原著者为石玉昆，但今本已是俞樾改动的本子，原本已不可见了。石玉昆的事迹不可考，大概是当日的一个评话大家。又有《小五义》一部，刻于光绪十六年（1890年）；《续小五义》一部，刻于同年的冬间。此二书据说也都是石玉昆的原稿，从他的门徒处得来的。《续小五义》初刻本，尚有潘祖荫的小序，说他捐俸余三十金帮助刻板。这也可见当日的一种风气了。《续小五义》之后，近年来又出了无数的续集，此外还有许多"公案"派的评话，但价值更低，我们不谈了。

《儿女英雄传》的著者虽是一个八旗世家，做过道台，放过驻藏大臣，但他究竟是一个迂陋的学究，没有见解，没有学问。这部书可以代表那"儒教化了的"八旗世家的心理。儒家的礼教本是古代贵族的礼教，不配给平民试行的。满洲人入关以后，处处模仿中国文化，故宗室八旗的贵族居然承受了许多繁缛的礼节。我们读《红楼梦》，便可以看见贾府虽是淫乱腐败，但表面上的家庭礼仪却是非常严厉。一个贾政便是儒教的绝好产儿。《儿女英雄传》更迂腐了。书里的安氏父子，何玉凤、张金凤，都是迂气的结晶。何玉凤在能仁寺杀人救人的时节，忽然想起"男女授受不亲"的圣训来了！安老爷在家中捉到强盗的时候，忽然想起"伤人乎？不问马"的圣训来了！至于书中最得意的部分——安老爷劝何玉凤嫁人一段——更是迂不可当的纲常大义。我们可以说，《儿女英雄传》的思想见解是没有价值的。它的价值全在语言的漂亮俏皮，诙谐有味。旗人最会说话；前有《红楼梦》，后有此书，都是绝好的记录。《儿女英雄传》有意模仿评话的口气，插入许多"说书人打岔"的话,有时颇讨厌,但有时很多诙谐的意味。例如能仁寺的凶僧举刀要杀安公子时,忽然一个弹子飞来,他把身一蹲。

谁想他的身子蹲得快,那白光来得更快,噗的一声,一个铁弹子正着在左眼上。那东西进了眼睛,敢是不住要站,一直的奔了后脑杓子的脑瓜骨,咯噔的一声,这才站住了……肉人的眼珠子上要着上这等一件东西,大概比揉进一个沙子去利害。只疼得他哎哟一声,往后便倒。当啷啷,手里的刀子也扔了。

那时三儿在旁边,正呆呆地望着公子的胸脯子,要看这回刀尖出彩;只听咕咚一声,他师傅跌倒了。吓了一跳,说,"你老人家怎么了?这准是使猛了劲,岔了气了;等我腾出手来扶起你老人家来咵?"才一转身,毛着腰,要把那铜镟子放在地下,好去搀他师傅,这个当儿,又是照前噗的一声,一个弹子从他左耳朵眼儿里打进去,打了个过膛儿,从右耳朵眼儿里钻出来,一直打到东边那个厅柱上,吧挞的一声,打了一寸来深,进去嵌在木头里边。那三儿只叫得一声"我的妈呀!"——铛——把个铜镟子扔了,——咕咚——也窝在那里了。那铜镟子里的水泼了一台阶子。那镟子唏啷花啷一阵乱响,便滚下台阶去了。(第六回)

这种描写法,虽然不合事实,却很有诙谐趣味;这种诙谐趣味乃是北方评话小说的一种特别风味。

《七侠五义》也没有什么思想见地。他是学《水浒》的;但《水浒》对于强盗,对于官吏,都有一种大胆的见解;《七侠五义》也恨贪官,也恨强盗,——这是北方中国人的自然感想,——但只希望有清官出来用"御铡三刀"和"杏花雨"的苛刑来除掉那些赃官污吏;只希望有侠义的英雄出来,个个投在清官门下做四品护卫或五品护卫,帮着国家除暴安良。这是这些侠义小说和公案小说的公同见解。但《七侠五义》描写人物的技术却是不坏;虽比不上《水浒传》，却也很有点个性的描写。他写白玉堂的气小，蒋平的聪明，欧阳春的镇静，智化的精细，艾虎的活泼，都很有个性的区别。第三十二回至第三十四回写白玉堂结交颜眘敏一节，又痛快，又滑稽，是书中很精彩的文字。书中有时也有很感慨的话，如第八十回写智化假装逃荒的，混入皇城做工的第一天，

按名点进，到了御河，大家按挡儿做活。智爷拿了一把铁锹撮的比人多，掷的比人远，而且又快。傍边做活的道，"王第二的，你这活计不是这么做"。智爷道，"怎么？"傍边人道，"俗语说的，'皇上家的工，慢慢儿的蹭。'你要这么做，还能吃的长吗？"智爷道，"做的慢了，他们给饭吃吗？"傍边人道，"都是一样慢了，他能不给谁吃呢？"智爷道，"既是这样，俺就慢慢的。"

这种好文章，可惜不多见；不然，《七侠五义》真成了第一流的小说了。

《小五义》与《续小五义》有许多不通的回目，中间又有许多不通的诗，大不如《七侠五义》。究竟这种幼稚的本子是石玉昆的原本呢？或者，那干净的《七侠五义》大体代表石玉昆的原本而《小五义》以下是假托的呢？那就不容易决定了。《小五义》以下精彩甚少，只有一个徐良，写的还有趣。我们不举例了。

南方的讽刺小说都是学《儒林外史》的。《儒林外史》初刻于乾隆时，后来虽有翻刻本，但太平天国乱后，这部书的传本渐渐少了。乱平以后，苏州有活字本；《申报》的初年有铅字排本，附有金和的跋语，及天目山樵评语。自此以后，《儒林外史》的通行遂多了。但这部书是一种讽刺小说，颇带一点写实主义的技术，既没有神怪的话，又很少英雄儿女的话；况且书里的人物又都是"儒林"中人，谈什么"举业"、"选政"，都不是普通一般人能了解的，因此，第一流小说之中，《儒林外史》的流行最不广，但这部书在文人社会里的魔力可真不少！一来呢，这是一种创体，

可以作批评社会的一种绝好工具。二来呢，《儒林外史》用的语言是长江流域的官话，最普通，最适用。三来呢，《儒林外史》没有布局，全是一段一段的短篇小品连缀起来的；拆开来，每段自成一篇；斗拢来，可长至无穷。这个体裁最容易学，又最方便。因此，这种一段一段没有总结构的小说体就成了近代讽刺小说的普通法式。

我们先说李伯元（常州人，事迹未详）的《官场现形记》。这部书先后共出了六十卷，全是无数不连贯的短篇纪事连缀起来的。全书的体例与方法，最近《儒林外史》。《儒林外史》骂的是儒生，《官场现形记》骂的是官场；《儒林外史》里还有几个好人，《官场现形记》里简直没有一个好官。著者自己说，他那部书是一部做官教科书，

前半部是专门指摘他们做官的坏处，好叫他们读了知过必改。后半部方是教导他们做官的法子。如今把这后半部烧了，只剩得前半部；光有这前半部，不像本教科书，倒像部《封神榜》、《西游记》，妖魔鬼怪一齐都有。（第六十卷）

其实当时官场的腐败已到了极点，这种材料遍地皆是，不过等到李伯元方才有这一部穷形尽相的"大清官国活动写真"出现，替中国制度史留下无数绝好的材料。这部书的初集有光绪癸卯年（1903年）茂苑、惜秋生的序，痛论官的制度：

……选举之法兴则登进之途杂，士废其读，农废其耕，工废其技，商废其业，皆注意于官之一字。盖官者有士农工商之利而无士农工商之劳者也。天下爱之至深者，谋之必善；慕之至切者，求之必工。于是乎有脂韦滑稽者，有夤缘奔竞者，而官之流品已极紊乱。

限资之例，始于汉代。……开捐纳之先路，导输助之滥觞。所谓衣食足而知荣辱者，直是欺人之谈！……乃至行博弈之道，

掷为孤注,操贩鬻之行,居为奇货。其情可想,其理可推矣。沿至于今,变本加厉;凶年饥馑,旱干水溢,皆得援救助之例,邀奖励之恩。而所谓官者乃日出而未有穷,不至充塞宇宙不止!

官者,辅天子则不足,压百姓则有余。……有语其后者,刑罚出之;有诮其旁者,拘系随之。……于是官之气愈张,官之焰愈烈。羊狠狼贪之技,他人所不忍出者,而官出之;蝇营狗苟之行,他人所不屑为者,而官为之。……国衰而官强,国贫而官富;孝弟忠信之旧,败于官之身;礼义廉耻之遗,坏于官之手。而官之所以为人诟病,为人轻亵者,盖非一朝一夕之故,其所由来者渐矣!

《官场现形记》的主意只是要人人感觉官是世间最可恶又最下贱的东西。如卷四写黄道台的门房戴升鼻子里哼的冷笑一声,说:

等着罢,我是早把铺盖卷好等着的了。想想做官的人也真是作孽。你瞧他升了官,一个样子;今儿参掉官,又是一个样子。不比我们当家人的,辞了东家,还有西家,一样吃他妈的饭。做官的可只有一个皇帝,逃不到那里去的!

又如卷八陶子尧对着堂子里的娘姨说他的官运,他说:

我们做官的人,说不定今天在这里,明天就在那里,自己是不能作主的。

新嫂嫂说:

难末,大人做官格身体,搭子"讨人身体"差勿多哉……堂子里格小姐……卖拨勒人家,或者是押帐,有仔管头,自家做勿动主,才叫做"讨人身体"格。耐笃做官人,自家做勿动主,阿是一样格?

陶子尧道:

你这人真是瞎来来!我们的官是拿银子捐来的,又不是卖身,同你们堂子里一个买进一个卖出,真正天悬地隔。

不过这个区别实在很微细。卷十四写江山船上的一个妓女龙珠对周老爷说：

> 我十五岁上跟着我娘到过上海一荡，人家都叫我清倌人，我肚里好笑。我想我们的清倌人也同你们老爷们一样。……
>
> 去年八月里江山县钱太老爷在江头雇了我们的船，同了太太去上任。听说这钱太老爷在杭州等缺，等了二十几年，穷的了不得，连什么都当了。好容易才熬到去上任。他一共一个太太，两个少爷，九个小姐。大少爷已经三十多岁，还没有娶媳妇。从杭州动身的时候，一家门的行李不上五担，箱子都很轻的。到了今年八月里，预先写信叫我们的船上来接他回杭州。等到上船那一天，红皮衣箱一多就多了五十几只，别的还不算。上任的时候，太太戴的是镀金的簪子；等到走，连那小少爷的奶妈，一个个都是金耳坠子了！钱太老爷走的那一天，还有人送了他好几把万民伞。大家一齐说老爷是清官，不要钱，所以人家才肯送他这些东西。我肚皮里好笑，老爷不要钱，这些箱子是那里来的呢？……瞒得过我吗？做官的人，得了钱，自己还要说是清官，同我们吃了这碗饭一定要说是清倌人，岂不是一样的吗？

周老爷听了他的话，气得一句话也说不出，倒反朝着他笑；歇了半天，才说得一句"你比方得不错"。

李伯元除了《官场现形记》之外，还有一部《文明小史》，也是"《儒林外史》式"的讽刺小说。

吴沃尧，字趼人，是广东南海的佛山人，故自称"我佛山人"。当梁启超在日本创办《新小说》时，吴沃尧的《二十年目睹之怪现状》（以下省称《怪现状》）的第一部分就在《新小说》上发表。那个时候，——光绪癸卯甲辰（1903年—1904年）——大家已渐渐地承认小说的重要，故梁启超办了《新小说》杂志，商务印书馆也办了一个《绣像小说》杂志，不久又有《小说林》出现。

文人创作小说也渐渐地多了。《怪现状》、《文明小史》、《老残游记》、《孽海花》，……都是这个时代出来的。《怪现状》也是一部讽刺小说，内容也是批评家庭社会的黑幕。但吴沃尧曾经受过西洋小说的影响，故不甘心做那没有结构的杂凑小说。他的小说都有点布局，都有点组织。这是他胜过同时一班作家之处。《怪现状》的体例还是散漫的，还含有无数短篇故事；但全书有个"我"做主人，用这个"我"的事迹做布局纲领，一切短篇故事都变成了"我"二十年中看见或听见的怪现状。即此一端，便与《官场现形记》、《文明小史》不同了。

但《怪现状》还是《儒林外史》的产儿；有许多故事还是勉强穿插进去的。后来吴沃尧做小说的技术进步了，他的《恨海》与《九命奇冤》便都成了有结构有布局的新体小说。《恨海》写的是婚姻问题。一个广东的京官陈戟临有两个儿子：大的伯和，聘定同居张家的女儿棣华；小的仲蔼，聘定同居王家的女儿娟娟。后来拳匪之乱陈戟临一家被杀；伯和因护送张氏母女出京，中途冲散；仲蔼逃难出京。伯和在路上发了一笔横财，就狂嫖阔赌，吃上了鸦片烟，后来沦落做了叫化子。张家把他访着，领回家养活；伯和不肯戒烟，负气出门，仍病死在一个小烟馆里。棣华为他守了多少年，落得这个下场；伯和死后，棣华就出家做尼姑去了。仲蔼到南方，访寻王家，竟不知下落；他立志不娶，等候娟娟；后来在席上遇见娟娟，原来他已做了妓女了。这两层悲剧的下场，在中国小说里颇不易得。但此书叙事颇简单，描写也不很用气力，也不能算是全德的小说。

《九命奇冤》可算是中国近代的一部全德的小说。他用百余年前广东一件大命案做布局，始终写此一案，很有精彩。书中也写迷信，也写官吏贪污，也写人情险诈；但这些东西都成了全书的有机部分，全不是勉强拉进来借题骂人的。讽刺小说的短处在于太露，太浅薄；专采骂人材料，不加组织，使人看多了觉得可厌。《九命奇冤》便完全脱去了恶套；他把讽刺的动机压下去，做了附属的材料；然而那些附属的讽刺的材料在那个大情节之中，能使看的人觉得格外真实，格外动人。例如《官场现形记》卷四卷五写藩台的兄弟三荷包代哥哥卖缺，写的何尝不好？但是看书的人看过了只像看了报纸的一段新闻一样，觉得好笑，并不觉得动人。《九命奇冤》第二十回写黄知县的太太和舅老爷收梁家的贿赂一节，一样是滑稽的写法，但在那八条人命的大案里，这种得贿买放的事便觉得格外动人，格外可恶。

《九命奇冤》受了西洋小说的影响，这是无可疑的。开卷第一回便写凌家强盗攻打梁家，放火杀人。这一段事本应该在第十六回里，著者却从第十六回直提到第一回去，使我们先看了这件烧杀八命的大案，然后从头叙述案子的前因后果。这种倒装的叙述，一定是西洋小说的影响。但这还是小节，最大的影响是在布局的谨严与统一。中国的小说是从"演义"出来的。演义往往用史事做间架，这一朝代的事"演"完了，他的评话也收场了。《三国》、《东周》一类的书是最严格的演义。后来做法进步了，不肯受史事的严格限制，故有杜撰的演义出现。《水浒》便是一例。但这一类的小说，也还是没有布局的；可以插入一段打大名府，也可以插入一段打青州；可以添一段破界牌关，也可以添一段破诛仙阵；可以添一段捉花蝴蝶，也可以再添一段捉白菊花，……割去了，仍可成书；拉长了，可至无穷。这是演义体的结构上的缺乏。《儒林外史》虽开一种新体，但仍是没有结构的；从山东汶上县说到南京，从夏总甲说到丁言志；说到杜慎卿，已忘了娄公子；说到凤四老爹，已忘了张铁臂了。后来这一派的小说，也没有一部有结构布置的。所以这一千年的小说里，差不多都是没有布局的。内中比较出色的，如《金瓶梅》，如《红楼梦》，虽然拿一家的历史做布局，不致十分散漫，但结构仍旧是很松的；今年偷一个潘五儿，明年偷一个王六儿；这里开一个菊花诗社，那里开一个秋海棠诗社；今回老太太做生日，下回薛姑娘做生日，……翻来覆去，实在有点讨厌。《怪现状》想用《红楼梦》的间架来支配《官场现形记》的材料，故那个主人"我"跑来跑去，到南京就见着听着南京的许多故事，到上海便见着听着上海的许多故事，到广东便见着听着广东的许多故事。其实这都是很松的组织，很勉强的支配，很不自然的布局。《九命奇冤》便不同了。他用中国讽刺小说的技术来写家庭与官场，用中国北方强盗小说的技术来写强盗与强盗的军师，但他又用西洋侦探小说的布局来做一个总结构。繁文一概削尽，枝叶一齐扫光，只剩这一个大命案的起落因果做一个中心题目。有了这个统一的结构，又没有勉强的穿插，故看的人的兴趣自然能自始至终不致厌倦。故《九命奇冤》在技术一方面要算最完备的一部小说了。

和吴沃尧、李伯元同时的，还有一个刘鹗，字铁云，丹徒人，也是一个小说好手。刘鹗精通算学，研究治河的方法，曾任光绪戊子（1888年）郑州的河工，又曾在山东巡抚张曜的幕府里，做了治河七策。后来山东巡抚福润保荐他"奇才"，以知府用。他住北京两年，上书请筑津镇铁路，不成；又为山西巡抚与英国人订约开采山西的矿。当时人都叫他做"汉奸"，因为他同外国人往来，能得他们的信用。后来拳匪之乱（1900年）联军占据北京，京城居民缺乏粮食，很多饿死的；他就带了钱进京，想设法赈济；那俄国兵占住太仓，太仓多米而欧洲人不吃米；他同俄国人商量，用贱价把太仓的米都籴出来，用贱价粜给北京的居民，救了无数的人。后数年，有大臣参他"私售仓粟"，把他充军到新疆，后来他就死在新疆。二十多年前，河南彰德府附近发现了许多有古文字的龟甲兽骨，刘鹗是研究这种文字最早的一个人，曾印有《铁云藏龟》一书。(以上记刘鹗的事迹,全根据罗振玉的《五十日梦痕录》。我因为外间知道他的人很不多,故摘抄大概于此。)

刘鹗著的《老残游记》,与李伯元的《文明小史》同时在《绣像小说》上发表。这部书的主人老残,姓铁,名英,是他自己的托名。书中写的风景经历,也都带着自传的性质。书中的庄抚台即是张曜,玉贤即是毓贤;论治河的一段也与罗振玉作的传相符。书中写申子平在山中遇着黄龙子玙姑一段,荒诞可笑,钱玄同说他是"老新党头脑不甚清晰的见解",真是不错。书末把贾家冤死的十三人都从棺材里救活回来,也是无谓之至。但除了这两点之外,这部书确是一部很好的小说。他写玉贤的虐政,写刚弼的刚愎自用,都是很深刻的;大概他的官场经验深,故与李伯元、吴沃尧等全是靠传闻的,自然大不相同了。他写娼妓的问题,能指出这是一个生计的问题,不是一个道德的问题,这种眼光也就很可佩服了。他写史观察(上海施善昌)治河的结果,用极具体的写法,使人知道误信古书的大害(第十三回至十四回)。这是他生平一件最关心的事,故他写的这样真切。

但《老残游记》的最大长处在于描写的技术。第二回写白妞说大鼓书的一大段,读的人大概没有不爱的。我们引一小段作例:

王小玉……唱了几句书儿,声音初不甚响;……唱了十数句之后,渐渐的越唱越高;忽然拔了一个尖儿,像一线钢丝抛入天际,听的人不禁暗暗叫绝。那知他于那极高的地方,尚能回环转折;几啭之后,又高一层;接连有三四叠,节节高起。恍如由傲来峰西面攀登泰山的景象;初看傲来峰削壁千仞,以为上与天齐;及至翻到傲来峰,才见扇子崖更在傲来峰上;及至翻到扇子崖,又见南天门更在扇子崖上。愈翻愈险,愈险愈奇。那王小玉唱到极高的三四叠后,陡然一落,又极力骋其千回百折的精神,如一条飞蛇在黄山三十六峰半中腰里盘旋穿插,顷刻之间,周匝数遍。……

这一段虽是很好,但还用了许多譬喻,算不得最高的描写功夫。第十二回写老残在齐河县看黄河里打冰一大段,写得更为出色。最好的是看打冰那天的晚上,老残到堤上闲步,

抬起头来,看那南面山上一条白光,映着月色,分外好看。一层一层的山岭,却分辨不清;又有几片白云在那里面,所以分不出是云是山。及至定晴看去,方才看出那是云那是山来。虽然云是白的,山也是白的,云有亮光,山也有亮光;只为月在云上,云在月下,所以云的亮光从背后透过来;那山却不然,山的亮光由月光照到山上,被那山上的雪反射过来,所以光是两样了。然只稍近的地方如此。那山望东去,越望越远,天也是白的,山也是白的,云也是白的,就分辨不出来了。

只有白话的文学里能产生这种绝妙的"白描"美文来。

以上略述这五十年的白话小说。民国成立时,南方的几位小说家都已死了,小说界忽然又寂寞起来。这时代的小说只有李涵秋的《广陵潮》还可读;但他的体裁仍旧是那没有结构的《儒林外史》式。至于民国五年出的"黑幕"小说,乃是这一类没有结构的讽刺小说的最下作品,更不值得讨论了。北京评话小说近年来也没有好作品比得《儿女英雄传》或《七侠五义》的。

十

现在我们要说这五六年的文学革命运动了。

中国的古文在二千年前已经成了一种死文字。所以汉武帝时丞相公孙弘奏称"诏书律令下者,……文章尔雅,训辞深厚,恩旋甚美;小吏浅闻,不能究宣,无以明布谕下"。那时代的小吏已不能了解那文章尔雅的诏书律令了。但因为政治上的需要,政府不能不提倡这种已死的古文;所以他们想出一个法子来鼓励民

间研究古文：凡能"通一艺以上"的，都有官做，"先用诵多者"。这个法子起于汉朝，后来逐渐修改，变成"科举"的制度。这个科举的制度延长了那已死的古文足足二千年的寿命。

但民间的白话文学是压不住的。这二千年之中，贵族的文学尽管得势，平民的文学也在那里不声不响地继续发展。汉魏六朝的"乐府"代表第一时期的白话文学。乐府的真美是遮不住的，所以唐代的诗也很多白话的，大概是受了乐府的影响。中唐的元稹、白居易更是白话诗人了。晚唐的诗人差不多全是白话或近于白话的了。中唐、晚唐的禅宗大师用白话讲学说法，白话散文因此成立。唐代的白话诗和禅宗的白话散文代表第二时期的白话文学。但诗句的长短有定，那一律五字或一律七字的句子究竟不适宜于白话；所以诗一变而为词。词句长短不齐，更近说话的自然了。五代的白话词，北宋柳永、欧阳修、黄庭坚的白话词，南宋辛弃疾一派的白话词，代表第三时期的白话文学。诗到唐末，有李商隐一派的妖孽诗出现，北宋杨亿等接着，造为"西昆体"。北宋的大诗人极力倾向解放的方面，但终不能完全脱离这种恶影响。所以江西诗派，一方面有很近白话的诗，一方面又有很坏的古典诗。直到南宋杨万里、陆游、范成大三家出来，白话诗方才又兴盛起来。这些白话诗人也属于这第三时期的白话文学。南宋晚年，诗有严羽的复古派，词有吴文英的古典派，都是背时的反动。然而北方受了契丹、女真、蒙古三大征服的影响，古文学的权威减少了，民间的文学渐渐起来。金、元时代的白话小曲——如《阳春白雪》和《太平乐府》两集选载的和白话杂剧，代表这第四时期的白话文学。明朝的文学又是复古派战胜了；八股之外，诗词的散文都带着复古的色彩，戏剧也变成又长又酸的传奇了。但是白话小说可进步了。白话小说起于宋代，传至元代，还不曾脱离幼稚的时期。到了明朝，小说方才到了成人时期；《水浒传》、《金瓶梅》、《西游记》都出在这个时代。明末的金人瑞竟公然宣言"天下之文章无出《水浒传》右者"，清初的《水浒后传》，乾隆一代的《儒林外史》与《红楼梦》，都是很好的作品。直到这五十年中，小说的发展始终没有间断。明、清五百多年的白话小说，代表第五时期的白话文学。

这五个时期的白话文学之中，最重要的是这五百年中的白话小说。这五百年之中，流行最广，势力最大，影响最深的书，并不是《四书五经》，也不是性理的语录，乃是那几部"言之无文行之最远"的《水浒》、《三国》、《西游》、《红楼》。这些小说的流行便是白话的传播；多卖得一部小说，便添得一个白话教员。所以这几百年来，白话的知识与技术都传播得很远，超出平常所谓"官话疆域"之外。试看清朝末年南方做白话小说的人，如李伯元是常州人，吴沃尧是广东人，便可以想见白话传播之远了。但丁（Dante）、鲍高嘉（Boccacio）的文学，规定了意大利的国语；嘉叟（Chaucer）、卫克烈夫（Wycliff）的文学，规定了英吉利的国语；十四五世纪的法兰西文学，规定了法兰西的国语。中国国语的写定与传播两方面的大功臣，我们不能不公推这几部伟大的白话小说了。

中国的国语早已写定了，又早已传播得很远了，又早已产生了许多第一流的活文学了，——然而国语还不曾得全国的公认，国语的文学也还不曾得大家的公认：这是因为什么缘故呢？这里面有两个大原因：一是科举没有废止，一是没有一种有意的国语主张。

科举一日不废，古文的尊严一日不倒。在科举制度之下，居然能有那无数的白话作品出现，功名富贵的引诱居然买不动施耐庵、曹雪芹、吴敬梓，政府的权威居然压不住《水浒》、《西游》、《红楼》的产生与流传：这已经是中国文学史上最徼幸又最光荣的事了。但科举的制度究竟能使一般文人钻在那墨卷古文堆里过日子，永远不知道时文古文之外还有什么活的文学。倘使科举制度至今还存在，白话文学的运动决不会有这样容易的胜利。

1904年以后，科举废止了，但是还没有人出来明明白白的主张白话文学。二十多年以来，有提倡白话报的，有提倡白话书的，有提倡官话字母，有提倡简字字母的：这些人难道不能称为"有意的主张"吗？这些人可以说是"有意的主张白话"，但不可以说是"有意的主张白话文学"。他们的最大缺点是把社会分作两部分：一边是"他们"，一边是"我们"。一边是应该用白话的"他们"，一边是应该做古文古诗的"我们"。我们不妨仍旧吃肉，但他们下等社会不配吃肉，只好抛块骨头给他们吃去罢。这种态度是不行的。

1916年以来的文学革命运动，方才是有意地主张白话文学。这个运动有两个要点与那些白话报或字母的运动绝不相同。第一，这个运动没有"他们"、"我们"的区别。白话并不单是"开通民智"的工具，白话乃是创造中国文学的唯一工具。白话不是只配抛给狗吃的一块骨头，乃是我们全国人都该赏识的一件好宝贝。第二，这个运动老老实实地攻击古文的权威，认它做"死文学"。从前那些白话报的运动和字母的运动，虽然承认古文难懂，但他们总觉得"我们上等社会的人是不怕难的：吃得苦中苦，方为人上人"。这些"人上人"大发慈悲心，哀念小百姓无知无识，故降格做点通俗文章给他们看。但这些"人上人"自己仍旧应该努力模仿汉、魏、唐、宋的文章。这个文学革命便不同了；他们说，古文死了二千年了，他的不孝子孙瞒住大家，不肯替他发丧举哀；现在我们来替他正式发讣文，报告天下"古文死了！死了两千年了！你们爱举哀的，请举哀罢！爱庆祝的，也请庆祝罢！"

这个"古文死了两千年"的讣文出去之后，起初大家还不相信；不久，就有人纷纷议论了；不久，就有人号咷痛哭了。那号咷痛哭的人，有些哭过一两场，也就止哀了；有些一头哭，一头痛骂那些发讣文的人，怪他们不应该做这种"大伤孝子之心"的恶事；有些从外国奔丧回来，虽然素同死者没有多大交情，但他们听见哭声，也忍不住跟着哭一场，听见骂声，也忍不住跟着骂一场。所以这种哭声骂声至今还不曾完全停止。但是这个死信是不能再瞒的了，倒不如交爽快快说穿了，叫大家痛痛快快哭几天，不久他们就会"节哀尽礼"的；即使有几个"终身孺慕"的孝子，那究竟是极少数人，也顾不得了。

文学革命的主张，起初只是几个私人的讨论，到民国六年（1917年）一月方才正式在杂志上发表。第一篇胡适的《文学改良刍议》还是很和平的讨论。胡适对于文学的态度，始终只是一个历史进化的态度。故他这一篇的要点是：

> 文学者，随时代而变迁者也。一时代有一时代之文学，……因时进化，不能自止。唐人不当作商周之诗，宋人不当作相如子云之赋，——即令作之，亦必不工。逆天背时，违进化之迹，故不能工也。……
>
> 以今世历史进化的眼光观之，则白话文学之为中国文学之正宗，又为将来文学必用之利器，可断言也。

后来他的《历史的文学观念论》说得更详细：

> 居今日而言文学改良，当注重"历史的文学观念"。一言以蔽之曰：一时代有一时代之文学。此时代与彼时代之间，虽皆有承前启后之关系，而决不容完全抄袭；其完全抄袭者，决不成为真文学。愚惟深信此理，故以为古人已造古人之文学，今人当造今人之文学。……纵观古今文学变迁之趋势，……白话之文学，自宋以来，虽见屏于古文家，而终一线相承，至今不绝。……岂不以此为吾国文学趋势自然如此，故不可禁遏而日以昌大耶？

> ……吾辈之攻古文家，正以其不明文学之趋势，而强欲作一千年二千年以上之文。此说不破，则白话之文学无有列为文学正宗之一日，而世之文人将犹鄙薄之，以为小道邪径而不肯以全力经营造作之。……夫不以全副精神造文学而望文学之发生，此犹不耕而求获，不食而求饱也，亦终不可得矣。施耐庵、曹雪芹诸人所以能有成者，正赖其有特别毅力，能以全力为之耳。

胡适自己常说他的历史癖太深，故不配做革命的事业。文学革命的进行，最重要的急先锋是他的朋友陈独秀。陈独秀接着《文学改良刍议》之后，发表了一篇《文学革命论》（六年二月），正式举起"文学革命"的旗子。他说：

> 余甘冒全国学究之敌，高张"文学革命军"大旗，以为吾友之声援。

旗上大书吾革命军三大主义：

> 曰推倒雕琢的，阿谀的贵族文学，建设平易的，抒情的国民文学。
>
> 曰推倒陈腐的，铺张的古典文学；建设新鲜的，立诚的写实文学。
>
> 曰推倒迂晦的，艰涩的山林文学；建设明了的，通俗的社会文学。

陈独秀的特别性质是他的一往直前的定力。那时胡适远在美洲，曾有信给独秀说：

> 此事之是非，非一朝一夕所能定，亦非一二人所能定。甚愿国中人士能平心静气与吾辈同力研究此问题。讨论既熟，是非自明。吾辈已张革命之旗，虽不容退缩，然亦不敢以吾辈所主张为必是而不容他人之匡正也。（六年四月九日）

可见胡适当时承认文学革命还在讨论的时期。他那时正在用白话作诗词，想用实地试验来证明白话可以做韵文的利器，故自取集名为《尝试集》。他这种态度太和平了。若照他这个态度做去，文学革命至少还须经过十年的讨论与尝试。但陈独秀的勇气恰好补救这个太持重的缺点。独秀答书说：

鄙意容纳异议，自由讨论，固为学术发达之原则；独至改良中国文学当以白话为文学正宗之说，其是非甚明，必不容反对者有讨论之余地；必以吾辈所主张者为绝对之是而不容他人之匡正也。

这种态度，在当日颇引起一般人的反对。但当日若没有陈独秀"必不容反对者有讨论之余地"的精神，文学革命的运动决不能引起那样大的注意。反对即是注意的表示。

民国六年的《新青年》里有许多讨论文学的通信，内中钱玄同的讨论很多可以补正胡适的主张。民国七年一月，《新青年》重新出版，归北京大学教授陈独秀、钱玄同、沈尹默、李大钊、刘复、胡适六人轮流编辑。这一年的《新青年》（四卷五卷）完全用白话做文章。七年四月有胡适的《建设的文学革命论》，大旨说：

我的"建设新文学论"的唯一宗旨只有十个大字："国语的文学，文学的国语"。我们所提倡的文学革命只是要替中国创造一种国语的文学。有了国语的文学，方才可以有文学的国语。有了文学的国语，我们的国语方才算得真正国语。

这篇文章名为"建设的"，其实还是破坏的方面最有力。他说：

这二千年的文人所做的文学，都是死的，都是用已经死了的语言文字做的，死文字决不能产出活文学。……简单说来，自从《三百篇》到于今，中国的文学凡是有一些儿价值有一些儿生命的，都是白话的，或是近于白话的。……中国若想有活文学，必须用白话，必须用国语，必须做国语的文学。

这就是上文说的替古文发丧举哀了。在"建设的"方面，这篇文章也有一点贡献。他说：

> 若要造国语，先须造国语的文学，有了国语的文学，自然有国语。……真正有功效有势力的国语教科书便是国语的文学，便是国语的小说诗文戏本。国语的小说诗文戏本通行之日，便是中国国语成立之时。……中国将来的新文学用的白话，就是将来中国的标准国语。造将来白话文学的人，就是制定标准国语文学的人。

这篇文章把从前胡适、陈独秀的种种主张都归纳到十个字，其实又只有"国语的文学"五个字。旗帜更明白了，进行也就更顺利了。

这一年的文学革命，在建设的方面，有两件事可记，第一，是白话诗的试验。胡适在美洲做的白话诗还不过是刷洗过的文言诗；这是因为他还不能抛弃那五言七言的格式，故不能尽量表现白话的长处。钱玄同指出这种缺点来，胡适方才放手去做那长短无定的白话诗。同时沈尹默、周作人、刘复等也加入白话诗的试验。这一年的作品虽不很好，但技术上的训练是很重要的。第二，是欧洲新文学的提倡。北欧的 Ibsen, Strindberg, Anderson；东欧的 Dostojevski, Kuprin, Tolstoi；新希腊的 Ephtaliotis；波兰的 Seinkiewicz：这一年之中，介绍了些这人的文学进来。在这一方面，周作人的成绩最好。他用的是直译的方法，严格地尽量保全原文的文法与口气。这种译法，近年来很有人仿效，是国语的欧化的一个起点。

民国七年冬天，陈独秀等又办了一个《每周评论》，也是白话的。同时北京大学的学生傅斯年、罗家伦、汪敬熙等出了一个白话的月刊，叫做《新潮》，英文名字叫做 The Renaissance，本义即是欧洲史上的"文艺复兴时代"。这时候，文学革命的运动已经鼓动了一部分少年人的想象力，故大学学生有这样的响应。《新潮》初出时，精彩充足，确是一支有力的生力军。民国八年开幕时，除了《新青年》、《新潮》、《每周评论》之外，北京的《国民公报》也有好几篇响应的白话文章。从此以后，响应的渐渐的更多了。

但响应的多了，反对的也更猛烈了。大学内部的反对分子也出了一个《国故》，一个《国民》，都是拥护古文学的。校外的反对党竟想利用安福部的武人政客来压制这种新运动。八年二三月间，外间谣言四起，有的说教育部出来干涉了，有的说陈、胡、钱等已被驱逐出京了。这种谣言虽大半不确，但很可以代表反对党心理上的愿望。当时古文家林纾在《新申报》上做了好几篇小说痛骂北京大学的人。内中有一篇《妖梦》，用元绪影北大校长蔡元培，陈恒影陈独秀，胡亥影胡适；那篇小说太龌龊了，我们不愿意引他。还有一篇《荆生》，写田必美（陈）、金心异（钱）、狄莫（胡）三人聚谈于陶然亭，田生大骂孔子，狄生主张白话；忽然隔壁一个"伟丈夫"

趣足超过破壁，指三人曰，"汝适何言？……尔乃敢以禽兽之言，乱吾清德！"田生尚欲抗辩，伟丈夫骈二指按其首，脑痛如被锥刺；更以足践狄莫，狄腰痛欲断。金生短视，丈夫取其眼镜掷之，则怕死如蝟，泥首不已。丈夫笑曰，"尔之发狂似李贽，直人间之怪物。今日吾当以香水沐吾手足，不应触尔背天反常禽兽之躯干。尔可鼠窜下山，勿污吾简。……留尔以俟鬼诛。"

这种话很可以把当时的卫道先生们的心理和盘托出。这篇小说的末尾有林纾的附论，说：

如此混浊世界，亦但有田生、狄生足以自豪耳！安有荆生？

这话说得很可怜。当日古文家很盼望有人出来做荆生，但荆生究竟不可多得。他们又想运安福部的国会出来弹劾教育总长和北京大学校长，后来也失败了。

八年三月间，林纾作书给蔡元培，攻击新文学的运动；蔡元

培也作长书答他。这两书很可以代表当日"新旧之争"的两方面,故我们摘抄几节。林书说:

……大学为全国师表,五常之所系属。近者谣诼纷集,我公必有所闻。……弟年垂七十;富贵功名,前三十年视若死灰;今笃老,尚抱守残缺,至死不易其操。前年梁任公倡马、班革命之说,弟闻之失笑。任公非劣,何为作此媚世之言?马、班之书,读者几人?将不革而自革,何劳任公费此神力?

若云死文字有碍生学术,则科学不用古文,古文亦无碍科学。英之迭更累斥希腊、拉丁、罗马之文为死物,而至今仍存者,迭更虽躬负盛名,固不能用私心以蔑古。矧吾国人尚有何人如迭更者耶?……

且天下惟有真学术,真道德,始足独树一帜,使人景从。若尽废古书,行用土语为文字,则都下引车卖浆之徒所操之语,按之皆有文法,……则凡京津之稗贩皆可用为教授矣。若《水浒》《红楼》皆白话之圣,并足为教科之书,不知《水浒》中辞吻多采岳珂之《金陀萃编》,《红楼》亦不止为一人手笔,作者均博极群书之人。总之,非读破万卷,不能为古文,亦并不能为白话。若化古子之言为白话演说,亦未尝不是。按《说文》"演,长流也",亦有延之广之之义,法当以短演长,不能以古子之长演为白话之短。……(以下论"新道德"一节,从略。)

今全国父老以子弟托公,愿公留意,以守常为是。……此书上后,可不必示覆;惟静盼好音,为国民端其趋向。……林纾顿首。

蔡元培答书对于"尽废古书,行用土语为文字"一点,提出三个答案。但蔡书的最重要之点并不在驳论,——因为原书本不值得一驳,——乃在末段的宣言。他说:

至于弟在大学,则有两种主张:

(一)对于学说,仿世界各大学通例,循思想自由原则,取兼容并包主义。……无论有何种学派，苟其言之成理，持之有故，尚不达自然淘汰之运命者，虽彼此相反，悉听其自由发展。

（二）对于教员，以学诣为主；……其在校外之言动，悉听自由，本校从不过问，亦不能代负责任。……

蔡元培自己也主张白话，他曾说：

我们中国文言同拉丁文一样，所以我们不能不改用白话。……虽现在白话的组织不完全，可是我们决不可错了这个趋势。（在北京高等师范国文部演说）

他又说：

我敢断定白话派一定占优胜。……将来应用文一定全用白话；但美术文或者有一部分仍用文言。（在北京女子高等师范演说）

林、蔡的辩论是八年三月中间的事。过了一个多月，巴黎和会的消息传来，中国的外交完全失败了。于是有"五四"的学生运动，有"六三"的事件，全国的大响应居然逼迫政府罢免了曹汝霖、陆宗舆、章宗祥三人。这时代，各地的学生团体里忽然发生了无数小报纸，形式略仿《每周评论》，内容全用白话。此外又出了许多白话的新杂志。有人估计，这一年（1919年）之中，至少出了四百种白话报。内中如上海的《星期评论》，如《建设》，如《解放与改造》（现名"改造"），如《少年中国》，都有很好的贡献。一年以后，日报也渐渐的改了样子了。从前日报的附张往往记载戏子妓女的新闻，现在多改登白话的论文译著小说新诗了。北京的《晨报》副刊，上海《民国日报》的《觉悟》，《时事新报》的《学灯》，在这三年之中，可算是三个最重要的白话文的机关。时势所趋，就使那些政客军人办的报也不能不寻几个学生来包办一个白话的附张了。民国九年以后，国内几个持重的大杂志，如《东方杂志》，《小说月报》，……也都渐渐地白话化了。

民国八年的学生运动与新文学运动虽是两件事，但学生运动的影响能使白话的传播遍于全国，这是一大关系；况且"五四"运动以后，国内明白的人渐渐觉悟"思想革新"的重要，所以他们对于新潮流，或采取欢迎的态度，或采取研究的态度，或采取容忍的态度，渐渐地把从前那种仇视的态度减少了，文学革命的运动因此得自由发展，这也是一大关系。因此，民国八年以后，白话文的传播真有"一日千里"之势。白话诗的作者也渐渐地多起来了。民国九年，教育部颁布了一个部令，要国民学校一二年的国文，从九年秋季起，一律改用国语。又令：

> 凡照旧制编辑之国民学校国文教科书，其供第一第二两学年用者，一律作废；第三学年用书，准用至民国十年为止；第四学年用书，准用至民国十一年为止。

依这个次序，须到今年（1922年），方才把国民学校的国文完全改成国语。但教育制度是上下连接的；牵动一发，便可摇动全身。第一二年改了国语，初级师范就不能不改了，高等小学也多跟着改了。初级师范改了，高等师范也就不能不改动了。中学校也有许多自愿采用国语文的。教育部这一次的举动虽是根据于民国八年全国教育会的决议，但内中很靠着国语研究会会员的力量。国语研究会是民国五年成立的，内中出力的会员多半是和教育部有关系的。国语文学的运动成熟以后，国语教科书的主张也没有多大阻力了，故国语研究会能于傅岳芬做教育次长代理部务的时代，使教育部做到这样重要的改革。

还有一件事，虽然与文学革命的运动没有多大的关系，却也是应该提及的。民国元年，教育部召集了一个读音统一会，讨论读音统一的问题。读音统一会议定了三十九个"注音字母"。这一副字母，本来不过用来注音，"以代反切之用"的。当初的宗旨，全在统一汉文的读音，并不曾想到白话上去，也不曾有多大的奢望。七年十一月，教育部把这副字母正式颁布了。八年四月，教育部重新颁布注音字母的新次序（吴敬恒定的）。八年九月，《国音字典》出版。这个时候，国语的运动已快成熟了，国语教育的需要已是公认的了；所以当日"代反切之用"的注音字母，到这时候就不知不觉地变成国语运动的一部分了，就变成中华民国的国语字母了。

民国九年十年（1920年—1921年），白话公然叫做国语了。反对的声浪虽然不曾完全消灭，但始终没有一种"持之有故，言之成理"的反对论。今年（1922年）南京出了一种《学衡》杂志，登出几个留学生的反对论，也只能谩骂一场，说不出什么理由来。如梅光迪说的：

> 彼等非思想家，乃诡辩家也。……夫古文与八股何涉？而必并为一谈。吾国文学，汉魏六朝则骈体盛行，至唐宋则古文大昌，宋、元以来又有白话体之小说戏曲。彼等乃谓文学随时代而变迁，以为今人当兴文学革命，废文言而用白话。夫革命者，以新代旧，以此易彼之谓。若古文之递兴，乃文学体裁之增加，实非完全变迁，尤非革命也。诚如彼等所云，则古文之后，当无骈体；白话之后，当无古文。而何以唐、宋以来文学正宗与专门名家皆为作古文或骈体之人？此吾国文学史上事实，岂可否认以圆其私说者乎？……

这种议论真是无的放矢。正为古文之后还有那背时的骈文，白话已兴之后还有那背时的骈文古文，所以有革命的必要。若"古文之后无骈体，白话之后无古文"，那就用不着谁来提倡有意的革命了。又如胡先骕说的：

> 胡君（胡适）……以过去之文字为死文字，现在白话中所用之字为活文字；……而以希腊、拉丁文以比中国古文，以英、德、法文以比中国白话。（比字上两个以字，皆依原文）……以不相类之事，相提并论，以图眩世欺人而自圆其说，予诚无法以谅胡

君之过矣。希腊、拉丁文之于英、德、法，外国文也。苟非国家完全为人所克服，人民完全与他人所同化，（与字所字皆依原文）自无不用本国文字以作文学之理。至意大利之用塔斯干方言为（原作之）国语之故，亦由于罗马分崩已久，政治中心已有转移，而塔斯干方言已占重要之位置，而有立为国语之必要也。希腊、拉丁文之于英、德、法文，恰如汉文与日本文之关系。今日人提倡以日本文作文学，其谁能指其非？胡君可谓废弃古文而用白话文，等于日人之废弃汉文而用日本文乎？吾知其不然也。……

其实胡适的答案应该是"正是如此"。中国人用古文作文学，与四百年前欧洲人用拉丁文著书作文，与日本人做汉文，同是一样的错误，同是活人用死文字做文学。至于外国文与非外国文之说，并不成问题。瑞士人、比利时人、美国人，都可以说是用外国文字作本国的文学；但他们用的是活文字，故与用拉丁文不同，与日本人用汉文也不同。

《学衡》的议论，大概是反对文学革命的尾声了。我可以大胆说，文学革命已过了议论的时期，反对党已破产了。从此以后，完全是新文学的创造时期。

至于这五年以来白话文学的成绩，因为时间过近，我们还不便一一地下评判。但是我们从大势上看来，也可以指出几个要点：第一，白话诗可以算是上了成功的路了。诗体初解放时，工具还不伏手，技术还不精熟，故还免不了过渡时代的缺点。但最近两年的新诗，无论是有韵诗，是无韵诗，或是新兴的"短诗"，都很有许多成熟的作品。我可以预料十年之内的中国诗界定有大放光明的一个时期。第二，短篇小说也渐渐地成立了。这一年多（1921年以后）的《小说月报》已成了一个提倡"创作"的小说的重要机关，内中也曾有几篇很好的创作。但成绩最大的却是一位托名"鲁迅"的。他的短篇小说，从四年前的《狂人日记》到最近的《阿

Q 正传》，虽然不多，差不多没有不好的。第三，白话散文很进步了。长篇议论文的进步，那是显而易见的，可以不论。这几年来，散文方面最可注意的发展乃是周作人等提倡的"小品散文"。这一类的小品，用平淡的谈话，包藏着深刻的意味；有时很像笨拙，其实却是滑稽。这一类的作品的成功，就可彻底打破那"美文不能用白话"的迷信了。第四，戏剧与长篇小说的成绩最坏。戏剧还有人试作；长篇小说不但没有人做，几乎连译本都没有了！这也是很自然的现象。现在试做新文学的人，或是等着稿费买米下锅，或是天天和粉笔黑板做朋友；他们的时间只够做几件零碎的小作品，如诗，如短篇小说。他们的时间不许他们做长篇的创作。这是一个原因。况且我们近来觉悟从前那种没有结构没有组织的小说体——或是《儒林外史》式，或是《水浒》式，——已不能使人满意了，所以不知不觉地格外慎重起来。这个慎重的现象，是暂时的，也许是很好的。平心而论，与其多出几集无穷无尽的《官场现形记》一类的小说，倒不如现在这样完全缺货的好了。

以上略述文学革命的历史和新文学的大概。至于详细的举例和详细的评判，我们只好等到申报六十周年纪念时再补罢。